【广东省马克思主义理论研究文库】

新时期我国精神家园建设研究

曾萍 著

XINSHIQI WOGUO

JINGSHEN JIAYUAN JIANSHE YANJIU

SPM

南方出版传媒

广东人民出版社

·广州·

图书在版编目（CIP）数据

新时期我国精神家园建设研究／曾萍著. —广州：广东人民出版社，2019.11

（广东省马克思主义理论研究文库）

ISBN 978-7-218-13896-1

Ⅰ．①新…　Ⅱ．①曾…　Ⅲ．①文化事业—建设—研究—中国　Ⅳ．①G12

中国版本图书馆 CIP 数据核字（2019）第 231109 号

XINSHIQI WOGUO JINGSHEN JIAYUAN JIANSHE YANJIU

新时期我国精神家园建设研究

曾　萍　著

出 版 人：肖风华

责任编辑：卢雪华　李　钦
封面设计：李桢涛
责任技编：吴彦斌　周星奎

出版发行：广东人民出版社
地　　址：广州市海珠区新港西路 204 号 2 号楼（邮政编码：510300）
电　　话：(020) 85716809（总编室）
传　　真：(020) 85716872
网　　址：http://www.gdpph.com
印　　刷：广州市浩诚印刷有限公司
开　　本：787mm×1092mm　1/16
印　　张：16.5　字　数：264 千
版　　次：2019 年 11 月第 1 版
印　　次：2019 年 11 月第 1 次印刷
定　　价：42.00 元

如发现印装质量问题，影响阅读，请与出版社（020-85716849）联系调换。
售书热线：(020) 85716826

目　录

导　论

一、研究问题的提出

人作为一种物质与精神的存在，不仅需要物质生活以维持生存，而且需要精神生活提供存在的意义与动力。精神生活是人类生活的特有现象，是人之为人的本质特征。传统中国社会，中国人生活在以"儒家为主，道、释为辅"的较为稳定的三位一体的精神世界里，这些与小农经济发展形式相匹配的思想，虽然给传统的中国社会提供了精神归宿和生活动力，但随着时代的变迁已不适应社会经济发展的需要。1840年的鸦片战争改变了近代中国的命运，在剧烈的社会变迁与动荡下，儒家文化的核心地位受到了动摇，这个为中国人提供了几千年精神归宿的坚实基础在西方先进的科技和文化的强势入侵下开始成为人们质疑与批判的"对象"。再加之辛亥革命推翻了君主专制制度，"打倒孔家店"，猛烈抨击几千年封建思想的文化启蒙运动——新文化运动吹响了民主和科学的号角。中国传统社会的精神形态彻底发生了动摇。在革命时期和新中国成立后，虽然用理想主义和英雄主义填补了随儒家文化崩溃出现的精神真空，然而这种建立在脱离生产力基础上的精神世界，在经历了"文化大革命"后，让人们突然发现，思考精神家园何在，便成为变革时代中国人民普遍的精神焦虑。

自改革开放以来，随着市场经济体制的逐步建立，人们的主体性得到了空前的提高，个体的价值、尊严和意志得到了充分的肯定和实现，人们发展经济的积极性和主动性也被充分调动起来。这一方面推动了我国经济、社会的快速、持续发展，从根本上改变了我国社会面貌和在世界上的地位；另一方面，也推动了人们物质和精神生活的全面发展。但是相比经济发展所取得的成就，精神文化、精神文明建设呈现出滞后的局面。在市场经济条件下，在激烈的社会竞争中，"重物质、轻精神，重科技、轻人文"价值取向，导致人们以物质作为判断事物有无价值以及价值大小的唯一标准。于是社会中出现了官场中的钱权交易、学场中的钱学交易、市场中的缺德交易，少数人的精神生活呈现物欲化和快感低俗化等现象。经济的高速发展、快速的生活节奏让人们在享受经济发展带来的物质需要的满足后，却同时感受到了前所未有的精神迷茫和困惑。进入21世纪，随着信息社会的到来，科技和网络成为人们生活中不可缺少的工具，它推动了社会高速发展的同时，也给人的精神世界产生了一定的负面影响，如工具科技理性的单一发展导致价值理性的萎缩，而后者恰恰是精神生活的重要因素。当代越来越多个人的人机交往时间大大超过了人际交往时间，不少人沉迷于网络虚拟交往导致现实人际关系交往与情感交流淡化，出现了情感危机和人际疏离等问题。另外，随着经济全球化，文化层面呈现多元化取向，虽然各种文化、价值观相碰撞，使得人们的精神生活相对于过去而言，更为丰富多彩，但同时由于多元化而缺乏判别标准导致价值观出现"多则惑"的局面，人们感到自己缺乏精神世界的归属感。

因此在市场经济体制、信息网络化、全球文化多元化的大背景下，对我国新时期精神家园建设进行研究无疑是有着重要的理论和现实意义。

二、文献研究综述

（一）国内研究状况

从国内的情况来看，我国学者对人的精神家园方面的研究是与改革开放同步的。党的十七大报告作出了"弘扬中华文化，建设中华民族共有精神家园"的重要决策，"如何建设中华民族共有的精神家园"成为当前学术界讨论的热点话题。本书将改革开放以来精神家园研究的概况、主要内容和观点作一简要的梳理，对今后研究讨论中应注意的几个问题作出进一步思考和探讨。

1. 研究进展与成果

20世纪70年代，"文化大革命"结束，党的十一届三中全会提出了改革开放的重大决策，社会的剧变对当时人们的传统思想观念和价值观念造成了巨大冲击。1980年5月，《中国青年》发表了一封署名为"潘晓"的读者来信，题为《人生的道路啊，怎么越走越窄?》，这封信引发了全社会关于信仰问题的热烈讨论。这场讨论虽然是针对青年人人生观、人生意义、理想和现实矛盾等问题，但却凸显了中国人处在转型期的精神迷惘和困惑，标志着与革命战争年代相匹配的理想主义价值观的突变。这一时期学者主要是从文学的角度，通过对文革后和改革开放初期的人的精神变化的描述来折射出精神家园的转变。

20世纪90年代至21世纪初，在世界政治经济格局发生重大变化、中国开始进入全面转型的大背景下，不同学者从文学、哲学、美学、文化等不同的角度对精神家园开展了研究，研究的对象也由过去单一的从个体精神变化的描述扩展到教师、学生、幼儿等不同群体的精神家园的研究等。尽管研究的角度和对象不同，但这些研究成果多从现实的角度出发对转型期"什么是精神家园""我们需要什么样的精神家园"以及"如何建构个体精神家园"等问题进行了深入的探讨，推动了精神文明建设的开展。讨论主要是围绕着个体精神家园的失落以及人们如何在市场经济条件下树立正确的价值观和人生信仰而展开的。

21世纪的头十年，精神生活、精神家园的研究成为学界的热点问题，涌现出大量的研究论文、课题，召开了多次学术研讨会，产生了丰富的研究成果。党的十七大从全民族的利益出发，作出了"弘扬中华文化，建设中华民族共有精神家园"的重要决策。之后，精神生活、共有精神家园的研究成为人文社会科学的热点问题，这期间主要是侧重于从中华民族的角度来探讨共有精神家园建设的问题，研究也较之前两个阶段更为深入和系统，取得了较为丰富的成果。仅在2007年至2010年间，发表的相关论文达900余篇，是前两个阶段的总和。在发表的六篇相关的博士论文中，这一时期占了五篇。出版了不少专著，比如从人类精神生产活动的角度进行探讨的，如李文成的《追寻精神的家园——人类精神生产活动研究》（2007）；从中华文化的视角研究的，有王建润主编的

《建设中华民族共有精神家园》（2008）、李德顺等著的《精神家园——新文化论纲》（2010）和张伟平等著的《"人化"与"化人"——现代视野中的新文化》（2010）；从民族精神与建设中华民族共有精神家园关系进行研究的有欧阳康主编的《民族精神——精神家园的内核》；从中国传统文化与美学角度进行研究的有郑汶著的《寻找失落的精神家园》（2009）等等。当然还有不少著作从其他视角进行了探讨，在这里就不一一列举了。

在这期间，围绕着"如何建设中华民族共有精神家园"这个主题召开了多场学术论坛，论坛分别从中华文化、儒学以及马克思主义中国化这三个视角对构建中华民族共有精神家园进行了多维透视，从而有利于对精神家园的进一步深化、系统、全面的研究。如2007年12月由江苏省社科哲学所和江苏省文化研究中心主办、江苏省哲学史与科学史研究会协办的"弘扬中华文化，建设精神家园"研讨会在南京召开。会议围绕精神家园的含义、当前存在的问题与如何弘扬中华文化、建设精神家园等重大理论问题进行深入而细致的探讨。2010年6月由福建省社会科学院主办的"儒学与精神文明建设暨纪念朱熹诞辰880周年"学术讨论会在福建省武夷山市召开。讨论会的目的是：以弘扬儒学推进精神文明建设，建构人类美好的精神家园。2010年9月，北京市委宣传部、北京市中国特色社会主义理论体系研究中心、北京市社科界联合会联合举办"马克思主义中国化论坛·2010"，首都理论界多位专家学者围绕"巩固共同思想基础与建设共有精神家园"这一主题，深入研讨马克思主义中国化与中华文化之间的关系。

相关课题的研究也集中在这一阶段，如：2008年教育部人文社会科学重点研究基地项目有：北京师范大学朱红文教授主持的《中国文化与中国人的精神家园——从近代到现代》，湖南师范大学邓名瑛教授主持的《建设中华民族共有精神家园建设研究》；2008年国家社会科学基金重大项目有南开大学陈洪教授和李翔教授主持的《中华民族共有精神家园建设研究》；东北师范大学国家哲学社会科学规划项目《中华文化与中华民族共有精神家园的生命精神研究》（2008）等等。围绕着这一主题，学界对精神家园和中华民族共有精神家园的内涵，中华文化与建设中华民族共有精神家园的关系，中华民族共有精神家园的建构原则、指导思想、主要思路以及建构途径等重要问题展开了探讨。

2. 研究的主要内容与观点

（1）精神家园概念与内涵研究。

学者们对精神家园概念与内涵的阐述，可谓见仁见智，众说纷纭，归纳起来大致有以下几种：

一是"层次"说。多数学者侧重于将精神家园的内涵分为两个层面来理解：一方面是指"小家"，即个体精神家园；另一方面是指"大家"，即共同体的精神家园，主要是指中华民族的精神家园。如李宗桂从两个层面来看待精神家园：第一个层面是个体的精神家园，即社会上每一个人成人之后如何安顿自己的身心、如何为人处世、如何与社会协调，也就是过去讲的安身立命的问题；第二个层面是群体的精神家园，小而言之的群体可以是一个机关、一个行业、一个集团，大而言之的群体可以是整个民族，即中华民族的精神家园，它不是某个阶级、阶层或者地区的精神家园，而是两岸四地以及海外华人华侨，即整个中华民族都可以安顿心灵的精神家园。① 严春友教授从精神家园主客体两个层面对精神家园进行了界定，从主体来说，精神家园这个概念所描述的，是精神的主体——认知者对于所判断对象的态度，是一种主观感受，这种感受被主体描述为"精神家园"；从客体即被认知的对象方面来说，是一整套的价值系统，这个系统就是被主体描述为精神家园的那个对象。② 黎学军根据精神家园的核心价值观不同，将当前中国民众的精神家园分为两个层面：一是无产阶级的马克思主义精神家园，一是普罗大众的儒家文化精神家园。③ 北京大学王登峰根据精神家园的境界将其分为高低两个层次：前者指与现实世界相区别的人们的精神、心理、意识等精神世

---

① 李宗桂：《国学与中华民族精神家园》，《中山大学学报（社会科学版）》2009 年第 3 期。

② 严春友、朱红文：《简论当代中国人精神家园的重建》，《北京师范大学学报（社会科学）》2010 年第 3 期。

③ 黎学军：《论马克思主义的"人伦日用"化——建设民族共有精神家园的一种思考》，《社会科学研究》2010 年第 5 期。

界；后者指精神世界中的理想和信念。[①]

二是"功能"说。部分学者是从精神家园在个人和民族中所发挥的作用来界定精神家园的概念与内涵。精神家园是人们的精神支柱、情感寄托和心灵归宿，对于个体和群体而言都具有吸引力、价值引导力和感召力，能够激励人们为之奋斗和向往。如严春友认为精神家园对个体的作用，在于它为个体提供了一个系统、稳定而清晰的价值体系，描绘出了完整的世界图景和人生途径，确定了其精神世界的价值取向和秩序，从而为他的人生价值的实现确立目标。民族的精神家园的作用在于它为每一代人提供了一套现成的价值体系，供个体进行选择和认同。[②]

三是"本体论"说。这一种界说基于马克思"人类的特性恰恰就是自由的有意识的活动"[③] 这一观点来界定精神家园的内涵。人是具有多重需求的社会存在物，相对于物质需求而言，精神性需求是更为本质的需求，因此人的精神需求是建设精神家园的本体根源。基于此，庞立生、王艳华认为精神家园乃是人的精神生活的栖息之地和人的存在的精神容器。作为意义世界，它蕴涵与负载着人关于自身存在意义的理性知觉、文化认同、心灵归属与情感寄托。对于人的存在而言，精神家园具有本体论的含义。[④]

四是"文化认同"说。精神家园与文化认同密切相关，文化认同是精神家园生成的基础。精神家园是一种文化认同，一个文化价值的矩阵，代表着一种信仰与信念，也是一种能深深地将人们凝聚起来并使之找到情感与价值依恋、找到民族认同与自我认同的家园。[⑤] 高永久、陈纪认为精神家园是一个民族在文化认同基础上产生的文化寄托和精神归属，是一个民族经过长期的历史积淀形成的特有的传统、习惯、风俗、精神、

---

① 王登峰：《谈精神家园》，《中国职业技术教育》1998 年第 10 期。
② 严春友、朱红文：《简论当代中国人精神家园的重建》，《北京师范大学学报（社会科学）》2010 年第 3 期。
③ 《马克思恩格斯选集》（第 1 卷），人民出版社 1995 年版，第 46 页。
④ 庞立生、王艳华：《精神生活的物化与精神家园的当代建构》，《现代哲学》2009 年第 3 期。
⑤ 董慧：《国外精神家园研究概述及启示》，《学术论坛》2008 年第 6 期。

心理、情感等。① 侯小丰认为精神家园是对生活意义和生命归宿的一种文化认同，在文化认知上表现为对作为民族文化之根的思想传统、精神理念、文化习俗乃至生活方式的认同、尊崇与追随。②

五是"价值取向说"。价值是人们对生活世界领域的意义的思索和把握，这样它就有经济价值、政治价值和精神价值三个层面的划分。前两者是实用价值，必将随社会结构的变迁而变迁，后者是超越现实的，所以是理性价值，一经形成，就成为该民族深层的文化——心理结构，不会必然要求并导致它发生变化。而理性价值就是各族人民对精神家园的追求，植根于每一个民族的内心之中，它的形成需要漫长的历史过程，一旦这种价值成为民族精神，它就具有在精神上支撑该民族的无穷力量，因此具有极强的稳定性，但它们又不是一成不变的，而是在返本开新的传承中得以保存下来的。③ 因此尽管各个民族的精神家园各不相同，实质上都是给人们一种安身立命的精神家园。这个家园具有约束力、给人激发力，作为终极关怀成为人们精神的价值追求和最终归宿。

以上多个出自不同视角的探讨，但综合各家观点，对精神家园内涵的认识基本上已经达成共识，即认为精神家园是一种与物质家园相对应的概念，是个人或民族共同的精神支柱、情感寄托和心灵归宿，是建立在文化认同基础上的精神文化和价值系统。

（2）关于精神家园建设不同层面与视角的研究。

在改革开放的大环境、社会主义市场经济体制的逐步建立以及经济全球化的大背景下，高速发展的经济，快速的生活节奏让人们在享受经济发展带来的物质需要的满足后，却同时感受到了前所未有的精神迷茫和困惑。学者们对这种逐渐蔓延的精神危机倍感焦虑，纷纷提出精神家园建设的迫切需要。围绕着传统文化与中华民族精神家园的关系、马克

① 高永久、陈纪：《中华民族共有精神家园的内涵与价值核心》，《科学社会主义》2008 年第 2 期。

② 侯小丰：《精神家园、情感依恋与马克思主义哲学中国化》，《学术研究》2007 年第 9 期。

③ 夏薇：《寻找精神家园——关于理性价值的思考》，《青年思想家》2001 年第 6 期。

思主义在中华民族精神家园建设中的地位以及马克思主义与中华传统文化的关系等问题对精神家园的建设进行研究。

第一，传统文化与中华民族精神家园关系的研究。

随着 20 世纪 90 年代逐渐兴起的"国学"到党的十七大提出"弘扬中华文化，建设中华民族共有精神家园"，再到 2009 年几位著名高校校长提出要将"国学"定为一级学科，代表着中国传统文化的"国学"自"五四"以后从未像现在这样受欢迎。比较具有代表性的观点是，当代精神家园建设应该回归传统的"回归论"和中国传统文化须在现代化中重新建构的"重建论"。

一是精神家园建设应该回归传统的"回归论"。面对着全球化的浪潮，有些学者担心不同文明之间的冲突、交融会将中国文化席卷和淹没，更担心作为中华民族精神家园的文化根基和精神支柱的传统文化被摒弃，从而使中华民族也在全球化的浪潮中被"化掉"。因此，在 2004 年末由 50 名知名学者、文人、艺术家、企业家等联合签名发表的《甲申文化宣言》"主张每个国家、民族都有权利和义务保存和发展自己的传统文化；都有权力自主选择接受、不完全接受或在某些领域完全不接受外来文化因素；同时也有权对人类共同面临的问题发表自己的意见。"① 对社会转型期的中国所出现的信仰危机、道德滑坡，以及拜金主义、个人主义、利己主义等错误价值观的滋生蔓延，持"回归论"的学者主张回到中国传统，他们相信蕴含着中华民族的生存智慧、道德品质、道德准则、价值信念的传统文化，尤其是儒家文化，不仅能解救当前中国出现的精神危机，还能为中华民族的和平崛起作出贡献。如郑汶认为中华民族传统文化博大精深，当代中国人需要从以"儒道释"为代表的传统文化中寻找精神家园。② 王树人主张解决中国当前的精神危机的途径就是回归儒家代表人物孔子提出的"圣与仁"这个最高价值理念。③ 值得注意的是，

① 《甲申文化宣言》，《文化月刊》2004 年第 10 期。

② 郑汶：《寻找失落的精神家园》，云南大学出版社 2010 年版。

③ 王树人：《最高价值的失落与追寻——兼评上帝的爱与儒家的爱》，《杭州师范大学学报（社会科学版）》2011 年第 1 期。

随着中国经济在最近几年的迅速发展和综合国力的快速提升，持这类观点的学者认为，我们中国人似乎可以完全不理会外部世界的变化，坚守甚至回到我们的传统文明就可以独立生存。①

问题是在 21 世纪全球化的今天，难道还有一个国家或民族可以不理会外部世界的变化而独立自存吗？难道传统文化的发展可以不与社会发展现实相关联吗？马克思说过，"各民族的精神产品成了公共的财产。民族的片面性和局限性日益成为不可能。"② 我们已经生活在 21 世纪，面临着全球化时代，那种以希冀回到历史原点、坚守所谓"道统相传"，以为我们传统文化的发展可以独立于世界变化之外，以为我们的文化在经济实力有所提高的情况下可以独立于世界文明而自我封闭的想法，不仅是一种不合时宜的文化保守主义的态度，而且还暴露了其脱离现实、把传统思想嫁接到现代社会、现实生活的主观臆想。在这样的背景下，简单的"回归"既不现实，也不能解决中国现实问题，并会使人囿于传统和现代之间，感到迷茫和困惑。

二是重建传统文化的"重建论"。顾名思义，"重建"是指重新建设或建构。此处重建精神家园的"重建"包含了两层含义：一是现有的精神家园不适合当代的中国社会，需推倒重新建设一个与当今中国社会相适应的精神家园；二是有"破旧立新"之义，文化是人的主体自觉活动的产物，有一定的主观能动性，我们可以对作为客体的文化加以选择和建设。重建传统，对传统文化应有所扬弃，并纳入现代化的内容，在现代之中重新构造自身，从而为这个时代的每个人提供精神资源。冯友兰先生曾有"旧邦新命"的提法，就是尊重和弘扬传统而不简单因袭传统，适应时代前进的要求，吸收新思维、新概念，对传统进行新诠释，从而推陈出新，丰富中华文化的内容，③ 从而为精神家园建设提供丰富的资源和服务。目前学术界所提出的弘扬中华传统文化、重建精神家园，

①　谢地坤：《文化保守主义抑或文化批判主义——对当前"国学热"的哲学思考》，《哲学动态》2010 年第 10 期。

②　《马克思恩格斯选集》（第 1 卷），人民出版社 1995 年版，第 276 页。

③　刘景录：《中华文化与共有精神家园建设》，《中共中央党校学报》2008 年第 6 期。

通常都是指第二种含义。比如，严春友、朱红文认为重建当代中国人的精神家园的唯一出路，在于以我们的传统文化为基点，以一种开放的胸怀汲取全人类的优秀文化，对于传统文化和外来文化进行重新解释和重新建构，吸收那些具有恒久价值的理念和文化成果，在以人为本的根本理念基础上，重铸中华民族的精神家园。[①] 纪宝成认为，重振国学，弘扬传统是构建民族共有精神家园的重要途径；并提出，重振国学，不是简单回归传统，而是应以现代的理念指导国学的研究与发展，使之成为一个开放的文化体系，充分汲取和借鉴世界其他优秀文化，更好地为中华民族共有精神家园的建设提供坚实的土壤和不竭的力量。[②]

党的十七大报告提出："弘扬中华文化，建设中华民族共有精神家园。"这句话告诉我们一方面要弘扬我国传统文化，传承其精华，另一方面应以兼容并蓄的姿态，注重学习和吸收人类一切优秀文化，并结合我国发展的实际进行创新，在传统文化提供的丰厚土壤和重要资源的基础上，形成适应现代社会发展要求，体现中华民族价值取向和精神寄托，体现我国民族精神和特色的现代新文化，并在此基础上构筑起历史新时期能够沐浴全体中华民族的精神家园。

第二，马克思主义在中华民族精神家园中地位的研究。

党的十七大明确指出："建设社会主义核心价值体系，增强社会主义意识形态的吸引力和凝聚力"。作为上层建筑中的精神家园建设是建立在一定的物质经济基础之上的，是对社会存在的反映。马克思、恩格斯运用历史唯物主义的观点，对人类历史进行深入考察，揭示了人类社会发展的客观规律，勾画出共产主义这一人类社会发展的最高阶段的蓝图。[③] "共产主义的社会理想不仅是对人类历史的总结，更重要的是人类发展的

---

① 严春友、朱红文：《简论当代中国人精神家园的重建》，《北京师范大学学报（社会科学）》2010 年第 3 期。

② 纪宝成：《弘扬中华优秀传统文化建设民族共有精神家园》，《教学与研究》2008 年第 4 期。

③ 宫丽：《试论马克思主义与中华民族共有精神家园的互动关系》，《河南师范大学学报（哲学社会科学版）》2010 年第 3 期。

必然归属。"① 马克思主义理论不仅为我们解决当前社会主义建设和发展中的问题提供了理论和方法指导，而且也为我们提供了终极关怀即共产主义社会，因此马克思主义在中华民族共有精神家园中具有核心地位。我们是以马克思主义为指导的中国特色的社会主义国家，因此中华民族精神家园建设必须坚持马克思主义的主导地位。学者庞立生、王艳华认为当代中国精神家园的建构，需要以马克思主义理论作为思想内核，实现对西方资本主义现代性及其物化困境的内在超越与扬弃，超越传统有神论与现代虚无主义之间的二元对立，推动中华文化传统的现代性转化，凝练与提升马克思主义与中华文化相融共通的核心价值理念。② 李翔海提出我们要以马克思主义为指导，立足于中华民族现代复兴的实践要求，坚持以民族优秀传统文化为根基，以社会主义核心价值体系为内核，以外来有益文化为补充，建设与中华民族伟大复兴的要求相适应的中华民族共有精神家园。③ 中华民族共有精神家园的建设的核心问题就是为中华民族的发展确立社会共同理想信仰。

第三，马克思主义与传统文化在建设中华民族精神家园中的关系研究。

如何看待精神家园回归传统，如何看待建设中华民族共有精神家园，在这些主要关涉中华民族精神传统的传承与发展等问题上，大家的意见并不完全一致，有的还分歧很大。但是绝大多数学者在大的目标和方向上已经达成共识，并进行了较为深入的研究。

学者们提出了马克思主义与中华传统文化相联结的精神家园"建设论"。大多数学者都认为马克思主义中国化与中华民族精神家园建设的关系是内在统一的、相互协调、互相促进的。如胡海波认为，马克思主义与中国传统文化在建设中华民族共有精神家园的任务上具有内在统一性，我们应该把马克思主义哲学、中华民族优秀的文化精神传统以及全人类

---

① 苏荣才：《共产主义——当代中国青年精神家园的核心内容》，《马克思主义与现实》1991 年第 2 期。

② 庞立生、王艳华：《精神生活的物化与精神家园的当代建构》，《现代哲学》2009 年第 3 期。

③ 李翔海：《弘扬中华文化，建设精神家园》，《求是》2010 年第 6 期。

优秀的文化遗产，作为中华民族共有精神家园的思想理论与文化精神的丰富性整体来把握。以中国特色马克思主义哲学为核心精神建设中华民族共有精神家园，既是推进马克思主义哲学中国化的"精神家园"路向，也是弘扬中华文化、建设中华民族共有精神家园的"马克思主义哲学中国化"的路向。① 还有学者指出马克思主义中国化的过程就是中华民族精神家园建设的过程。如 2010 年 9 月，北京市委宣传部、北京市中国特色社会主义理论体系研究中心、北京市社科界联合会联合举办"马克思主义中国化论坛·2010"，参与论坛的学者对马克思主义与中国化的关系进行了深入研讨，认为马克思主义中国化、大众化、时代化的过程就是共有精神家园的建设过程。因此要弘扬中华文化，建设共有精神家园，就要挖掘和提炼传统文化中有意义的思想价值，并赋予其新的时代内涵，并运用马克思主义方法进行总结和概括，使之与马克思主义相结合，进一步丰富和发展马克思主义。而马克思主义的进一步发展反过来又会推动共有精神家园的建设。②

针对如何促使马克思主义与中华民族传统文化相结合，有学者提出了马克思主义要借鉴"儒学"重视"人伦日用"的观点，让马克思主义不仅入党、入国还要入家。如黎学军认为马克思主义大众化除了作为上层建筑的意识形态从外部对民众的灌输，还应该把马克思主义融合到民众的人伦日用之中，并实行援"儒"入"马"，儒学"例外"的原则，渐进地使得民众时时处处在潜意识中以科学的方式践行马克思主义。③ 尽管援"儒"入"马"、儒学"例外"的具体原则尚待商榷，但提出的马克思主义应该学习儒学的"人伦日用"化的观点可为我们当今建设精神家园提供了一种思考，为马克思主义大众化、中国化提供了一种途径。郭建宁提出马克思主义与中国文化及中国实践相结合，是马克思主义中

---

① 胡海波：《马克思主义哲学中国化的"精神家园"路向》，《现代哲学》2009年第 3 期。

② 郭建宁：《马克思主义中国化与建设共有精神家园》，《北京大学学报（哲学社会科学版）》2010 年第 4 期。

③ 黎学军：《论马克思主义的"人伦日用"化——建设民族共有精神家园的一种思考》，《社会科学研究》2010 年第 5 期。

国化的两个基本途径。只有实现马克思主义与中国文化的结合、磨合、融合、整合，马克思主义在中国的传播与确立，以及马克思主义的中国化才能成为现实。①

精神家园建设属于"社会主义文化大发展大繁荣"的战略决策的核心，也属于社会主义意识形态的范畴意识形式，这两者是统一的。如果认为中华民族精神家园建设的内容主要是中华民族传统文化的继承与发展，而将作为意识形态的马克思主义与作为文化心灵归属的中华民族精神家园建设分离开来，那将会割裂马克思主义与建设中华民族共有精神家园的内在统一的关系。而如果在形式上以马克思主义理论为指导，在内容却以中华传统文化为根基和主要内容，然后简单地将两者加以整合来共同建设中华民族共有精神家园，那将会出现如黎学军所说的目前中华民族精神家园可清晰地分为两个层次的问题：一是无产阶级的马克思主义精神家园，一是普罗大众的儒家文化精神家园。如果按照这一思路与观点来理解和把握这个问题，强调马克思主义哲学指导中华民族共有精神家园建设的合理性终将被消解。马克思主义作为一种先进文化，为什么能在中国发挥如此强大的生命力，原因在于一代又一代的中国领导人将它不断地与中国实践和中国文化相结合，形成了邓小平理论、"三个代表"重要思想等具有中国特色的马克思主义中国化理论。因此在建设中华民族共有精神家园的过程中，必须以马克思主义理论作为指导思想，努力探索马克思主义与中国文化传统相互融合、相互促进的思想文化路径，从而一方面推动马克思主义中国化的发展，另一方面也能促使民族传统在马克思主义的引导下得到转化；从而使之具有现代性，共同促进中华民族共有精神家园的建设。

3. 思考与展望

学界在精神家园的内涵、中华传统文化与中华民族共有精神家园的关系、马克思主义在中华民族共有精神家园中的地位以及马克思主义中国化与中华民族共有精神家园的关系等方面进行了研究，取得不少成果，

---

① 郭建宁：《马克思主义中国化与建设共有精神家园》，《北京大学学报（哲学社会科学版）》2010 年第 4 期。

为今后的研究提供了一定的思想基础和资源，但仍然存在一些问题。

（1）对精神家园的相关概念及其构成缺乏厘清和学理性分析。

目前的文献研究，首先缺乏对与精神家园相关概念的厘清，如精神生活、精神境界、内心世界等与精神家园的关系界定并不清晰，从而出现了概念使用混乱的现象，将精神家园等同于精神生活、将精神家园的建设等同于人们内心世界的建设等等。其次对精神家园的要素结构和层次结构未进行深入分析，如个体精神家园和共同体精神家园的要素结构和层次结构包含哪些方面，都没对此进行深入研究和分析。

（2）对中国及西方精神家园的发展历程缺乏梳理和分析比较。

自从有了人类社会，就有了各民族和国家的精神家园建设，古今中外，概莫能外。然而目前文献研究仅限于对我国优秀传统文化进行梳理，而对中国古代至新中国成立如何开展精神家园建设的途径和方式缺乏深入的研究；对中西方精神家园的发展历程缺乏系统的梳理和分析比较。这不利于我们总结经验教训，也不利于在面对全球化的挑战时，思考我们如何在历史和现实的统一中更好地把握中华民族精神家园的构建。

（3）对精神家园建设的内容主要从国家、社会发展的宏观角度来探讨，还没有深入到从个体出发，从现实的个人出发，关注个体的精神家园的建设。

我国古代非常重视个体内在精神的修养和提升，它为当今个体精神家园建设提供了丰厚的资源和养料，我们应该深入地挖掘并总结中国古代在建设个体精神家园的方式和途径方面的有益经验，为当今建设个体精神家园所用。

（4）研究方法比较单一。

尽管许多学者在研究中都提出要广泛吸收人类一切优秀文明成果来丰富中华文化，但是却鲜有学者运用比较方法来对不同国家的文化与精神家园关系进行比较研究，从而不能为建设中华民族精神家园建设提供更丰富的资源、有益的经验和方法。尽管不少学者指出目前国人精神焦虑、信仰危机、精神疾病增多等社会现象，并从理论上将原因归结于市场经济所带来的世俗化、功利化的结果，但他们缺乏严格的实证调查和数据分析。

（二）国外研究状况

1. 哲学层面对精神家园的研究

对精神家园进行理论和方法论层面上的探讨。黑格尔曾说："哲学史的真正发源地是古希腊，一谈到古希腊，我们就有一种亲切感，就好像回到了自己的精神家园"。① 西方哲学界有个传统，任何时候当社会遇到变革时，习惯于从古希腊文化源头寻找依托。人类对精神生活以及精神家园的建设从古希腊开始至今从未间断过。尤其现代以来，西方哲学将关注点转向人的存在凸显人的主体性这一方面。具体如：马克思·韦伯关于工具理性和价值理性之间的内在张力的分析；奥伊肯对物质成果与现代人心灵要求之间形成的尖锐矛盾的忧虑；胡塞尔关于欧洲科学危机的文化分析及人应回归"生活世界"的理论药方；海德格尔主张人应"诗意地栖居"在大地上；马尔库塞关于"单面社会""单面人"的研究；弗洛姆的"逃避自由论""健全的社会"理论等等，都是从不同层面、不同视角对现代资本主义社会人们精神生活世界的种种问题的揭露与研究，形成了具有较大影响的理论成果。

2. 心理学领域关注人的精神生活的人本主义心理学兴起

20世纪中叶以前，心理学多把人当作物来研究，并且始终不愿触动人的最为复杂、多变的内心体验或主观意识。如行为主义心理学通过对动物研究的结论来推论人的基本心理过程，进而推论人的精神生活特征；以弗洛伊德为代表的精神分析法主要从人的生物机能这个角度去分析人的心理，并且从病态的人中抽样，使病态的人代表全人类。自20世纪50年代以来，以美国为例，一方面科学技术迅猛发展，经济发展异常迅速，物质生活空前富足；另一方面人的精神裂变加剧，心理变态严重，人性日益异化。再加上二次世界大战、毁灭性的核武器，大规模屠杀暴行，灭绝人性的政治迫害让人对这个世界产生了茫然，一些人感觉生活失去了意义，找不到方向。以关注人性、人的价值、意义、精神生活和自我实现等为探讨主题的人本主义心理学正是在这样的时刻应运而生。他们

---

① 黑格尔：《哲学史讲演录》（第1卷），商务印书馆1959年版，第157页。

关心的是人类生活的迫切问题与真实感受，主张从"最好的品种"中抽样，根据对这些人的深入、入迷的观察来说明人能够成为什么和人应该成为什么，并认为在当今世界中应该从最有理性、最具伦理的人中抽样来研究人类精神价值与道德发展的可能性，向人们展示出人类的追求以及向往的终极价值。

3. 教育学注重研究民族文化认同

在美国，"学校不仅是表达美国的哲学，它也最有效地促进这种哲学的形成与传播……"在美国人看来，价值观教育和美国精神的灌输与地理、英语、数学一样是学校教育的组成部分。"学校一贯坚持教导的一种思想就是爱国家、爱自由。课本、文选和供青年人阅读的历史几乎每一页都讲到爱国主义。①除此之外，美国在教育的过程中还注重对人的精神方面的发展。《走向一个精神的课程：普通学校课程的综论》一文指出当前大学教育的问题就是缺乏对学生的"精神"培养，大学教育在这方面做得不够，应该通过艺术、文学、科学等不同学科让学生去探究和体验，从而通过教育去唤醒学生对精神的意识。精神意味着整个生命，意味着将生活中的所有事情都看作是神圣的。对于学生"精神"本质的培养，不仅要让学生认识到这一点，而且更重要的是要让学生学会本着这个理念在生活中化为自己的行动。大学对学生进行的精神教育是通识教育的一部分。②韩国非常重视民族精神教育的系统性、理论性和政策性，除了正规的国民伦理教育之外，在各种社会教育和考试中也有民族精神方面的内容和要求。新加坡学校每年都要开展一次"国家意识周"教育活动，以树立人们对国家文化的认同感。日本的学校则普遍推行"上山下乡""土留学"活动，以此加强学生对国土的了解，增强他们的危机感与紧迫感。③

---

① H. S. 康马杰：《美国精神》，光明日报出版社1988年版，第5页。

② Miller, J&Susant: Toward a spiritual curriculum: A review of The Universal School House[J]. Spiritual Awakening through education, 1994: pp. 240 - 245.

③ 王瑞荪：《比较思想政治教育学》，高等教育出版社2001年版，第167—168页。

4. 世界各国相继提出核心价值体系

随着全球化和信息社会的到来，以文化为核心的软实力竞争将会在今后各国的比较和竞争中占据越来越重要的位置。为此，加强文化建设，其中又以加强核心价值体系的建设作为各国文化建设的重中之重。如美国历届政府均把培养国民的爱国精神以及对国家的责任和义务作为民族精神家园建设的首要目标。1987年，里根总统在"国情咨文"中特别强调要重视培育"美国精神"，首要的一点便是"爱国"。1992年，美国一些行政组织与研究机构共同拟定了一份《阿斯彭品格教育宣言》，呼吁学校传授"责任心、可靠、关心"等核心价值。通过民族共有精神家园的建设，在很大程度上消除了文化差异所带来的冲突，增强了民众的国家认同感，提高了政府的动员力量。新加坡将培养公民的国家意识提高到了战略高度，认为国家意识是个人与国家在情感上的结合，国家应被内化为自我的一部分。1988年专门成立国家意识委员会，1990年国会通过"国家至上，社会为先；家庭为根，社会为本；关怀扶持，同舟共济；求同存异，协商共识；种族和谐，宗教宽容"等五大共同价值观。为此，新加坡政府特别提出"新加坡人"精神，在"我是新加坡人"的民族精神的灌输下，不仅使全体国民团结在"一个国家、一个民族、一种命运"的旗帜下，而且有效地动员他们为新加坡的发展而奋斗。董慧在《国外精神家园研究概述及启示》[①]一文中概述了国外对精神家园的研究主要有两条途径，即非宗教和宗教的途径，并且指出对于精神家园的理解与文化认同、信仰多与信念有关。非宗教的路径主要是与文化相关的路径，董慧主要通过四本著作分别阐述了俄国、美国和法国是如何通过文化的认同来构建本国的精神家园的。

5. 研究精神家园建设的途径和方式

世界各国都采取了多样化的培育方式来建设本民族的精神家园。民族精神属于民族意识的范畴，来源于各民族民众的长期社会实践，贯穿于社会生活的各个层面。因此建设民族共有的精神家园可以通过政治、经济、文化、思想等多种途径进行。除了学校教育，在民族精神家园的

---

① 董慧：《国外精神家园研究概述及启示》，《理论月刊》2008年第6期。

建设过程中，各国都采用多样化的形式。如美国旧金山的主要街道大都以华盛顿、杰斐逊等重要历史人物命名，形成"美国主义"的宏观情境；大部分州都建立了博物馆，对游客免费开放，并且通过高科技将美国的历史事件生动地展现在游客面前，让人身临其境，仿佛历史就发生在昨天。这一些都无形中强化了美国政治和价值观念的影响，从而增强了人们对美国民族文化的认同。韩国政府从2000年开始实施儒教文化圈旅游开放项目，计划10年共投资18981亿韩元。2006年访问儒教文化圈的游客数超过两千四百万，这反映且促进了民众对本民族文化的认同。①

三、选题研究的意义

社会经济的快速发展和物质生活水平的提高，不仅为精神家园的建设提供了物质基础与条件，而且向精神生活、精神世界提出了新的问题与要求。在当代，随着市场经济的发展和经济全球化，拜金主义、利己主义、功利主义和享乐主义等社会思潮冲击着人们的思想，不同程度地影响着人们的精神生活和精神世界。为此，以当代社会为背景，以马克思主义唯物史观为指导，研究精神家园建设过程中的新问题、探索新途径，具有重要的理论和实践意义。

这一研究的理论意义在于：

第一，开展精神家园建设的研究，有利于推动社会主义精神文明建设。由于受市场经济带来的物本价值取向的影响，长期以来在社会的发展中，出现了重物质文明建设、轻精神文明建设，即"一手硬，一手软"的现象。本文通过对精神家园的结构、功能等基本理论的研究，试图帮助人们认识到精神家园建设的价值。并通过探讨精神家园建设的现实课题，丰富精神家园建设的当代内容，推进社会主义精神文明建设。

第二，开展精神家园建设研究，拓展推动了思想政治教育学科的建设发展。思想政治教育学科自20世纪80年代中期建立以来，短短20多年中实现了跨越式的大发展。而随着时代的发展，思想政治教育学科必

---

① 沃尔特·李普曼：《舆论学》，华夏出版社1989年版。

须根据实践与理论发展的需要，确立研究重点，突破研究难点，在促进社会与人的全面发展进程中丰富、完善学科体系。① 对当代国人的精神家园建设进行研究，要以马克思主义理论为指导，重点是帮助人们树立正确的理想信念和建立适合于社会主义市场经济发展的价值观等内容。而这些内容恰恰也是思想政治教育学科研究的重点和难点。因此，通过对当代人精神家园建设的研究，有利于推动思想政治教育学科的建设发展。

这一研究的实践意义在于：

对社会的实践意义：第一，有利于优化社会风尚，维护社会的稳定和谐。社会风尚是指社会上流行的风气和习惯，它是衡量社会文明程度的一把重要标尺。积极良好的社会风尚对于维护社会稳定起着支持、巩固和促进的作用。对核心价值体系的认同、树立正确的理想信念、形成良好的道德素质以及培养健康的审美观念等内容是我国新时期精神家园建设的重要内容。

第二，有利于增强民族的凝聚力，提高国家文化软实力。社会存在决定社会意识，社会意识对社会存在具有能动的反作用。在当今世界，精神家园的有无，以及境界的高低，是衡量一个时代精神文化自觉的尺度，是体现一个国家和民族综合国力的重要标志。中国经济发展的后劲如何，国家民族的竞争力怎样，将更有赖于我们的文化软实力。建设中华民族共有的精神家园，就是建设我们国家和民族共同的精神信仰和精神追求，国家只有建立并坚守共有的精神家园，才会不断地产生和强化民族自豪感与自信心，增强中华民族的凝聚力，中国才会以巨大的合力创造更加伟大的辉煌成就。

对个体的实践意义：第一，有利于增强人们的精神活力与生活动力。人有物质和精神双重需求，物质决定精神，精神对物质具有反作用。人的精神生活是人之为人的一个本质特征，是区别于动物的根本所在。因而人不仅需要一个"实在的家"，而且需要一个"精神的家"。研究当代人的精神家园，就是要为人们建设一个精神之家、心灵之家。有了这样

---

① 郑永廷：《思想政治教育学科研究重点与难点辨析》，《思想教育研究》2007年第 5 期。

一个家，人就有归属，有了活力；有了这样一个家，人才能找到人生方向，才有生存下去的动力和意义。

第二，有利于人们关注生活质量与精神境界的提高，促进人的全面发展。在当代社会，市场体制的竞争压力、科技发展的信息压力、社会流变的风险压力，冲击着人们的精神领域，挤压着人们的精神空间，淡化着人们的精神追求，出现了重物质而忽视、冷落、轻视精神的现象。这种现象不仅滋生诸多丑恶现象与不正之风，而且导致一些人精神生活境界缺乏、退化，限于片面发展。研究我国新时期精神家园不仅是唤醒人们对精神生活与精神世界的重视，而且也为人们提供精神支柱和心灵归宿，给人们指引了前进的方向，让人们在这个家园里和谐全面发展。

四、研究思路与研究方法

（一）研究思路

本书以新时期中国社会为时代背景，以中国人的精神状况为研究的起点，通过对精神家园、精神家园建设及相关概念的界定，对精神家园的特性、精神家园的结构和功能的分析，对马克思经典著作相关理论的阐述，以及对中西方精神家园的发展进行历史梳理与分析，并在社会开放性扩大、流动性加强、信息化加速以及机遇与风险增加的当代社会背景下，探讨精神家园建设的新发展，丰富精神家园建设的当代内容，在此基础上提出精神家园建设的途径与方式。目的是要引导人们认识精神家园的价值，促进精神家园与经济协调发展，提高人的精神境界和生活质量，优化社会风尚和维护社会稳定，进而推动社会和个体物质生活与精神生活全面发展。

本书在导论部分中交代了新时期中国社会精神家园建设这一研究论题提出的缘由。对国内外精神家园研究进行了综述，进而指出本书的研究意义，提出本书研究的思路及方法。

正文六章共分为三部分：

第一部分：理论探讨部分，即第一、二章。第一章奠定了精神家园研究的理论基础。对与精神家园相关的概念如精神、家园、精神生活、精神家园建设以及他们之间的关系进行了梳理，对精神家园的结构和功能进行了阐述。并以马克思的人的本质理论、人的需要理论、精神生产理论等相关理论作为本书研究的理论基础。第二章则对精神家园的结构和功能进行了研究和分析。第三章对中西方精神家园的发展进行了历史梳理与分析比较。这部分以中西方的历史发展为脉络，分别阐述了各个时期精神家园建设理论与实践的发展，并在此基础上进行了比较，使得研究我国新时期精神家园建设有了历史分析的基础。

第二部分：实践部分，即第四、五章，是本书的重点也是本书的难点。第四章对我国新时期精神家园的发展进行了分析，包括新时期中国社会精神家园发展的时代背景、精神家园的新发展以及精神家园建设呈现的新特点。第五章着重探讨新时期精神家园建设所面对的时代课题。由于物质生产和精神生活的不平衡发展、科技的强势作用与人文精神的失落、文化的多样与主导之间的紧张关系，导致了精神家园缺失、滞后和不协调等问题，本章对此进行了较为系统的分析。总的说来，这部分主要是要说明精神家园在现代社会里对个体和国家都是非常必需的，但却又被忽视和缺失这样一个事实。

第三部分：问题解决部分，即第六章，主要是提出了我国新时期精神家园建设的途径与方式。

（二）研究方法

本书将遵循理论与实践相结合、历史与实践相结合、国内与国外相结合的原则，具体采用文献分析法、比较研究法、历史借鉴法等方法进行研究。

文献分析法。即搜集和分析各种有关的文献资料，从中选取信息，为研究目的服务。通过对文献的分析，希望能够较为全面、准确地了解中西方精神家园发展的历史脉络。

比较分析法。通过文献分析在了解了中西方精神家园发展的历史脉络的基础上，对中西方精神家园发展的内容、特点、方式等方面进行比较，找出其共性及差异，为我国新时期精神家园的建设提供理论和实践意义。

历史借鉴法。人类精神家园的探寻是人类历史发展过程中的一个永恒课题和使命。中西方精神家园的发展都是一个历史的发展过程，系统梳理中西方精神家园的历史脉络并在此基础上作现代转化，才能为当今中国人的精神家园建设提供方向。

五、研究重点、难点与创新点

(一) 本书的难点和重点

本书的难点与重点：首先，由于精神家园是一个较为抽象的概念，如何对精神家园以及相关概念进行厘清和分析，是本书的一个难点。而概念的厘清是本书进行后续研究的重要基础，因此也是本书研究的一个重点。其次，精神家园的建设是人类历史发展的一个永恒课题，笔者从所在的学科背景出发，在中西方精神发展的历史脉络中追寻精神家园的发展历史，从而进行梳理和比较，希冀从中西思想库中探寻可资借鉴的历史资源，这是本书的一个难点。再次，在社会开放性扩大、流动性加强、信息化加速以及机遇与风险增加的当代社会背景下，研究我国新时期精神家园建设中存在的问题以及精神家园建设的新发展是本书的难点，也是本书的重点。

(二) 本书的自我见解与创新

在理论部分：首先对我国新时期精神家园建设的理论基础进行了梳理，并分析了精神家园结构与功能及其关系。其次对中西方精神家园发展的历史脉络进行了梳理并对两者进行了比较，为后人研究精神家园提供了较为丰厚的史实材料。

在实践部分：首先在进入现代化进程中，本书结合当代社会的三个角度，即市场经济、多元文化、信息社会角度出发分析新时期精神家园建设的现实课题，具有较强的现实针对性。其次提出了我国新时期精神家园建设的准则，以及对精神家园建设的新发展进行了研究。

第一章 精神家园的特性
及其建设的指导理论

研究新时期精神家园的建设，首先必须对精神家园及其相关概念进行厘清和界定，进而对精神家园的一般特性进行归纳；此外，还必须寻找精神家园建设存在和发展的理论根据，以此确定研究论题的可能性。

第一节 精神家园的概念与内涵

对精神家园建设的研究，首先要明确所建设的内容是什么，这是研究我国新时期精神家园建设的前提。

一、精神与精神家园概念

"精神"是一种无形而又包罗万象的东西，不同人、不同学科对"精神"的理解也各不相同，因此造成了对"精神家园"解释的困难。为了更好地界定精神家园，我们首先必须从理解"精神"开始。

（一）精神

"精神"的历史十分悠久，由于对其理解受生产力发展的制约以及人们思维方式的限制，因而众说纷纭。在最新出版的《辞海》（语词分册）对"精神"一词作了这样的注解：①哲学名词，与"物质"相对。唯物主义常将其当作"意识"的同义概念。指人的内心世界现象，包括思维、意志、情感等有意识的方面，也包括其他心理活动和无意识方面。②犹神志、心神。宋玉《神女赋》："精神恍惚，若有所喜。"③犹精力，活力。李郢《上裴晋公》诗："龙马精神海鹤姿。"④神采；韵味。卢梅坡《雪梅》诗："有梅无雪不精神。"⑤内容实质，如传达会议精神。

精神家园的精神一词主要采用的是第一层含义，从哲学的角度考虑，物质与意识的关系一直是哲学争论的永恒话题。从唯心主义角度出发，在古希腊时期，哲学家们用"灵魂"表示精神，如毕达哥拉斯认为，"灵魂是个不朽的东西，它可以转变为别种生物。"① 柏拉图则进一步将灵魂分为情欲、意志和理性三部分，并认为理性能认识真理，具备意志气概与情欲的能力，其德性就是智慧；意志要听从理性的指导，其德性是节制。在人身上，灵魂的三大要素都能遵守其德性，便是完美调和之人，也就是所谓的正义之人。亚里士多德是古希腊哲学中灵魂学说的集大成者，他著有《论灵魂》，并在书中指出："灵魂是生命体的起因或根源。"在亚里士多德时代，灵魂往往代指精神。

西方人对精神的认识从中世纪基督教神学逐步走进了近代，文艺复兴强调人性，反对神性，这时哲学家们用"理性"、"意识"表示精神。如笛卡尔以"我思故我在"的著名命题开创了近代理性主义的先河。他认为理性是人生来就有的判断和辨别是非真假的能力，并认为心灵和物质是两个互不相干、互不依赖的独立实体，并提出"心物相互独立的二元论"。康德、费希特哲学中"精神"即"理性""自我意识"，它主要指的是人先天具有认识和创造的能力。"黑格尔猜测了劳动的本质，看到了人、劳动特别是精神劳动在社会发展的合规律性和合目的性相统一中的重大作用。虽然他看到了劳动在人的意识发展中的作用，但他承认的劳动是抽象的精神劳动。"② 以上唯心主义者从抽象的人性出发，夸大了精神的作用，忽略了物质与精神的关系。费尔巴哈认识到了唯心主义的局限性，在他看来，"黑格尔哲学是神学的最后避难所和最后的理性支柱"，"谁不扬弃黑格尔哲学，谁就不扬弃神学"③。因此费尔巴哈认为，

---

① 罗素：《西方哲学史》（上），商务印书馆1976年版，第59页。
② 马克思：《1844年经济学哲学手稿》，人民出版社1985年版，第120页。
③ 《费尔巴哈哲学著作选读》（上），商务印书馆1984年版，第114页。

"应该把人连同作为人的基础的自然当作哲学唯一的、普遍的最高的对象"①。由于费尔巴哈不了解实践，因此他所理解的人是脱离了一定社会关系的抽象的人，只是一种"感性对象"，不是"感性活动"。

马克思关于精神的科学阐述就是在批判旧哲学，特别是在批判包括康德、黑格尔和费尔巴哈在内的整个德国古典哲学的过程中产生的。尽管他没有使用"精神"这一术语，更多的是使用"思维""意识""观念"等词汇。马克思从"感性的人的活动"，②从实践的层面理解人的精神，把人们对精神的理解从唯心主义的错误轨道中拉了回来。他认为："人的思维是否具有客观的真理性，这不是一个理论问题，而是一个实践的问题。人应该在实践中证明自己思维的真理性，即自己思维的现实性和力量，自己思维的此岸性。"③从这些论述可以看出，马克思不但从实践层面理解人的精神活动，而且直接把它的本质规定为实践。马克思通过"思维""意识""观念"等"精神"一词的同义词间接回应了他关于精神的理解。如他所言："观念的东西不外是移入人的头脑并在人的头脑中改造过的物质的东西。"④"意识一开始就是社会的产物，而且只要是人们存在着，它就仍然是这种产物。"⑤在马克思主义哲学视域里，精神是指"同物质相对立和意识相一致的哲学范畴，是人意识、思维活动和一般心理状态的总称"⑥。从广义的角度来说，马克思恩格斯对意识的科学论述完全可以借用到对精神的理解、分析和研究上。因为马克思主义的论述，不仅赋予意识、精神以实践与唯物主义思想基础，科学揭示了其产生与发展的根源，并且揭示了意识、精神的相对独立性及其对实践与客观存在的反作用。这些思想成为我们开展精神家园研究的立足点和理论基石。

---

① 《费尔巴哈哲学著作选读》（上），商务印书馆 1984 年版，第 184 页。
② 《马克思恩格斯选集》（第 1 卷），人民出版社 1995 年版，第 54 页。
③ 《马克思恩格斯选集》（第 1 卷），人民出版社 1995 年版，第 55 页。
④ 《马克思恩格斯选集》（第 2 卷），人民出版社 1995 年版，第 112 页。
⑤ 《马克思恩格斯选集》（第 1 卷），人民出版社 1995 年版，第 81 页。
⑥ 李淮春主编：《马克思主义哲学全书》，中国人民大学出版社 1996 年版，第 306 页。

（二）家园

《辞海》对"家园"内涵注解为：①私人的田园。潘岳《橘赋》："故成都美其家园，江陵重其千树。"②家乡。元好问《九月读书山》诗："山腰抱佛刹，十里望家园。"① 根据以上《辞海》对"家园"内涵的注解，我们可以从两个方面来理解"家园"的内涵。私人的家园是从人和自然的角度来揭示家的本性，家园是家之田园。田园就是大地，且包括在它之上的山和水，即一切自然物。因此田园是建立在自然的基础上。人们在这块田园上，进行开垦、耕作，并在此上建筑房屋；人们在田园里生存和死亡，劳作和休息，生育繁衍了一代又一代。家园的另一层涵义家乡，则是从人与社会的关系来阐述家园的意义，即以血缘和地缘为纽带结合的家庭和家族。关于家园的含义研究较多，较为全面的是欧阳康教授对家园的理解。他认为"家"包含着三层含义："一层是物理意义上的'家'，指供个人日常生活的专用空间，它往往是与住宅联系在一起。这是人的最低意义上的'家'。另一层是社会组织意义上的'家'，指两个以上具有亲缘关系的人所组成的共同体，即家庭。所以人们通常把结婚看做是有自己独立的家的开始，叫做'成家'。最后一层，则是精神文化意义的'家'，指人们心理上认可、信赖、追求的归宿和寄托之所，即'精神家园'。它是由人们的知识和信念、信仰和理想等所构成的一个精神系统。在人的一生中，它是一个支撑情感和理智，产生意志和智慧的心灵中的源泉。这个家只在心里，它是人们在前两个有形的、实体的家（物理的社会组织的家）之外，之上，一个无形的，但却时时能够感觉到的家。"②

概而言之，"家园"的内涵主要归结为两个方面：一是实在的家或物质的家，是有形的看得见的，它是由与自己至亲的亲人结合成的家，它可以为人们遮风挡雨，是人安身的处所，这是家园的最基本的含义；

---

① 《辞海》（语词分册），上海辞书出版社1988年版，第906页。
② 欧阳康主编：《民族精神——精神家园的核心》，黑龙江教育出版社2010年版，《序》第1—3页。

二是指人的精神的家，是无形的看不见的，但却是有形的家存在、延续的纽带，是人心灵的归宿。以上对"家园"内涵的阐述主要是从精神的家园的角度出发。

（三）精神家园

"精神家园"是一个复合名词，从字面意义上来说，精神家园是与物质家园相对应的，是个人和民族的精神支柱和精神寄托。对"精神家园"概念的界定，学者们从精神家园的本质、层次、价值取向、文化认同及功能等不同角度对它进行了阐述，前文已论述，此处无需赘述。客观地说，这些学者关于精神家园的定义都具有不同程度的科学性和合理性，甚至注意到了物质家园与精神家园的关系。但是，上述定义总的来说又有其不足的一面，主要表现为两点：其一是对精神家园的主体界定不够准确。除个别定义外，大多数学者是偏向于从民族或国家的角度来定义。我们知道，无论是民族还是国家，无疑都是由现实的个人组成的，精神家园的真正承担者终究是现实的个体。其二是多数定义都没有考虑精神家园与物质家园的关系，将精神家园作为独立的对象来进行研究。然而脱离物质家园的基础，精神家园是不复存在的，正如马克思所说："'精神'一开始就很倒霉，受到物质的纠缠。"① 精神家园和物质家园都是人的存在方式，二者紧密相连、相互渗透、相互包含，我们要科学地界定精神家园，就不能不考虑它与物质家园的关系。

综上所述，特别是根据对马克思主义精神概念的历史考察，我们可以从动态的视角对"精神家园"作出如下定义：所谓精神家园，是指人们在一定历史条件与物质生活的基础上，在改造客观世界的过程中选择、扬弃和创造精神文化资源，形成精神文化系统并成为民族的血脉，为个人与社会提供一个既源于现实又超越于现实的共同理想和意义世界。简单地说，就是人的心灵获得安慰之处或精神寄托之所。

要全面理解上述对精神家园的界定，除深入领会其定义本身外，还需要理解以下几层意蕴：

---

① 《马克思恩格斯选集》（第1卷），人民出版社1995年版，第81页。

其一，精神家园的主体既指现实的个体，又指个体所属的共同体，如国家或民族。因此考察精神家园必须把它放到特定的社会历史条件下，结合这个时代的精神状况，既要考察个体的精神家园的状况，又要考察共同体的精神家园的状态。

其二，精神家园和物质家园的关系。两者的关系主要包括两层含义：第一，精神家园是所对应的社会存在的反映。"观念、范畴也同他们所表现的关系一样，不是永恒的。它们是历史的暂时的产物。……思想的产生都是不断变动的。"① 物质生产方式的不断变化决定了精神家园建设不是一劳永逸的、永恒的。第二，物质家园是精神家园的基础，同时精神家园又反过来作用于物质家园。但它们之间的关系不是简单的物质决定精神，更多地表现在相互作用中，这种相互作用正如恩格斯所说："当我们深思熟虑的考察……我们自己精神活动的时候，首先呈现在我们眼前的是一幅由种种联系和相互作用无穷无尽地交织起来的画面。"②

其三，精神需要是精神家园形成和发展的内在动力。马克思说："需要是人的本性。"需要是推动人自觉活动的内在动力源。人既有物质需要又有精神需要，且人的精神需要是人的本质特征之一，人有追求较高精神需要的顽强性。人一旦成为人，就很少直接用肉体需要来解释行为了。所以恩格斯说："人们已经习惯于以他们的思维而不是以他们的需要来解释他们的行为（当然，这些需要是反映在头脑中，是被意识到的）。"③随着主体精神的发展，人处在种种追求的张力之中，较低层次的精神需要一旦满足，马上就会出现较高层次的精神需要。也就是说，人的精神需要在本质上具有一种不满足性，正是这种不满足性推动人的需要指向新的更高级方向，才会引导人进入新的发展境界。人的精神境界不断提升，人就离动物越来越远。马克思曾说过："动物只是在直接的肉体需要的支配下生产，而人甚至不受肉体需要的支配也进行生产，并且只有不

---

① 《马克思恩格斯全集》（第 4 卷），人民出版社 1965 年版，第 144 页。
② 《马克思恩格斯全集》（第 20 卷），人民出版社 1971 年版，第 23 页。
③ 《马克思恩格斯全集》（第 20 卷），人民出版社 1971 年版，第 516—517 页。

受这种需要的支配时才进行真正的生产。"① 而人的生产是以基本的物质基础作保障，但是仅有物质追求和归宿，人与动物就没有区别了，人还有一个更高的精神追求，即对精神家园的追求。

其四，精神家园有精神活动和精神境界两个部分构成。精神活动包括精神生产、精神交往和精神消费活动，它体现了精神家园的动态和过程方面；精神境界则主要通过主体的精神面貌、精神气质、思想观念、道德意识等反应主体的精神状态，它是精神家园的静态方面，也是精神家园功能的体现，它反过来影响和调整精神活动。因此，个体和共有精神家园是动态和静态的统一，是过程和结果的结合。

二、精神家园的相关概念

对精神家园及与其相关概念进行比较分析，可以发现它们之间的联系和区别，有助于增进我们对精神家园概念和内涵的更深层次的理解。

（一）精神家园与内心世界

内心世界与外在世界相对，内心世界指人的意识、思想领域，主要是指自我体验和意愿的世界。内心世界是对外在世界的一种反映，主体不同，内心世界因此也呈现出不同的特点。在心理学上，内心世界指的是个人的心理活动，是指人的认知（感知和思想），情感（喜怒哀乐）和意愿（欲望和追求）等心理活动，或者说心理活动的能力和状况，属于心理学研究的对象。精神家园与内心世界既有联系，当精神家园的主体为个体时，两者都与外在的客观世界相对，关乎都是人的意识和精神领域，强调主体对客体价值系统的感受，包括个体主观对作为客体的评价、判断、认同和追求的关系。但两者又有区别，精神家园的主体是国家，则指的是一个社会从以往的社会形态中所继承下来，并在此基础上形成与所处时代经济基础相对应的意识形态，是统治阶级的观念形态，具有客观性。尽管它来源于人们的生活实践，但是它是被理论化和系统

---

① 《马克思恩格斯全集》（第42卷），人民出版社1979年版，第97页。

化了的一套为人们提供生活意义和价值观念的精神文化系统。任何一个人，都有一个从自然存在向社会存在的转化过程，这一转化过程就是个体内心世界对所处社会的一套精神文化系统的接受、认同并成为自己行为和生存依据。

（二）精神家园与精神境界

"境界"一词在《辞海》（语词分册）中主要有以下几种含义：一是境地。二是指诗文、图画的意境。三是指境界高超，犹言造诣，如《无量寿经》："斯义弘深，非我境界。"① 根据境界的这三层含义，我们可以看出境界主要指的是人在某个领域的状态或达到的程度。吴倬认为精神境界它通常表现为人在科学精神、人文精神、实践精神、独立思考和理性批判精神、自我发展与自我超越精神等方面的自觉意识和精神状态。② 如王国维在《人间词话》中形象地提出了人生三境界："昨夜西风凋碧树。独上高楼，望尽天涯路"是第一境界；"衣带渐宽终不悔，为伊消得人憔悴"是第二境界；"众里寻他千百度，蓦然回首，那人正在灯火阑珊处"是第三境界。③ 又如季羡林曾说，学术境界说到底是一种精神境界，"丹青难写的是精神"，艺术如此，学术境界是如此，人生境界也是如此，如冯友兰将人生的境界分为四种，从低到高，依此为：自然境界、功利境界、道德境界和天地境界。即认为在自然（感性）、功利、道德满足之外，还有一个更高的天地境界。而具有类似观点的是丹麦哲学家克尔凯郭尔把人生道路也分为三个阶段，由低到高，依此是：感性的生活、伦理的生活和宗教的生活。因此精神境界从个体的层面来说是个体在特定生活条件下，其主体意识所呈现出的一种精神状态，表现的是一个人在科学、文化、艺术乃至人生等方面的主体意识，不断超越自我的一种精神状态以及对最高境界的不断追求的价值追求；从国家层面来说是指在一定的物质生活条件下，国家或民族所呈现出来的精神面貌，

---

① 《辞海》（语词分册），上海辞书出版社 1988 年版，第 452 页。
② 吴倬：《宗教与人的精神境界》，《上海交通大学学报》2005 年第 5 期。
③ 王国维：《人间词话》，上海古籍出版社 2005 年，第 21 页。

它是衡量一个国家精神文化的自觉尺度，表现一个国家或民族综合国力的重要标志。一言以蔽之，它是衡量人和社会进步程度的晴雨表。精神家园不仅包含了体现个体和国家或民族精神状态的静态过程，同时它还表现为一个动态的过程，即人们追求真、善、美的过程，是对本民族文化的认同和对"生活意义"的体验，乃至对"美好社会""极乐世界""人生理想"等终极价值的向往和不断追求的过程。

（三）精神家园与精神生活

精神生活相对于物质生活而言，两者紧密相连。首先，两者包含的内涵非常丰富，至今对两者都没有一个统一的定义；其次，两者都是作为衡量人与动物区别的重要标志，也是衡量社会和个体文明及发展程度的重要尺度。但两者又有区别。首先，精神家园引领着精神生活。精神生活涉及到人生活的方方面面，相对于人的物质生活和社会生活而言，精神生活有层次之分，最低层次的是与人的基本生活相对应的心理生活；较高层次的是与经济生活相对应的文化生活，其中文化生活由于主体的知识和素养不同，又可分为低俗文化生活和高雅文化生活；而精神生活最高层次或最高境界就是人的心灵生活，丰富、充实的心灵生活需要合理的、正确的价值观的引导。只有当个体的价值观与所属共同体的价值体系相吻合时，才会使人产生认同感和归属感，才会有家园感，个体精神生活才会丰富和充实。其次，精神家园是精神生活的归宿和寄托。精神生活强调的是生活的丰富性、多样性和复杂性，而精神家园强调的是一种家园感。随着生产力的快速提高和信息技术的高速发展，人们的物质生活水平越来越丰富，提供给人们的精神生活的内容和形式也不断增多，相比古代的人们，可供选择的并且能够满足人们精神生活的资料要比过去丰富得多。但是在当今社会中人们却普遍存在缺乏安全感、方向感、归属感和认同感等焦虑现象，总之就是缺乏一种家园感，即精神生活缺乏一种归宿，而精神家园就是精神生活的稳定和谐状态。

三、精神家园建设界定

通过对精神家园内涵的分析，我们可以知道精神家园是一套精神文化系统，它是我们生存和行为的依据，它像隐形之手一样，引导着我们的意识甚至全部精神活动。当方位明确的精神家园存在时，我们便没有彷徨和迷失感，不会对生活的意义存在质疑，对它信任的同时也给我们以自信。但是精神家园的有效性并不是恒定不变的，它必须不断地进行建设，做出必要的修缮。特别是在历史大变动的时代，在人们与历史失去了联系之后，传统的精神家园将失去它的有效性，不能为生活在新的经济基础之上的人们提供新的精神支撑和意义世界，也难以有效地为新社会中的人提供可识别的未来方向。社会大转型给人们的心理和思想带来巨大冲击，人们的价值观念变得混乱、驳杂，迫切需要对人们的精神家园进行建设和修缮。

精神家园不是脱离物质而抽象地存在，精神家园的形成、发展以物质条件为基础的，是社会物质存在的反映，但精神家园并非是客观物质条件的附属物，也不是自发形成的。精神家园是人自主自觉地建设出来的，因为人有其主观能动性，在精神家园的建设中，人会发挥其主动性，并对已存在的精神生活形式作出选择并推进其发展，成为其民族和个人的精神支柱和精神依托。因此精神家园的建设是一种面向未来的积极的、主动的建构，并非是一种消极的、被动的形成。

所谓精神家园建设就是人们积极主动选择、扬弃和创造文化资源，建设既继承传统又富有时代特点，既能解决当下问题又能为未来提供指导的文化心灵秩序。

第二节　精神家园的特性

一个事物的属性是多方面的，从不同的视角考察可以得出不同的结果。这里，我们主要从精神家园相对于人的物质家园而言的视角，分析精神家园不同于物质家园的几个显著且重要的特征。

一、创造性和自足性

人的存在具有多重维度。作为自然的人，人是一个生物性的存在；作为社会关系的人，人是一个社会性的存在；作为拥有着意义与价值世界的人，人又是精神性的存在。人的意义与价值世界属于人的精神创造活动，是人作为精神存在区别于动物的根本特征。马克思在《1844年经济学哲学手稿》中写道："人是有意识的存在物"。动物和它的生命活动是直接同一的，它们不把自己同自己的生命活动区别开来。而"人则使自己的生命活动本身变成自己的意志和意识的对象。他的生命活动是有意识的……有意识的生命活动，把人跟动物的生命活动直接区别开来。"[①] 学者赵汀阳在《论可能生活》中将这种精神生存视为人的一种本能，并提出了"精神本能"的观点，即人除了一般的生物本能之外，还有"精神本能"，它是人化了的生活的必然冲动，可以用来解释人们对创造、新奇和美的永远热情。人本主义学者马斯洛将"人的需要分为两种，缺失性需要和发展性需要，两者都是人性发展不可或缺的部分。前者是人的一种本能，它的缺乏会使人身体患疾病，而发展性需要，马斯洛将其称之为似本能，它的缺失，会使人从内心深处生病，这种病会让人感觉生活无意义、无价值，从而彻底垮掉，从灵魂中死去。"[②] 美国著名心理学家、哲学家弗洛姆在《为自己的人》一书中认为，人注重对一切领域的体验是人性完善、性格成熟的体现，表现在人对他人、对自己、对事物的精神、情感及感觉的反映。他将这种人性成熟的体现称之为"生产性性格"，是人之善的源泉和基础。"人格的'生产性取向'是一种基本态度，是人类在一切领域中的体验之关系的模式。生产性是人运用他的力量的能力，是实现内在于他之潜力的能力。"[③] 这种生产性也就

---

① 《马克思恩格斯选集》（第1卷），人民出版社1995年版，第46页。
② 马斯洛：《人性能达的境界》，云南人民出版社1987年版，第190—196页。
③ 费洛姆：《为自己的人》，三联书店1988年版，第91页。

是指人的创造性的活动。历史学家布洛赫认为，现实的人还不是本质上应达到的状态，世界也未呈现出它自身可能达到内在的倾向。在布洛赫看来，人类社会生存中最重要的东西就是一种"向前的意向"。这包含两层意思：其一是指某种"超越了人而又在人之内的东西"。也就是说对一个在现实中创造着生活的人来讲，未来绝不是在人之外的某种东西，而是人逻辑地溶合在人的创造中。其二是指"超越的理想"。这是指人所向往的，而在现实中没有得到或者说不完备的追求，它是一种引导，使人为实现自己类的总体性而努力。以上几位学者对人的创造性生存活动的论述，让我们认识到精神同样是人的一个规定性的特征，没有了它，人性便不成其为充分的人性。人的精神和理性使人超越了动物，正是本着人的意识、精神，人的活动才是创造性的，精神家园正是在人的创造性行为中形成的，这种创造性的劳动体现了人的本质。如果缺少了它，生活就会缺乏价值观念、缺乏意义感和充实感。

然而生活有意义、有价值是人生活的目的。"目的是人生整体的意义，是人生活的'本意'，它无所谓结局，即使人生的目的始终在生活中呈现着——它也不能被完成而永远是被追求的对象。"[1] 精神家园解决的就是人生的意义和价值问题，而这种价值具有自足性的特点。价值是一个抽象且多义的概念，但大致可以分为两个类型：[2] 一是关系型。"'价值'这个普遍概念是从人们对待满足他们需要的外界物的关系中产生的。"[3] 即某事物是否有价值取决于它能否满足人的需要。这种价值也称为"功利性价值"。事物的价值大多都属于这一类型。二是自足型。在自足型中，某一事物有价值，是它能够实现其自身注定的目的。我们也可将之称为"非功利性价值"。这种价值不能从"有用"的角度看待，不能以是否满足人的需要来衡量，其存在也不因需要的改变而改变，尽管它们也能满足需要，但是它们不是因为满足需要才有价值。如精神家

---

① 赵汀阳：《论可能生活——一种关于幸福和公正的理论》，中国人民大学出版社 2010 年版，第 84 页。

② 赵汀阳：《论可能生活——一种关于幸福和公正的理论》，中国人民大学出版社 2010 年版，第 20 页。

③ 《马克思恩格斯全集》（第 19 卷），人民出版社 1963 年版，第 406 页。

园的终极目的"真"不是由于能满足人的需要而成为真，"善"不是由于能给人带来利益而成为善，"美"不是由于有用才成为美。真的认识、善的行为、美的存在不管是否满足了人的需要，它们都有价值，并且仅凭其自身就直接地具有价值，这种价值具有自足性。赵汀阳在《论可能生活》一书中认为幸福的生活与有意义的生活是一致的，都具有价值自足性。这种自足性就如亚里士多德在《尼各马可伦理学》中指出的，那种仅仅因自身而不为它物而被选择的事情才是幸福，这就是幸福的自足性。因此价值的两种类型中价值自足型更为重要，因为几乎所有永恒的价值都属于这类，而精神家园涉及的就是人类对永恒价值的追求。这种自足性的价值与其他功利价值不同的是它属于事物的内在价值，它是产生持续、恒久动力的源泉。有了它，人们才会觉得人生有意义、有价值，而失去它，人觉得不幸福、活得无意义。因此人们在建设精神家园这个行动过程中本身就能产生幸福感、充实感、归属感，而不是为了其他外在的目的，并且不需要人付出代价去获得。正如孔子所说："民之于仁也，甚于水火。水火，吾见蹈而死者矣，未见蹈仁而死者也。"[1] 这段话说的是水火（物质需要）对于人的生活是必不可少的，没有它们人类就无法生活，但是，水火（多了）有时还会给人们带来危害和灾难，而道德需要（精神需要），对于人来说只会带来满足，而不会给人来到祸害。

二、无价性和不可替代性

根据以上对价值类型的分析，我们可以知道那些能满足人们的需要，并且能够给人们带来利益的功利性价值可通过价格来衡量，在这一方面，人们不存在选择和认知的困难，人们总会根据"价格"去作出正确的选择。而精神家园的非功利性，相对于物质家园来说是无价的，因为它存在于人的行动过程而不是行动的结果。精神家园关乎人的幸福、希望、理想、信念、勇敢、爱、信任、责任等，这些人性体验属于"存在"的范畴，不仅无价并且具有不可替代性。正是这些"存在"的范畴才构成

---

[1] 《论语·卫灵公》。

一个人自我的真正内涵，是人区别与其他人的标志。人只有当这些能力和愿望获得正常发展时，才能感到自我的真实存在，才能激发人的活力生气，才感到生活有意义、充实、有目的，对未来充满希望与信心，而不会感到人生的虚无。因为这些将"存在"的内涵作为人生目的人，心理或生命是健康的，如孟子、孔子，虽然一生坎坷，所实现的抱负成效甚微，但是他们的生活内容是非常充实的，他们的内心是强大的，他们不会感到人生的虚无。此外这些构成"存在"的范畴必须由本人来创造，别人无法替你创建或完成，它不像用钱买套现有的房子给你一个有形的家，精神的家是无形的，但它带给人的是一种安全感、归属感、幸福感，它们产生的源泉是人与人之间的友情、亲情、爱情，这些都无法用价格来衡量，但是对人的生活意义至关重要，是无价的。这点同样适用于共同体精神家园。如北大、哈佛、牛津等名牌大学并不是由于其硬件条件有多优越，而是蕴含在这些学校中的校园文化使之与众不同、独具特色、无价且无可替代。校园文化体现着学校的精神，这种精神是从学校创建之日起就形成并绵延至今，其他学校可以购买与之相一致的硬件设施，但无法购买内蕴于学校中的精神，而要想创建一所一流的大学，那必须身体力行地创建自己独特的精神文化。

总的说来，这些无法通过价格来衡量的价值，由于其无价性，是不可交换、无法转换和还原的，它之所以无价是因为它是人或共同体存在本身的目的，是不可让渡的东西，一旦消失，个体或共同体就不复存在，如行尸走肉，了无意义。而对这种价值的忽视，则会使个体或共同体的精神面貌呈现出低落、无精打采的现象，对个体或共同体的生活影响甚大。这也是现代社会人们生活富裕了，住的房子越来越宽敞、越来越豪华，休闲娱乐越来越丰富、时间越来越多，但人们却感觉生活愈来愈空虚和无聊，人情越来越冷漠的原因。人们越来越关注并以可用价格或量化指标来衡量和体现的外在价值，而这些对外在价值的不断占有，只会让人感觉占有后的无限空虚和寂寞。并且这种可用价格来衡量的外在价值具有可替代性，人们在拥有了以后又去占有更新、更好的东西，"即人们满心期望占有某种东西，得到满足，一瞬间马上又有超出了这件东西的欲望,生命的内核与意义总是从人们手中滑落。"[1] 正是人们对物质的无止境追求,使得人忽视了作为人存在本身所需要的精神、道德、情感的内在价值追求。

三、无限性和分享性

与物质资源的有限性相比,精神资源具有无限性的特点。尽管物质家园和精神家园建设都是人的一种创造性活动,但物质家园的建设牵涉到生存空间的问题,是在一个给定的资源匮乏的情况下,被人们创造出来的。自然资源是有限的,在资源有限的情况下,物质家园的建设就涉及一个利益问题。一个国家或个人物质家园的建设的丰裕程度会影响其他国家或他人的物质家园的建设。同时由于自然资源和社会资源的有限性,自我与他人的关系事实上不可避免地处于某种紧张和冲突的状态中。人越是去实现自己的某种生理性需要和社会性需要,就越是导致人的社会性存在的分裂和对抗。这就使人的社会性存在沦为达尔文式的生存竞争状态。而这种竞争的后果首先就是一个国家或个人物质家园的建设的丰裕程度剥夺了其他国家和个人的物质生活质量的提高;其次,如果各个国家和每个人都无限度地利用和开发自然资源和社会资源,而这些资源都是消耗性的并且是有限的,用完了就没有了,人类只有一个地球(亦即家园),人们无限制的滥用有限资源,最后只会导致人类的共同灭亡。这就是西方的后现代主义反对和批判现代性一个重要缘由。"人们不再把现代性看作是所有历史一直苦苦寻求以及所有社会都应遵守的人类社会的规范,而越来越视之为一种畸变。人们越来越强烈地感觉到,我们可以而且应该抛弃现代性,事实上,我们必须这样做,否则,我们及地球上的大多数生命都将难以逃脱毁灭的命运。"[2] 其中抛弃现代性就是抛弃理性对自然和生活所引致的异化状态。

---

① 陈戎女:《西美尔与现代性》,上海书店出版社 2006 年版,第 81 页。
② 大卫·格里芬编著,马季方译:《后现代科学》(英文版序言),中央编译出版社 1995 年版,第 16 页。

不同于物质家园，精神家园建设涉及的是人类的生活空间，是无可争夺的，没有利益的冲突，也就不存在所谓的利益分配问题；精神资源属于思想空间领域，因此精神资源具有无限性和分享性。前文已述，精神家园是人的一种创造性的活动，它是人们在创造性行为之中被开拓出来的并且可以不断被开拓。这种开拓不会挤占其他人或国家的资源，相反，通过彼此之间的交流还可碰撞出新的思想和新的观点。正如人们常说一只苹果与另一只苹果交换，仍是两只苹果；而一种思想与另一种思想交换，就不仅仅是两种思想而是相互碰撞产生更多的思想，而且苹果供人们享受就没了，并且物质财富的消费往往是被动的，客体对主体物质进行消费后不会产生新的质变，甚至会消耗殆尽。而精神产品则不同，它可以被众人多次享用，每个人的每次享用都会有新的精神感受，且人们在享受过程中还会产生新的思想，在消费过程中产生质变，形成新的精神文化。由此，个人或共同体的精神家园建设与他人或其他国家的精神家园建设并不矛盾，可以互相借鉴和吸收，共同分享，它是一种累积性的可持续的，并为后代精神家园建设提供了丰厚的资源。

第三节　精神家园建设的指导理论

研究精神家园，首先必须寻找精神家园存在和发展的理论根据，确立研究论题的可能性；在马克思主义经典著作当中，并没有专门提出精神家园这一个概念或对这一概念进行阐述。但马克思主义对人的本质、人的精神需要、精神生产、精神交往、精神文明建设的论述，都与精神家园建设有很大的关联性，这类理论成果十分丰厚。对此，我们将它们从宏伟的经典著作中抽取出来进行梳理，使之成为新时期我国精神家园建设研究的理论基石。

一、马克思主义关于人的本质与人的需要理论

我们前面对精神家园概念和特性的分析，实际上是预设了精神家园

之存在这样一个前提。然而精神家园是否真正存在呢？对这一问题的科学回答，我们只能求助于马克思主义关于人的本质和需要理论。

（一）人的本质理论

"人的本质是什么？"一直以来都是古今中外哲学理论研究和探讨的主题。马克思在分析和批判前人基础上对人的本质进行了探讨。在马克思看来，人性和人的本质是不同的，它们是关于人的不同层次的问题。人性是人作为类存在物所具有的共性，是人区别于其他动物的特性；人的本质则是人成其为人而区别于动物的根源。人的本质决定人的特性，人的特性从一定的侧面表现和反映着人的本质。正是在对人性和人的本质作出区分的基础上，马克思着重探讨了作为人的内在根据，即人如何成为人而动物不能成为人的原因。在《关于费尔巴哈的提纲》中，马克思有一个著名论断，即："人的本质不是单个人所固有的抽象物，在其现实性上，它是一切社会关系的总和。"[①] 这一经典论断是马克思关于人的本质理论的一个根本性的命题，标志着马克思对人的本质的认识达到了一个新的高度。

人的本质"在其现实性上是一切社会关系的总和"。这里有三点需要理解。一是在其现实性上。首先指的是分析人的本质要从"现实的前提出发，"要看到使人成为现在这个样子的生活条件，现实的环境对人起着明显的直接作用。马克思一直反对脱离生活现实、脱离环境、脱离历史去抽象空洞地谈论人、分析人，认为这种纯粹抽象的、一般的人只是作为概念在人的头脑中存在。而马克思所说的人是"现实的人"，人的本质是现实的本质。马克思的所有理论研究的出发点都是从事现实活动的人；恩格斯说，历史唯物主义就是关于现实的人及其历史发展的科学。其次，"在其现实性上"这个"社会关系"的限制表明的是社会关系不是一成不变的、凝固的，而是历史的、可变的。马克思认为，"各个人借以进行生产的社会关系，即社会生产关系，是随着物质生产资料、生产力的变化而发展和改变的。生产关系总和起来就构成所谓社会关系，构

---

① 《马克思恩格斯选集》（第 1 卷），人民出版社 1995 年版，第 56 页。

成所谓社会，并且是构成一个处于一定历史发展阶段上的社会，具有独特的特征的社会。"① 因此由"社会关系的总和"决定人的本质也不是永恒不变的，它必然随着生产力和生产关系的矛盾运动不断变化和发展。不同社会条件下社会关系的差别，造成不同社会条件下人本质的差别。正是这种差别体现出人的本质的具体的、历史的特性。二是一切社会关系。《关于费尔巴哈的提纲》（以下称《提纲》）明确使用了"社会关系"概念，明确表示人的本质是"社会关系"。而《提纲》中讲的社会关系不是指某一种社会关系，而是"一切"社会关系，它包括物质的、精神的、政治的和家庭的等各个方面。总的说来可分为物质的社会关系和思想的社会关系。并且在马克思看来这两者是有主次的，以生产关系为主的物质社会关系是决定其他一切关系的基本关系，是最重要的一种关系。而政治的、思想的、宗教的等多方面的社会关系都是在生产关系的基础上发生的。但是思想的社会关系对物质的社会关系具有反作用。《提纲》中马克思指出，从前的一切唯物主义的主要缺点是"对事物、现实、感性，只是从客体的或者直观的形式去理解，而不是把他们当做人的感性活动，当做实践去理解，不是从主观方面去理解。"② 这段话体现了马克思强调人的主观方面，从主体的能动作用方面去理解人同周围世界的关系。继而推动物质世界的发展。三是一切社会关系的总和。《提纲》中马克思指的"人的本质是一切社会关系的总和"，所表达的意思是人的本质体现在社会关系体系之中，要正确认识人的本质只有在分析社会关系的历史体系中才有可能。这种对人的本质的社会关系总和的分析就是人对社会关系的能动反映即社会意识和精神。正是这种社会意识和精神，表征着人的本质，铸就人的真正财富。由此马克思说："个人真正的精神财富完全取决于他的现实关系的财富。③

马克思对人本质的界定是基于对过去一切旧唯物主义者"抽象地理解"人的本质的批判。但这不是说人是社会关系的总和，受社会关系的

---

① 《马克思恩格斯选集》（第1卷），人民出版社1995年版，第345页。
② 《马克思恩格斯选集》（第1卷），人民出版社1995年版，第54页。
③ 《马克思恩格斯选集》（第1卷），人民出版社1995年版，第89页。

制约，因而将人看作是社会关系的消极"产物"；人也是能动的，可通过劳动积极创造新的社会关系。"社会关系不是什么外部的东西……它们是个人自主活动的条件，而且是由这种自主活动创造出来的。"① 说明人是能动和受动的统一，在社会历史发展中是一身二任的，"把这些人既当成本身的历史剧作者又当成剧中人物。"②

因此人不仅是自然存在物和社会存在物，而且是"有意识的存在物"。这也是人和动物的最大区别，动物和它的生命活动是直接同一的。动物不把自己同自己的生命活动区别开来。而"人则使自己的生命活动本身变成自己的意志和意识的对象。他的生命活动是有意识的……有意识的生命活动，把人跟动物的生命活动直接区别开来。③ 正是由于有人的意识，人的活动才是创造性的，而非像动物一样出于身体的本能。正如列宁所说，人的意识不仅仅反映客观世界，并且创造客观世界。也就是在了解事物过去和现在的基础上，把握事物的发展规律和发展趋势，并根据事物的发展趋势提出自己的理想。而这种理想为人类提供了一副美好的图景和意义世界，它指引着人类社会不断朝着这个理想而努力奋斗。因此自人类诞生以来，人们用宗教、艺术、哲学、科学、教育甚至战争等一切可能的方式，去发现、表达、验证和实现对美好理想社会的追求，即意义世界或精神家园的追寻。精神家园是在人的创造行为中形成的，是人源于现实而又超越于现实的意义世界和理想社会，它的建设不能脱离现实，而是根源于当时的物质社会关系，并高于现实状况提出的一个精神文化心理指向。

（二）人的需要理论

马克思主义认为，"在现实世界中，个人有许多需要。"④ 总的来说分为三个方面，首先是人的自然需要，即为了生存摄取自然物质的需要。

---

① 《马克思恩格斯全集》（第3卷），人民出版社1960年版，第80页。
② 《马克思恩格斯选集》（第1卷），人民出版社1995年版，第147页。
③ 《马克思恩格斯选集》（第1卷），人民出版社1960年版，第46页。
④ 《马克思恩格斯全集》（第3卷），人民出版社1960年版，第326页。

《德意志意识形态》认为："一切人类生存的第一个前提也就是一切历史的第一个前提，这个前提就是：人们为了能够'创造历史'，必须能够生活。但是为了生活，首先就需要衣食住行以及其他东西。"① 恩格斯在谈到马克思这一发现时强调："正象达尔文发现有机界的发展规律一样，马克思发现了人类历史的发展规律，即历来为繁芜丛杂的意识形态所掩盖的这样一个简单事实：人们首先必须吃、穿、喝、住，然后才能从事政治、科学、艺术、宗教等。"②

其次，人有社会需要。因为人不是消极地接受大自然的恩赐，而是联合起来积极地改造大自然，按照自己的目的改造大自然，同时满足自己的需要。"一个人的需要可以用另一个人的产品来满足。"③ 动物则不是这样，"不可能发生大象为老虎生产，或者一些动物为另一些动物生产的情况。例如，一窝蜂实质上就是一只蜜蜂，它们都生产同一东西。"④ 除此之外，人和人联合起来不仅能满足自身，还可以在其中改造自身。恩格斯说："为了在发展过程中脱离动物的状态，实现自然界中最伟大的进步，还需要一种因素：以群体联合力量和集体行动弥补个体自卫能力的不足。"⑤ 这是一种合作的力量，单个人无法达到，而组合起来的单个人，不需要付出额外的力量，便会得到一种合力，个人在其中也可以发展自身。由此，马克思和恩格斯说："人们丝毫没有建立一个社会的意图，但他们的所作所为正是使社会发展起来，因为他们总是想作为孤独的人发展自身，因此他们也就只有在社会中并通过社会来获得他们自己的发展。"⑥

最后，人还有精神需要。人的精神需要包括人发展自己实现自己的

---

① 《马克思恩格斯全集》（第 3 卷），人民出版社 1960 年版，第 31 页。
② 《马克思恩格斯选集》（第 3 卷），人民出版社 1995 年版，第 776 页。
③ 《马克思恩格斯全集》（第 46 卷）（上册），人民出版社 1979 年版，第 195 页。
④ 《马克思恩格斯全集》（第 46 卷）（上册），人民出版社 1979 年版，第 195 页。
⑤ 《马克思恩格斯全集》（第 21 卷），人民出版社 1965 年版，第 45 页。
⑥ 《马克思恩格斯全集》（第 3 卷），人民出版社 1960 年版，第 235 页。

才能的需要以及对文化享用的需要。发展才能和实现自我价值与享受文化成果，虽然是不同的要求，但它们之间有着密切的联系。一方面，如果人的各方面的才能没有获得充分的发展，对文化的成果的享用就会受到限制；另一方面，享用文化成果也会增进人的才能。人之所以有精神需要是因为人必须通过实践感觉和精神感觉来证明人是有意识的类存在。精神需要取决于生产力的发展水平，自人类由于分工和私有制出现而进入阶级社会以来，在生产力发展的低级阶段，人们发展的形式只能是"一些人靠另一些人来满足自己的需要，因而一些人（少数）得到了发展的垄断权；而另一些人（多数）经常为满足最迫切的需要而进行斗争，因而暂时（即在新的革命的生产力之前）失去了任何发展的可能性"。① 随着生产力的不断提高和发展，精神需要在人的需要结构中所占的比例会越来越大。如果说在资本主义以前的社会形态中对物质的需要占主要的比重，那么，在资本主义发展阶段上，精神需要会随着生产力的飞速发展而不断扩大。在未来社会中，当生产以尽可能满足人民群众日益增长的物质需要和文化需要为目的时，劳动不再是谋生的手段而成为人的精神自由的需要，到那时候，精神需要发展的限制消失了，精神需要将成为主要的需要，为满足这些需要的社会设施也将得到极大的增长。人的自然需要、社会需要和精神需要构成了马克思关于人的需要理论体系，它体现了人的需要的多样性和层次性，低层次的需要满足后就会有高一层次的需要。人的精神需要的满足程度反映了一个人的发展程度，人的精神需要发展程度越高，人离动物就越远。但并不是就此认为人有了精神需要以后就不需要自然需要了，其实三者不是截然分开的，是紧密联系、互相包含的。

美国心理学家马斯洛就人的需要提出了需要层次理论，这有助于对需要理论的深入了解。马斯洛认为，人的需要按递进顺序可分为由低到高的五个层次：生理需要、安全需要、归属和爱的需要、尊重需要、自我实现的需要。在马斯洛的人的需要层次论中，前两个层次的需要可归为基本需要，马斯洛称之为缺失性需要；后三个层次都属于高级的精神

---

① 《马克思恩格斯全集》（第3卷），人民出版社1960年版，第507页。

需要，称之为发展性需要。两者对人来说都是不可或缺的，"缺失性需要的丧失直接导致人的机体的病症，而在一定意义上说，发展性需要的剥夺也会酿成人体缺乏维生素时所呈现的类似病状，这是一种精神的不健全，或'人性的萎缩'。具体地说，就是生活缺乏价值观念，缺乏意义感和充实感。马斯洛将这种状态称之为'超越性病状——即灵魂病'。"① 一般说来，人的需要的发展是一个辩证的双向建构。没有生存基本需要的满足，发展需要的实现是不可能的；但是发展需要的实现却又完全统制着先前作为基础的基本需要。如果说，前一种等级需要系统是一个简单的由低向高递升的过程，而在后一种逻辑中，则是人从基本需要由下而上地达到发展需要后，再由上而下地泛化升华过程。"这时人们进入了人的存在性领域的生活状态，人就开始受到新的超越性动机的支配和驱动，这时的驱动已不再是原来意义上的强迫性驱动，而是人自身在进入人的真正存在状态所实现的一种'自我促动'。由自发转向自觉。这就是马斯洛所指称的人的最真实的本质状态。"② 可见，越是高级的需要、精神的需要，越体现出人的本质和生命的价值和意义。"高级的需要的满足能引起更合意的主观效果，即更深刻的幸福感、宁静感以及内心生活的丰富感。"③

因此精神家园的建设是人的一种生存需要，人的生存不仅仅是动物式的物质过程，他超出动物的根本质点正在于人的精神生存，人如果失去了支撑自己精神的基点，他就会患精神上的疾病，陷入迷茫、困惑和空虚中。

二、精神生产与精神交往理论

马克思主义为人的本质与人的需要理论提供了精神家园存在的理论

---

① ［美］马斯洛：《人性能达的境界》，云南人民出版社1987年版，第51页。

② ［美］马斯洛：《人性能达的境界》，云南人民出版社1987年版，第267—273页。

③ ［美］马斯洛著，成明编译：《马斯洛人本哲学》，九州出版社2003年版，第60—61页。

依据，即人的精神存在是人的一个本质特征，人的精神需要也是人的类似本能的一种需要。而人的本质的体现以及人的精神需要的满足是通过何种途径表达出来？对于精神家园是否能建设，马克思主义关于精神生产与精神交往理论为我们提供了有力的理论支撑。

（一）精神生产理论

在人类思想发展史上，精神生产这一概念并非是马克思首次提出的。虽然马克思关于精神生产的含义并没有给出明确的规定，但是马克思关于精神生产理论的提出、建立和深化是在批判前人思想的基础上产生并逐渐完善的。

首先，从唯物史观的角度批判了以往哲学家对精神生产的理解，提出了精神生产是社会生产的一部分，精神、意识不是一种抽象的活动，是社会生产的产物。马克思具有划时代意义地将社会生产分为物质生产、精神生产和人类自身生产三种形式。精神生产不能脱离物质活动而凭空产生，它是被物质活动所规定的。因此精神生产与物质生产是相互联系、相互补充的。在马克思主义哲学产生以前的哲学家，由于受时代和阶级的局限，没有正确认识到精神生产与物质生产的关系。其根本缺陷就是：割裂了精神生产与物质生产、人类自身生产之间的内在联系和统一，片面夸大了精神生产，如古希腊许多学者，"长于建筑技术""精于农业耕作"的人是卑微的，只有懂得"逻各斯"的少数才是优秀的；中国古代"学而优则仕""劳心者治人，劳力者治于人"的思想，也有鄙视劳动者、手工业生产者的传统；黑格尔更是将精神生产作为唯一生产，将人当作精神性实体。

其次，从认识论的角度批判了旧唯物主义者只看到人的意识对世界直观的反映，忽视了人的意识能动性。马克思指出意识反映存在，"意识在任何时候都只能是被意识到了的存在",[①] 阐明了精神意识内容的客观性，客观世界的第一性，精神、意识的第二性，但同时也指出了精神生产是人类特殊的认识活动，它是认识产生的直接来源。马克思指出"宗

---

① 《马克思恩格斯全集》（第3卷），人民出版社1960年版，第29页。

教、国家、家庭、法、道德、科学、艺术等等，都不过是生产的特殊形式，并且受生产的普遍规律的支配。"① 精神生产先于认识而存在，认识是其活动的结果。精神生产所结成的理论认识成果可以用以指导和推动物质生产，如精神生产的文化产品，不仅满足了劳动者的精神需要，提高劳动者的素质，同时还为物质生产的发展和社会的进步提供了智力支持，尤其是当今社会，科学技术——精神生产的重要成果，是推动人类社会进步的最重要现实力量，是"第一生产力"。

最后，从人学的视角，精神生产是人的生命活动或存在方式，是人的类本质，是区别于动物的根本所在。在马克思之前，历史上思想界对人的类本质即人与动物的本质区别都有深入探讨。但大多都在强调精神生产的同时，忽视了物质生产。马克思清楚地看到旧哲学的局限性。他首先提出物质生产是人类最基本的活动和存在方式。物质生产在人和动物的区别中具有基础性的作用，是划分人和动物的基本标准。"可以根据意识、宗教或随便别的什么来区别人和动物。当人开始生产自己的生活资料的时候，这一步是由他们的肉体组织所决定的，人本身就开始把自己和动物区别开来。"② 但马克思在此基础上又进一步提出精神生产是人的类特征。马克思认为有必要从精神生产的角度对人的类特征再作进一步分析。从精神生产的角度来看，"动物的生产是片面的，人的生产是全面的；动物只在直接的肉体需要支配下生产，而人甚至不受肉体需要的支配也进行生产，并且只有不受这种需要的支配时才进行真正的生产；动物只生产自身，而人再生产整个自然界；动物的产品直接同肉体相联系，而人则自由地对待自己的产品；动物只是按照它所属的那个种的尺度和需要来建造，而人却按照任何一个种的尺度来进行生产，并且懂得处处都把内在尺度运用到对象上去；因此，人也按照美的规律来建造。"③ 人与动物的区别即人的活动本质，在于创造与超越，尤其是通过语言和文字、科学文化等这些精神生产的产物，使人类超越个体生命的

① 《马克思恩格斯选集》（第1卷），人民出版社1995年版，第72页。
② 《马克思恩格斯选集》（第1卷），人民出版社1995年版，第67页。
③ 《马克思恩格斯选集》（第1卷），人民出版社1995年版，第46—47页。

有限性，从有限走向无限，不断从必然王国走向自由王国。

总之，精神生产本身不是当作一般范畴来考察，而是从一定的历史形态中来考察。正如马克思所说："观念、范畴也同它们所表现的关系一样，不是永恒的。它们是历史的暂时的产物。……思想的产生都是不断变化的。"① 每个时期精神生产的内容就构成了那个时期精神家园建设的内容，并且它的形成与物质家园一样是一个不断丰富、融合、发展的过程。中华民族共有精神家园有一个萌生、形成和演变的历史过程，不同时期，精神家园的内涵并不完全相同，它的形成不仅与所处时代的物质生产相适应，同时也与那个时代的精神生产密切相关。随着社会的发展，物质的极大丰富，精神生产将会在今后的发展中占据越来越大的比重，而精神文化由于其资源的无限性、共享性及其本身的自足性等特点，将会日渐在人们的生活和社会发展中起着越来越重要的作用。

（二）精神交往理论

自从有人类以来，精神交往活动始终伴随着人们的生产和生活，成为人和人类群生命存在的一部分。马克思和恩格斯运用历史唯物主义从物质与精神关系的角度、人的本质角度、"需要的体系"等角度对精神交往进行了分析。

首先，从精神交往与物质的关系指出人并不是一开始就具有纯粹的精神交往意识。在生产力不发达、社会还没有出现分工以前的人类原始时代，人们的精神交往的特征是直接与物质活动、物质交往及现实生活的语言交织在一起的。"思想、观念、意识的生产最初是直接与人们的物质活动，与人们的物质交往，与现实生活的语言交织在一起的。观念、思维、人们的精神交往在这里还是人们物质关系的直接产物。"② 随着生产力的发展，社会分工的出现，物质劳动和精神劳动出现分离后，人们的精神交往才开始不再表现为物质活动的直接产物，人们在物质以外构造着各种精神交往的独立形式。"从这时候起意识才能真实地这样想象：

① 《马克思恩格斯全集》（第 26 卷），人民出版社 1960 年版，第 296 页。
② 《马克思恩格斯选集》（第 1 卷），人民出版社 1995 年版，第 72 页。

它是同对现存实践的意识不同的某种其他的东西；它不想象某种真实的东西而能够真实地想象某种东西。① 在马克思恩格斯的著作里，"意识"一词和"精神"一词经常互用，由于精神活动离不开交往，因此可以说，精神劳动的独立同时意味着精神交往在与物质活动的交织中抽离而趋向独立。

其次，从人的本质角度出发，人与动物的直接区别在于人有自觉的精神活动和交往。"动物和它的生命活动是直接同一的。动物不把自己同自己的生命活动区别开来。它就是这种生命，人则使自己的生命活动本身变成自己的意志和意识的对象。他的生命活动是有意识的。"② 在这里，人不仅要满足吃、穿、住、性行为等肉体需要，而且人还有精神需要和交往，并且常常超越肉体的直接需要，也超越心理表层的直接满足。"吃、喝、性行为等等，固然也是真正的人的机能。但是，如果使这些机能脱离了人的其他活动，并使它们成为最后的和唯一的终极目的，那么，在这种抽象中，它们是动物的机能。"③ 在这个意义上，精神活动和交往是人生命存在的组成部分，并且是人生的展开部分。马克思关于人与动物的这种区别的论述，体现了精神活动和交往对人的本体论的意义。

最后，在马克思关于人的精神交往的论述中，根据人的需要的不同层次，将精神交往分为三个层次。第一个层次是人的自然的心理表层的满足，马克思曾引证英国 17 世纪经济学家巴尔本的话说明这种情形："欲望包含着需要；这是精神的食欲，就象肉体的饥饿那样自然……大部分（物）具有价值，是因为它们满足精神的需要。"④ 意思是食物只不过是一个靠自己的属性来满足人的需要对象，这种需要是人的"精神的食欲"，或者说是人通过主观的表达，是由人的胃刺激大脑产生的。人在需要食物或商品时，还要根据合理性、可能性去获取，而不是像动物那样的本能反映。第二层次是较高层次的精神交往需要。这一层次的需要，

① 《马克思恩格斯全集》（第 3 卷），人民出版社 1960 年版，第 35 页。
② 《马克思恩格斯选集》（第 1 卷），人民出版社 1995 年版，第 46 页。
③ 《马克思恩格斯选集》（第 1 卷），人民出版社 1995 年版，第 44 页。
④ 尼古拉·巴尔本：《新币轻铸论——答洛克先生关于提高货币价值的意见》，1696 年伦敦版，第 2、3 页。

是把自己的生命活动变成自己的意志和意志对象，即不断获得肯定自己的信息，以维持心理平衡，并以此为满足和愉悦。马克思说："人不仅通过思维，而且以全部感觉在对象世界中肯定自己。"① 第三层次是更高层次的精神交往需要。这一层次的需要，是人通过不断的学习，提高文明程度，能从对象世界的全局与复杂关系中，从对象世界的相反方面，通过自己的思维、比较，认识和把握事物的本质，获得自我肯定的满足，成为精神交往的新的参与者。马克思、恩格斯说："作为确定的人、现实的人，你就有规定，就有使命，就有任务，至于你是否意识到这一点，那都是无所谓的。这个任务是由于你需要及其与现存世界的联系而产生的。"② 在马克思、恩格斯看来，人明确自己的"规定""使命"和"任务"，即责任感的确立，不是人的生理需求和本能欲望自发产生的，也不是上帝赋予的，而是由人的现实需要，通过自己的思维形成的，归根到底是由人们所处的社会地位、社会关系决定的。因而，凡是在共同生产、生活的地方，总是有责任和义务存在。作为一个现实的人，总是要承担一定的责任和使命，这既是需要，也是人的社会生存与发展的根本条件。因而，每个人，作为一个民族、国家、社会、团体和家庭的成员，就应当对社会和他人形成责任意识并履行社会义务。只有确立了自觉推进社会发展、民族振兴的目标与责任的人，即确立了远大理想信念并为之奋斗的人，才能获得更高层次精神交往需要的满足。

纵观人类精神交往的历史，就可以发现，精神交往的产生和发展的重要原因是由于社会需要，社会的形成正是由于人的社会性需要，为此，马克思引证了柏拉图《理想国》中的一段话："当我们每一个人不能满足而需要很多人互助的时候，就产生了城邦。"③ 正是人的这种社会性需要结成了集体、社会和国家，其中一个纽带就是由共同的文化价值观将不同的个体联系在一起。并且人通过彼此精神交往，不仅可以从中认识自己和肯定自己，同时可向其证明我与你的同一和我对我们之间相互关

---

① 马克思：《1844 年经济学哲学手稿》，人民出版社 2000 年版，第 86—87 页。
② 《马克思恩格斯全集》（第 3 卷），人民出版社 1960 年版，第 329 页。
③ 《马克思恩格斯全集》（第 47 卷），人民出版社 1979 年版，第 322 页。

系的理解和认同。这种认同可以从个人发展到更大的范围——社会、民族、国家甚至人类。判断一个人是否有认同感和归属感，就在于个人的精神家园是否认同共同体的精神家园。

三、精神动力与精神转化理论

精神生产和精神交往伴随着物质生产和日常生活交往而同时存在，一部物质生产发展的历史同时就是一部精神发展的历史。物质是精神发展的基础，当物质生产发展到一定的时候，精神就相对具有一定的独立性，反映着物质并作用于物质生产。"生产力、实践、经济基础，一般地表现为主要的决定作用，谁不承认这一点，谁就不是唯物论者。然而，生产关系、理论、上层建筑这些方面，在一定条件下，又转过来表现其为主要决定的作用，这也是必须承认的。"① 因此，关于精神家园如何体现对人类物质生活和社会生活的作用或效果，以及精神如何转化为物质力量，马克思主义精神动力理论与精神转化理论为我们提供了有效的解答。

（一）精神动力理论

马克思主义精神动力理论是马克思主义理论的重要组成部分。马克思主义经典作家提出人与动物的根本区别在于人是有意识、有目的、自觉的生命体，并指出人的活动是受精神动力推动的，而精神动力之所以具有这种推动作用，正是因为人所独有的主观能动性。毛泽东对精神动力的本质即自觉能动性，也有过明确的论述。他在《论持久战》中写道："一切事情是要人做的，……做就必须先有人根据客观事实，引出思想、道理、意见，提出计划、方针、政策、战略、战术，方能做得好。思想等等是主观的东西，做或行动是主观见之于客观的东西，都是人类特殊的能动性。这种能动性，我们名之曰'自觉能动性'，是人之所以

---

① 《毛泽东选集》（第1卷），人民出版社1991年版，第325页。

区别于物的。"① 毛泽东所说的"自觉能动性"，就是我们所说的主观能动性，也就是人的精神动力的本质。根据经典作家的论述，我们可以将精神动力即人的自觉能动性所包含的三要素进行较为详细的阐述。

一是意识，马克思曾指出："人的类特性恰恰就是自由的有意识的活动。"② 动物是没有社会意识的，它的活动是完全自发的、无意识的本能活动。而人具有社会意识，人的活动是自觉的、有意识的、能动的活动，人把自己的活动变成了自己意识和意志的对象，并在改造对象世界中，人才真正地证明自己是类存在物。二是目的。马克思主义不仅认为人的实践活动是有意识的，而且认为人的实践活动是有目的的，并且"有意识"归根到底表现为"有目的"。个人、群体和社会在实践活动中总是会形成和确定一定的目标，然后为这个目标奋斗。恩格斯指出："动物仅仅利用外部自然界，简单地通过自身的存在在自然界中引起变化；而人则通过他所作出的改变来使自然界为自己的目的服务，来支配自然界。"③ 正由于人的实践活动的目的性，才形成了人类历史。"历史不过是追求着自己目的的人的活动而已。"④ 而历史正是通过人有意识、有目的的能动活动，一步步把自己同动物区别开来，一步步促进人类自身的发展与进步。人的目的不是一成不变的，随着一个目标的实现，人会主动建立一个更高的目标而为之奋斗。因此个人、群体和社会只有树立不同阶段的奋斗目标，并且将这些奋斗目标以理性设想的形式表现出来，就成为个人和社会的理想。理想一经确立，就会对人们的实践活动产生重要的指导作用和强大的精神动力。三是动机。有意识、能动的实践活动的形成最终来源于人的动机。离开了一定的动机，人的任何实践活动都不可能发生。人的活动来源于人的需要。人们的需要表现为一定的目的，体现为一定的动机，推动人们的实践活动。而人与动物的最大区别在于人不仅有吃、穿、住和性行为等肉体需要，更重要的是人还有精神

① 《毛泽东选集》（第 2 卷），人民出版社 1991 年版，第 477 页。
② 《马克思恩格斯选集》（第 1 卷），人民出版社 1995 年版，第 46 页。
③ 《马克思恩格斯选集》（第 4 卷），人民出版社 1995 年版，第 383 页。
④ 《马克思恩格斯全集》（第 2 卷），人民出版社 1957 年版，第 118—119 页。

需要。自人类诞生以来，一部人类精神家园的发展史同任何经济史、政治史和科技史等都记录和见证了人类不仅有肉体的需要，同时也有精神的需要。

因此人们不仅有积极主动提高物质生活水平的动力，还有自觉主动建设精神家园的动机。且人的自觉能动性本身就是人的精神存在的体现，它可以有不同性质、不同程度的发展，从而影响着精神家园的建设；能正确发挥主观能动性即主动、积极建设自身精神家园的个体有健康、充实的精神生活，并引导个体对其生活世界中的那些具有价值与意义的东西的认识与追寻，从而使个体有归属感、意义感和幸福感。反之，对精神家园建设缺乏主观能动性的个体，如长期对个体心灵的沃土缺乏开垦、灌溉和维护的个体，必然会感觉生活无意义、空虚、无聊，缺乏安全感、归宿感和幸福感。

（二）精神转化理论

物质与精神、理论与实践的相互转化一直都是马克思主义理论的一个重要方面。马克思主义经典作家都对其进行过详细的阐述。马克思本人对精神转化为物质的思想亦作过经典的表述："批判的武器当然不能代替武器的批判，物质力量只能用物质力量来摧毁；但是理论一经掌握群众，也会变成物质力量。理论只要说服人，就能掌握群众；而理论只要彻底，就能说服人。所谓彻底，就是抓住事物的根本。"① 理论是精神的精华，理论被群众掌握就会变成物质力量，也就是说，精神力量可以转化为物质力量，精神可以转化物质。列宁指出："人的意识不仅反映客观世界，并且创造客观世界。"② 强调了人的观念、意识、精神的创造性。即人的精神、意识等在反映客观世界的过程中，不是将反映的东西简单复制出来，而是要经过人脑的加工改造，创造出客观世界中没有的新的观念形态的产品和新事物，并通过人的实践活动将这些观念的产品变为现实产品，从而改造世界，让世界更符合人类的发展需要。精神的这种

---

① 《马克思恩格斯选集》（第1卷），人民出版社1995年版，第9页。
② 《列宁全集》（第55卷），人民出版社1990年版，第97页。

创造性充分体现了精神转化物质的能动性。

毛泽东正是成功地运用了精神转化理论从而领导中国人民取得了革命的胜利并创立了新中国。他指出："人们的社会存在，决定人们的思想。而代表先进阶级的正确思想，一旦被群众掌握，就会变成改造社会、改造世界的物质力量。"① 并且明确地指出："提高劳动生产率，一靠物质技术、二靠文化教育、三靠政治思想工作。后两者都是精神作用。"②邓小平指出："我们共产党有一条，就是要把工作做好，必须从思想上解决问题。"③ "政治工作要落实到经济上面。"④ "正确的政治领导的成果，归根结底要表现在社会生产力的发展上，人民物质文化生活的改善上。"⑤ 解决思想问题是解决实际问题的出发点，解决实际问题是解决思想问题的落脚点。当前中国的主要任务就是做好思想领导必须落实在经济发展上，并在发展经济的过程中不断地总结经验并将之提炼成理论成果，从而更好地指导实践，实现精神与物质的相互转化。江泽民在新的历史条件下继承和发展了马克思主义的精神转化理论。他说："按照马克思主义唯物辩证法的观点，在一定条件下，精神可以变物质，精神的力量可以转化为物质的力量。强大的精神力量不仅可以促进物质技术力量的发展，而且可以使一定的物质技术力量发挥出更好更大的作用。"他还说："我们是唯物主义者，强调物质生产在社会发展中的决定性作用，但同时也充分肯定精神活动在人们改造客观世界的进程中的能动作用。在革命、建设和改革的各个历史时期，用革命精神武装起来的中国共产党人和中国人民克服了种种艰难险阻，创造了一个又一个的奇迹。新中国刚刚成立时，毛主席就号召全党同志一定要保持革命战争时期的那么一股劲，那么一股革命热情，那么一种拼命精神，把革命工作做到底。实行改革开放以后，邓小平同志也一再要求全党同志坚持发扬五种革命精神，即革命和拼命精神，严守纪律和自我牺牲精神，大公无私和先人后

---

① 《毛泽东著作选读》（下册），人民出版社 1986 年版，第 839 页。
② 《毛泽东邓小平江泽民论思想政治工作》，学习出版社 2000 年版，第 4 页。
③ 《邓小平文选》（第 1 卷），人民出版社，1994 年版，第 184 页。
④ 《邓小平文选》（第 2 卷），人民出版社 1994 年版，第 195 页。
⑤ 《邓小平文选》（第 2 卷），人民出版社 1994 年版，第 128 页。

己精神，压倒一切敌人、压倒一切困难的精神，坚持革命乐观主义、排除万难去争取胜利的精神，伟大的抗美援朝精神、'两弹一星'精神、抗洪精神以及'六十四字创业精神'等等，都是中华民族不懈奋斗精神的具体体现，都要继续坚持和发扬。"①

综上所述，马克思主义在坚持物质决定精神、物质可转化为精神的同时，历来重视精神向物质的转化，认为精神可以转化为物质。精神不仅是物质的反映，而且可以在一定的条件下转化为物质，甚至可以创造出新的物质。中国共产党正是运用了马克思主义的精神转化理论，领导了中国人民在不同时期充分发挥人的精神因素，在战争年代，将精神转化为战斗力，在和平时期则转化为生产力。这种革命精神、社会主义市场经济建设的开放、创新等精神以及社会主义核心价值体系等等已融入到中华民族精神中，成为中华民族共有精神家园的重要组成部分，它成为推动社会主义现代化建设的重要精神力量，并转化为实现社会主义现代化的巨大物质力量。改革开放以来，中国经济、政治、文化等各方面的飞速发展以及国际地位的显著提升正是中华民族精神转化为巨大物质力量的见证。

四、精神文明建设理论

马克思、恩格斯没有明确使用过"物质文明"和"精神文明"的概念，他们经常使用的是"物质生产"和"精神生产"的概念，并对它们之间的关系和内涵进行了阐述。

首先，马克思主义认为社会存在决定社会意识。物质是第一性，是精神生产的基础，因此精神文明的建设必须建立在物质基础上。"物质生活的生产方式制约着整个社会生活、政治生活和精神生活的过程。不是人们的意识决定着人们的存在，相反，是人们的社会存在决定人们的意识。"② 同时马克思主义经典作家还指出精神生产对物质生产具有巨大的

---

① 江泽民：《论"三个代表"》，中央文献出版社 2001 年版，第 130—131 页。
② 《马克思恩格斯选集》（第 2 卷），人民出版社 1995 年版，第 32 页。

反作用，"批判的武器当然不能代替武器的批判，物质力量只能用物质力量来摧毁；但是理论一经掌握群众，也会变成物质力量。"① 此外，对于物质生产与精神生产之间的关系，还必须把"这种物质生产本身不是当作一般范畴来考察，而是从一定的历史形式中来考察。例如，与资本主义生产方式相适应的精神生产，就和与中世纪生产方式相适应的精神生产不同。如果物质生产本身不从它的特殊的历史的形式来看，那就不可能理解与它相适应的精神生产的特征以及这两种生产的相互作用。"②

其次，人类的物质生产和精神生产是在同一过程中进行的，都体现了人的一种创造性的活动。人在进行物质生产的同时，也在改造着人们自己的思维、观念、生活方式、语言等，为此人在创造物质文明的同时也在创造自己的精神文明。"在生产的行为本身中，不但客观条件改变着，例如乡村变为城市，荒野变为清除了林木的耕地等等，而且生产者也改变着，炼出新的品质，通过生产而发展和改造着自身，造成新的力量和新的观念，造成新的交往方式，新的需要和新的语言。"③

再次，"任何一个时代的统治思想始终都不过是统治阶级的思想。这就是说，一个阶级是社会上占统治地位的物质力量，同时也是社会上占统治地位的精神力量。支配着物质生产资料的阶级，同时也支配着精神生产资料，因此，那些没有精神生产资料的人的思想，一般地是隶属这个阶级。"④ 社会主义以前的文明都是剥削阶级的文明，恩格斯在《家庭、私有制和国家的起源》一书中一针见血地指出："卑劣的贪欲是文明时代从它存在的第一日起直至今日的起推动作用的灵魂"⑤，"因为它几乎把一切权利赋予一个阶级，另一方面却几乎把一切义务推给了另一阶级"⑥。社会主义文明就是在扬弃以往文明的基础上创造出来的新文明。马克思指出："为了不致丧失已经取得的成果，为了不致失掉文明的

---

① 《马克思恩格斯选集》（第 1 卷），人民出版社 1995 年版，第 9 页。
② 《马克思恩格斯全集》（第 26 卷），人民出版社 1972 年版，第 296 页。
③ 《马克思恩格斯全集》（第 46 卷）（上），人民出版社 1979 年版，第 494 页。
④ 《马克思恩格斯选集》（第 1 卷），人民出版社 1995 年版，第 98 页。
⑤ 《马克思恩格斯选集》（第 4 卷），人民出版社 1995 年版，第 177 页。
⑥ 《马克思恩格斯选集》（第 4 卷），人民出版社 1995 年版，第 178 页。

果实，人们在他们的交往方式不再适合于既得生产力时，就不得不改变他们继承下来的一切社会形式。"① 因此社会主义精神文明是新的社会主义公有制基础上创造的更高文明，是新的更高类型的文明。这种更高类型的文明不是自发产生的，而是在批判继承以往文化基础之上进行的自觉的文化建设。"我们这里所说的是这样的共产主义社会，它不是在它自身基础上已经发展了的，恰好相反，是刚刚从资本主义社会中产生出来的，因此它在经济、道德和精神方面都还带着它脱胎出来的那个旧社会的痕迹。"②

列宁和马克思、恩格斯生活在不同时代和国度。在马克思、恩格斯的科学社会主义理论的指引下，列宁领导俄国广大劳动群众取得十月革命的胜利，建立无产阶级专政。尽管列宁没有提出"精神文明"这个概念，但他提出的文化革命是他思想文化建设的总纲领，是他在苏联建设社会主义的理论与计划的重要组成部分，并且他开创了在不发达国家建设社会主义思想文化建设的崭新道路。主要表现在以下几个方面：第一，列宁认为发展教育事业是社会主义思想文化建设的首要任务。他指出："国民教育具有极其重要的意义。"③ 苏维埃国家对于教育任务"应当提到首位，因为我们要为社会主义建设训练群众。"④ 他强调说："党处在教育工作的年代。"⑤ 教育的"目的在培养能够最后实现共产主义的一代人。"⑥ 第二，把物质文化建设和精神文化建设结合起来。列宁坚持辩证唯物主义的思想路线，坚持把思想文化建设同经济建设相结合，从一开始就把社会主义的思想文化建设奠定在牢固的经济建设的基础之上。他明确指出："要成为文明国家，就必须有相当发达的物质生产资料的生产，必须有相当的物质基础。"⑦ 高度的社会主义精神文化建设的建立，

---

① 《马克思恩格斯选集》（第 2 卷），人民出版社 1995 年版，第 74 页。

② 《马克思恩格斯选集》（第 3 卷），人民出版社 1995 年版，第 304 页。

③ 《列宁文稿》（第 3 卷），人民出版社 1978 年版，第 118 页。

④ 《列宁选集》（第 4 卷），人民出版社 1972 年版，第 364 页。

⑤ 《列宁全集》（第 32 卷），人民出版社 1958 年版，第 49—50 页。

⑥ 《列宁选集》（第 3 卷），人民出版社 1972 年版，第 746 页。

⑦ 《列宁选集》（第 4 卷），人民出版社 1972 年版，第 688 页。

最终还得依赖高度的物质文化建设。第三，物质条件的改善是提高人的思想觉悟和精神面貌的首要前提。他指出："改造小农，改造他们的整个心理和习惯，是需要经过几代的事情。只有有了物质基础，只有有了技术，只有在农业中大规模的使用拖拉机的机器，只有大规模的实行电气化，才能解决这个关于小农的问题，才能使他们的可以说是全部心理健全起来。"① 如果物质生产不发展不丰富，人的精神面貌也容易受到经济落后状况的种种困扰。

我国社会主义精神文明建设是在马克思主义理论的指导下，在经历了民主革命和社会主义革命时期思想文化建设的积累基础上发展起来的，这一时期以及改革开放以后精神文明建设、发展及其特点都将在随后的章节中论述分析，此处就不再赘述。总之，马克思主义的精神生产及其相关理论为我们新时期精神文明建设提供了理论指导。

---

① 《列宁全集》（第32卷），人民出版社1958年版，第205页。

第二章 精神家园的结构与功能

从以上对精神家园及与其相关概念的简要阐述，我们可以知道精神家园是一个内涵丰富、外延广泛的概念。精神家园的作用和价值是否能有效地发挥，一方面取决于整个社会结构的有机配合，另一方面也取决于精神家园本身结构是否合理。

第一节　研究精神家园结构与功能的重要性

精神家园的结构与功能是一个较为深层次的理论问题。结构是功能的基础，功能是结构的表现。本节将对精神家园的结构和功能及其关系以及研究意义进行探讨。

一、精神家园结构与功能的关系

要分析精神家园的结构与功能，首先必须对结构与功能以及它们之间的关系有个大致的了解。

（一）结构与功能及其关系

所谓结构，就字面讲，"结"是结合之意，"构"是建构之义，是指事物系统内部各部分、成分、要素间相互联系和相互作用的方式，或者说，是组成整体的各部分的搭配和安排，是不同类别或相同类别的不同层次按程度多少的顺序进行有机排列。事物内部各要素之间的关系，有空间关系、时间关系、过程以及要素之间的影响和作用。这种关系状态既包括观念形态，也包括物质的运动状态。所以，结构概念在意识形态领域和物质世界得到广泛应用。所谓功能，《新华字典》的注释是事物或方法所发挥的有利作用、效能。系统科学的界定是"功能是系统凭借自己的能耐给对象（其他实物）的生存发展提供支持或服务，以使对象发生有利于其生存发展的变化。"[①] 功能是事物的一种属性，属性反映的是事物之间的关系，功能体现的也正是事物之间的关系。只是功能所体现的关系，更强调相互关系之间的"作用"，强调一个事物的"作用"对其它事物的改变。

结构与功能的关系是相互联系、不可分割的关系，事物自身及相互关系的要素结构决定功能，也就是说，任何事物的性质与功能，都受它自身的组成要素结构的决定或制约；功能则是事物的属性，事物在发挥作用的过程中，也会影响组成要素结构的变化。在人类世界中，人们在生活中所追求的，实际上却又总是事物的功能，而并不是结构之本身。人类之所以追求事物的结构，是因为只有具有某种结构，才会有相应的有价值的功能。因此，对于人类来说，只有能够产生有价值的功能的结构，才是值得肯定和追求的；而那些产生负功能的结构或成本过高的结构，则会为人们所抛弃。可见，功能和结构是相互联系、相互依存的。

（二）精神家园的结构与功能及其关系

在分析精神家园结构与功能概念之前，我们首先要确定精神家园结构和功能的价值前提，那就是我们所探讨的精神家园结构和功能是社会主义精神家园的结构和功能。社会主义社会与资本主义社会在精神家园建设方面最大的不同就是精神文明的成果不再是少数剥削阶级所享有的，而是由广大人民创造并共同分享。因此在确定社会主义精神家园结构之前，我们要把握我们所建设的精神家园的物质基础。以公有制为基础的多种经济成分并存、利益关系多样化的经济结构，决定了我国社会主义初级阶段的精神家园结构是多层次的、一元主导与多样化并存的结构。具体说来就是精神家园含有思想观念、文化体验、道德规范、价值观念、

[①] 参见苗东升：《系统科学大学讲稿》，中国人民大学出版社 2007 年版，第11 页。

理想信念、信仰体系等要素相互联系和相互作用的方式。它是个有机的整体，不是各个部分的机械相加，而是各个部分、要素、成分等相互联系、相互依存的有机构成的精神文化系统。

精神家园的功能就是指精神家园各组成部分相互作用、相互联系所发挥出的效用。社会主义的精神家园结构决定了社会主义精神家园的功能，体现为社会主义精神家园是人们的精神支撑、情感寄托和心灵归宿，是增强民族团结、推动民族发展的精神动力。当前人们精神生活丰富多样、积极健康也印证了中华民族共有精神家园结构的价值合理性。总之，社会主义精神家园结构与功能的关系是精神家园结构决定了其功能，社会主义精神家园功能体现了其结构，同时精神家园在发挥作用的过程中，也影响了精神家园结构的变化和调整。

二、研究精神家园结构与功能的意义

人的自然属性、社会属性和精神属性，决定人具有物质、社会与精神的需要。人满足这些需要的方式就是物质生活和精神生活。现代社会、经济社会发展的多样性，文化与信息的丰富性，为精神家园提供了坚实的基础和条件，正如马克思所说的："物质生活的生产方式制约着整个社会生活、政治生活和精神生活的过程。"[①] 当前，我国处于改革发展的关键时期，经济体制深刻变革，社会结构深刻变动，利益格局深刻调整，思想观念深刻变化，都给人们的思想、行为和生活方式带来巨大变化。一方面，社会改革和社会发展的快速推进使社会的新情况、新问题不断涌现，导致经济社会发展复杂、多样，加上经济全球化浪潮的推动，信息社会的发展，大众文化的兴起和风险危机的频发，必然以各种方式程度不同地影响人们的思想观念，致使现代人的精神家园呈现丰富多样、复杂多变的状态。另一方面，随着人们自主性、竞争性、选择性的增强，多样化的精神追求与价值取向，也会以各种方式，或促进社会与人的发展，或阻滞社会与人的进步，使社会和人的发展呈现差异性。为了驾驭

---

① 《马克思恩格斯选集》（第2卷），人民出版社1995年版，第32页。

精神家园的变化，把握精神家园的内涵，理解精神家园的本质，提升精神家园的质量，促进社会科学发展和人的全面发展，有必要从总体上研究精神家园的结构和功能。

同时，还应当看到，每个人总是生活在两个世界，即内部世界和外部世界，内部世界是一个主观的精神王国，外部世界则是一个客观的复杂系统。当外部世界发展变化太快，特别是当有些人在价值规律作用下，对自身现实利益过分追求，对客观外在变化过分关注，对竞争压力过分在意时，容易忽视内在的精神家园，导致行为的自发性或盲目性，产生迷惘困惑，思想难以把握客观存在，精神家园滞后于物质生活。甚至有的人或沉浸于物质追求之中，轻视理想信念的确立；或满足于感官刺激与休闲享受；或一切向钱看，不讲职业道德等。精神家园贫乏、低俗，既与现代物质文明矛盾，又与现代精神文明冲突，成为现代社会的一线灰暗。高消费伴随低文明，高科技缺失高人文，高发展杂陈暗阻滞，这种不协调甚至被人扭曲的状况的发生，其主要原因是对精神家园忽视乃至轻视。为此，必须从整体上研究当代社会精神家园的结构和功能，一是为了引领现代人的精神家园发展，为实现社会的科学发展和人的全面发展提供正确方向与内在动力；二是为了满足人们日益增长的精神文化需求，丰富人的精神家园内容，提升人们的精神家园质量，自觉追求高雅、文明的精神价值，形成社会现代文明风尚；三是推进现代精神文化的创造和文化产品的生产、消费，促进社会和谐与稳定。

第二节　精神家园的结构

马克思主义认为，任何一个事物都可以把它看作是一个系统，从系统论的观点去揭示和分析。既然是系统，就不是孤立的、单一的要素构成的，而是由不同要素有机结合而成的。精神要素的复杂性决定了精神家园建设的复杂性，而个体精神家园建设的主体由于其个性的差异又进一步决定了个体精神家园建设的多样性和丰富性。为此，个体和共有精神家园的结构是十分复杂的。

一、承载精神家园的外在结构

精神家园的形式与内容既不是单一的，也不是固定不变的，而是随着实践与社会的发展而不断发展变化的。马克思说："全部社会生活在本质上是实践的。凡是把理论引向神秘主义的神秘东西，都能在人的实践中以及对这个实践的理解中得到合理的解决。"① 人的实践是实践观念与实际行动的统一，表现为人的能动性，任何实践活动都蕴涵着精神活动。因为人们的实践活动既需要确立实践目标、提供实践动力，又必定在改造客观世界的过程中同时改造主观世界，所以实践是精神家园形成与发展的基础。实践主要包括认识和改造自然、改造社会、科学技术实验以及当代的虚拟实践。人类精神家园的主要内容，也都产生并包含于这些实践活动中。

第一，认识和改造自然实践过程中的精神活动。人类在改造自然、进行物质资料生产的实践中，不仅获取了赖以生存与发展的自然资源，发展了人类物质生活，而且发展了人类的身心，创造了人类特有的精神家园。从早期先民的刀耕火种、茹毛饮血，到现代人的开天劈地、遨游太空，都是改造自然的壮举。在改造自然的过程中，人类不仅不断改进、创造生产工具，而且不断增强主观能动性，形成了人类特有的战天斗地精神、勤劳致富精神、吃苦耐劳精神、节俭朴实精神、勇于创新精神等。因而，改造自然的实践，不仅是物质生产过程，也是精神生产过程；不仅创造了巨大的物质财富，而且创造了宝贵的精神财富；不仅为物质生活的改善提供条件，而且为精神家园的提高奠定基础。

第二，认识和改造社会实践过程中的精神活动。人类在改造自然的同时，也改造社会。改造社会的过程，实质上是改造人类自身的过程，是构建、丰富、深化人类社会关系的过程。随着改造社会实践活动的日益推进，人与人之间历史地形成了复杂多样的社会关系，诸如阶级斗争关系、比较竞争关系、团结协作关系、群体交往关系，还有网络领域的

---

① 《马克思恩格斯选集》（第1卷），人民出版社1995年版，第56页。

虚拟交往关系等。在规范、发展这些关系的过程中，人类不断推进政治、法律、道德的发展，促进社会和个体走向精神文明，创造并形成了反抗阶级压迫精神、团结友爱精神、爱国主义精神、集体主义精神、助人为乐精神等。

第三，开展科学技术实验过程中的精神活动。人类从发明简单工具到现代科学技术实验、科学技术开发，不断推进生产工具的发展和科学技术的进步，使人类社会发生了日新月异的变化，给人们带来了越来越丰富的物质和精神享受。科学技术实验与科学技术开发，锻炼和培养了人们的科学精神、务实求真精神、怀疑批判精神、敢于探索精神、不怕风险精神、开拓创新精神、乐于奉献精神等。这些精神既是开展科学技术实验、科学技术开发所必备的主观条件，也是科学技术实验、科学技术开发的精神成果。因此，科学工作者的实践，为社会创造的不仅仅是科技知识、物质财富，而且创造了丰富的精神产品，充实了精神家园的建设。

第四，进行网络领域虚拟实践过程中的精神活动。随着科技的发展，人类社会进入到网络时代，由于网络所具有的独特的虚拟性，人类也从此进入了一个与现实的物理领域相对应的虚拟领域。相应地，人类也开辟了虚拟领域的精神家园。所谓虚拟实践，是指人们运用计算机、网络和虚拟现实等信息技术，在计算机网络空间中有目的进行的能动地改造和探索虚拟客体的客观活动，它是一种崭新的人类实践形态。虚拟实践活动虽然是现实实践活动的拓展和延伸，但它与现实实践活动相比较，具有虚拟性、自由开放性、超越性和创造性特点。

由于虚拟实践活动是一种自由的并富有创造性的活动，现实世界对人的实践活动的制约大大减少，并且来源于现实事物的"虚拟客体"不再受现实事物的属性、关系、状态、本质的束缚，虚拟实践活动也不再受时间、地点、气候等外在客观条件的限制，因而人在虚拟实践过程中享有充分的自主性、自由度和自觉性，也就是思想得以解放，精神可以焕发。同时，在虚拟实践中，虚拟实践的主体与客体之间，能够便捷地进行实时互动交流，有利于培养人的"交互式思维"；超文本的出现和运用，必然强化人的"非线性思维"；虚拟实践对现实性限制的虚拟超越，也会激发人们批判的、创新的精神。总之，开展虚拟实践活动，有利于人们摆脱以往单一、线性、静止的思维方式，逐步转向全面、非线性、动态的思维方式，从而使批判的、革命的实践精神获得进一步展现与发挥。另外，人们在网络领域可以拥有、选择、甚至生产和消费精神产品，这些产品蕴涵着文化、艺术、道德、法律、情感等各种精神内容；人们可以自由交往，宣泄个人情感与情绪，讨论政治与法律问题，在网上谈情说爱，这都是人们在网络领域的精神家园的表现方式。当然应当看到，在网络领域同在现实领域一样，不仅有正面的、健康的精神活动，而且有负面的、颓废的精神活动，精神在性质与取向上的差异，会影响精神家园在质量上的区别。

除了以上几个方面的精神家园内容之外，还有交往活动、休闲活动、家庭生活过程中的精神活动内容，也是精神家园内容的组成部分。与实践过程相伴随的精神家园内容是主要的，在实践活动中衍生的精神家园内容是不可缺少的，整体形成了人的精神家园的内容结构。

二、个体精神家园的结构

个体精神家园是个体作为精神家园的主体所感知到的一种精神状态，如对家的感觉，不是对家的物质形态的描述，而是个人对家的主观、情感上的感受，是精神上的家园，它给人一种归属感、认同感和安全感，它虽无形，却存在着。有了它，人们就会感觉幸福、安全、知足、健康、自信等等，会感到生活有意义和有价值。然而人们对精神方面的需求不是一成不变的，是随着人们的认知由自发到自觉的一个不断发展变化的过程。基于此，了解个体精神家园的要素和层次构成，有助于对个体精神家园建设有更深刻的认识。

（一）个体精神家园的要素结构

要建设个体精神家园，首先必须对个体精神家园的要素结构进行分析，精神属于人的精神意识范畴，因此人的精神家园的要素结构就是人的精神意识的构成要素。人类对精神意识领域的研究自欧洲文艺复兴后得到了较大的发展，它始于意大利的哲学家维柯，他第一次将人的精神意识领域划分为三个形态：只有感受而没有知觉的形态；用被搅动的不安的心灵去知觉的形态；用清晰的理智去思索的形态。而后被誉为德国"美学之父"的鲍姆加登，明确提出人的精神意识领域由知、情和意三个部分构成。康德通过《纯粹理性批判》《实践理性批判》和《判断力批判》，系统地阐发了他对人类精神意识状态的见解，创立了关于知、情、意三大领域的真善美统一的批判哲学体系。马克思在为《新亚美利亚百科全书》写的《美学》辞条中，对人类精神领域分为知、情、意这一归结进行了肯定，"最可靠的心理学家们都承认，人类的天性可分为认识、行为和情感，或是理智、意志和感受三种功能，与这三种功能相对应的是真、善、美的观念。"① 基于此，个体精神家园要素主要是由主观认知和精神需要认知发展、心理活动与情感状态、心灵活动与理想信念三大要素构成。

1. 主观认知与精神需要认知发展

个体精神家园是人主观建构的意义世界和理想世界。因此人的主观认知是建设个体精神家园的前提。而这里的主观认知是指个体与他人交往的过程中，在社会生活实践中通过感知、观察、了解他人、自我和社会，形成判断和推理，从而获得关于他人、自我和社会信息的一种心理活动。为此，具备一个良好的主观认知，首先有利于使人主动了解自身的优点和不足，看到自己的价值，关注自己在社会中的权利和义务，关注自身努力的发展方向和了解自己的需要，随时调整自己的情绪和状态，更新知识、培养能力，督促自己不断提高和完善自我，从而实现自我价值；其次能够了解自己的需要，从而使自己在充满诱惑的世界中能辨别方向，不会迷失自我；再次能够使人清楚认识社会的发展方向，从而主动调节自己的发展目标，自觉地将自己的人生目的与社会的共同理想结合起来，主动在社会中寻找舞台展示自己的才能。总之，一个具有良好认知的人，会自觉地将自己的需要建立在较高的层次上，并会努力在社会的共同价值观中，寻找自身的定位，继而建立起自我与社会的和谐关

---

① 马克思：《美学（新亚美利亚百科全书）》，上海文艺出版社 1980 年版。

系，既作为社会的一员服从社会的规则，又作为社会的主体表现出自我的存在。

史铁生说过："人来到这个世界上，不是为了完成一连串的生物过程，而是为了追寻一系列的精神实现。"① 因为人的生存不仅仅是动物式的物质过程，他超出动物的本质区别正在于人的精神生存，人如果失去了支撑自己精神生存的基点，他就会生病，从内心深处生病。这种病会让人彻底垮掉，从灵魂中死去。对此学者赵汀阳提出了"精神本能"的观点，即人除了一般的生物本能之外，还有"精神本能"，它是人化了的生活的必然冲动，可以用来解释人们对创造、新奇和美的永远热情。无独有偶，美国著名心理学家马斯洛提出了"似本能"的观点。即"他认为人的精神是人性的一个规定性特征，没有它，人性便不成其为充分的人性。它是真实自我的一部分，是一个人的自我同一性、内部核心、人的种族性的一部分，是丰满人性的一部分。"② 也就是说人性的这种深层本质规定具有一种类似生物本能的特征，虽然人的这种精神本质不同于一般生物本能，但它却具有本能原基，是人生存的基本需要。这并不意味着，精神是人生存的基本需要，就不需要发展了。随着人的成长，人们对精神的需要也越来越高，将经历一种由自发到自觉的认知过程，即人的精神需要的认知发展，由自发地需要爱、安全、归属、尊重等到自觉地追求知识、审美、理想、道德和实现自我价值。这种由自发地对精神的需要到自觉地去追求超越性的需要过程，是人不断发展、实现人之为人的一个过程，同时也是人类文明的发展过程。因为社会生活已经向我们表明，社会的进步和人性的完善不再仅仅是追求物质利益，而是在寻找物质生活丰足之上的人的心灵和精神状态的完美。人的精神需要认知发展必然要求人的主观认知的发展和提高，只有人主动认识到精神需要的认知发展过程才能实现精神需要由自发到自觉、感性到理性，低层次到高层次从而使人的精神境界不断提升，不断实现自我价值。

---

① 《史铁生——轮与轨》，《中国教育报》2011 年 1 月 16 日。
② 马斯洛：《人性能达的境界》，云南人民出版社 1987 年版，第 320 页。

2. 心理活动和情感状态

个体的任何活动都伴随着一定的心理和情感。人的心理和情感，从某种意义上来讲，是人与生俱来的，有一定的先天成分。但是它又主要在个体后天生活的社会环境中，在主体认识的基础上得到强化和提升。因此，人的心理活动和情感状态是与人的社会生活紧密相连、息息相关的，是人自觉理解到的一种社会性的心理活动和情感生活，具有一种深刻性。

心理活动和情感世界属于人的精神家园的感性层面，在人的精神家园中处于基础层次。人的情感是一种心的生活，更多的是体会，是情感性的"heart"，而不是理性的"mind"。这种情感性的 heart 是我们身上唯一不能用逻辑去衡量的东西，但却是每个人所必须有的，情感是人精神意识状态的一股活水，它长流不息，生机勃勃。人类学家林顿（R. Linton）在长期对人类历史发展研究中，发现人类有三种共同的心理需要：取得他人情感反应的需要、安全的需要和追求新奇经验的需要。而对应于人类这三种心理需要可将人的情感分为三个层次：第一层即人的基本性情感，即人对环境最直接的反映。如恐惧、害怕、喜悦、欣喜等等，而这种反映产生了人的心理健康情感如安全感、归属感等等。第二层是人的社会性情感，即取得他人的情感反应，它是以爱为基础的友情、亲情、爱情等。人是社会性的动物，缺少了这些以爱为基础的众多感情，人会感到孤单。情感的文化功能是使两个人合为一个人，由我变成我们，这是人与人交往的基础。理性突显的是人的个性和独立性，所以当理性强于情感时，往往妨碍着两个人成为一个人，这就是现代社会高扬理性旗帜的时代背景下，人们普遍感到孤独、寂寞的重要原因。但人是一个群居动物，对他人情感的需求是人们与生俱来的本能，它已经深深地印刻在我们的 DNA 里，缺少了它，压力荷尔蒙就会上升，人就会患精神上的疾病。第三层则是人自我完善、自我提升的超越性情感。它体现为人类对自然界的不懈追求以及对人生意义和价值的苦苦追寻。如当今信息化社会和科学技术的飞速发展需要人的高情感来予以应对，对此萨顿说到："无论科学活动的成果会是多么抽象，它本质上是人的活动，是人的满怀激情的活动。"① 其中满怀激情的活动正是人对真理孜孜不倦的一种超越性情感的活动。

3. 心灵空间和理想信念

当我们沉浸在日常生活之中的时候，我们并不对生活本身的意义和价值进行反思，也就是并不思考我们整个人生的统一性、整体性。从这个意义上说，日常生活的特点是感性的、非反思的、至少是非超越的。而超越物质价值而追求精神价值，超越个体生活部分而指向个体生活的整体，超越个体而指向个体所属的共同体，超越当下的生活而指向未来的生活，这种意义上的"超越性"是心灵生活的主要内容和主要特点。真、善、美的价值，认同感和"生活意义"的体验，人生理想、信仰等的向往，都是表达心灵生活的关键词。心灵生活是个体精神家园的核心内容，而这也是人与动物生存的一个区别。人是万物之灵，其中这个灵指的就是人的意识和精神，动物的生存是没有意识的生存，而人是有自我意识的，正如马克思所说的，"不仅人的本能是被意识到了的本能，人的利益也是被意识到了的利益。"② 因此人不仅生存着，还会对自己的生存进行反思：为什么活着？如何活着才能使生活更有意义？用鲁迅的话来说，"人类总有一种理想，一种希望。虽然高低不同，必须有个意义。"③ 概而言之，心灵生活表现为人们对超越日常生活，实现高尚精神价值的追求，它与"终极关切"有关，即以"终极的认真"来对待某个价值。如爱因斯坦所说的"逃避个人生活而进入客观知觉和思维的世界"；周恩来所说的"以人民的疾苦为忧，以世界的前途为念"；雷锋所说的"人的生命是有限的，可是为人民服务是无限的，我要把有限的生命投入到无限的为人民服务之中去。"就文化背景、社会地位、政治倾向来说，这些人有很大的差别，但他们探讨的都是有限的人生与无限的人生意义之间的关系。因而，个人的意义追寻和生命价值的追求既是人的

---

① ［美］乔治·萨顿著，江晓原、刘兵译：《科学史和新人文主义》，上海交通大学出版社 2007 年版，第 35 页。

② 《马克思恩格斯全集》（第 2 卷），人民出版社 1993 年版，第 167 页。

③ 鲁迅：《我之节烈观》，《鲁迅文集·坟》，黑龙江人民出版社 2004 年版，第 86 页。

根本存在和发展的需要，同时也是全人类长远发展的需要，体现着人意识到自身的有限性而感受和向往到对永恒的追求。

人的心灵生活的体现必须依靠主体的坚强毅力、顽强意志和坚定的信念才能实现。这并不是说，在人类的行为中理智和情感没有作用，而是说，理智和情感对行为的作用也只是容纳于意志中才能进行。而理想、信念和信仰是意志的主要表现形式。理想是人们在实践中形成的、有可能实现的、对未来社会和自身发展的向往与追求，是人们的世界观、人生观和价值观在奋斗目标上的集中体现。由于每个个体所处的环境以及主体自身能力和素质的差异，因而每个人对理想的理解各不相同，个体理想呈现出多样化和复杂化。信念同理想一样，也是人类特有的一种精神现象。信念是认知、情感和意志的有机统一体，是人们在一定的认识基础上确立的对某种思想或事物坚信不移并身体力行的心理态度和精神状态。信念是对理想的支持，理想的实现必须以坚定的信念为动力才能实现。信仰是信念的整合和升华，因而比信念更高一个层次。它是心灵生活充实的一个表现，是个体精神家园的最高领域。信仰观体现着个体对人生价值和意义的一种态度，体现着人对人生和所处社会价值理想的建构，关系着人对精神家园的寻觅。因而，信仰凝聚和整合着人的世界观、价值观和人生观，指引个体的各种行动，在根本上影响着个体的心灵生活和精神家园质量的建设。

（二）个体精神家园的层次结构

个体精神家园的形成除了要具备上述的要素结构以外，它的形成还需经历一个由自发到自觉，由低层次到高层次的过程，这一过程也是感性上升到理性的过程。感性是人的生活对外部刺激的反映，是人对不断变化的环境的适应。而人对这个世界、这个社会的认识是由人的感官对世界的接触所产生的。感觉上的满足，是人生存在这个世界上最为根本的需要，也是人的自然性的体现，人如果缺失了基本需要的满足，人就会在肌体上患病。马斯洛将人的这些基本需要称之为"缺失性需要"。感性除了指人的基本需要以外，还包括人的情感。人的情感包含十分丰富的形式，且有高低层次的区别。一般来说，与生理性的需要相联系的情绪波动是低级情感。与精神性的需要相联系的情绪波动是高级情感。高级情感有理智感、实践感、道德感和审美感等之分。但各个情感层次、各个情感形式之间没有绝对的界限，它们是相互影响的。低层次情感的满足能够促进高层次情感的发展，反之，高层次情感的良好发展能够对低层次情感起到提升作用。人的情感生活的层次越高，他就越关心他人的疾苦、关心全社会的利益，在他的生活中就表现出越多的对自然、社会、他人以及自身的关爱。"先天下之忧而忧，后天下之乐而乐"，是人的高层次情感生活的真实写照。

相对来说，人对感官的满足和对基本情感需要的满足，是人的感性层面，是精神家园的表层，而理性则是个体精神家园深层次的体现。此处的理性指的是价值理性。德国著名社会学家马克思·韦伯将理性分为两种：一种是工具理性或形式理性；一种是价值理性或实质理性。前者主要被归结为手段和程序的可计算和量化，是一种客观的合理性；后者则以信念、理想、内在价值为目的，是一种主观的合理性。依据韦伯的划分，形式合理性是一个无价值（道德）判断的理性化程序，而价值合理性则属于一种道德性的价值判断。前者自近代以来，在使人类在合理有效地利用自然、改造自然以及建构社会制度等方面具有毋庸置疑的价值合理性。但是社会结构的整体协调发展，除了外在的社会制度结构外，还有内在的文化心理结构。而价值理性就是涉及内在文化心理结构的建构问题，对个体来说就是如何建设个体精神家园的问题。而人有一种提升自身的冲动，这个冲动就是人类理性能力的提升，自我意识的增长，它是人类的一种秉性，如康德就认为，"人具有一种自己创造自己的特性，因为他有能力根据他自己所采取的目的来使自己完善化，因此可以作为天赋有理性能力的动物（Animal Ration-able）而自己把自己造成为一个理性的动物（Animal Rationale）。"[①] 为此，个体必须由远大的理想和坚定的信念即价值理性来引领个体不断完善自我。

然而，感性和理性的界限并不是那么明显，它们之间的关系是相互联系、互为包含的。人的感性是有理性的感性，纯粹的感性只是作为意

———————

① 康德：《实用人类学》，上海人民出版社 2005 年版，第 261 页。

识的萌芽存在于人的意识形成的史前时期，存在于动物和婴儿的心理活动中。从人的认识发展的既成形态来考察，不渗透理性因素的感性是不存在的。理性因素在感性过程中的作用是：理性因素赋予感性内容以结构形式。尽管个别地说，人的感觉器官的敏锐程度不如某些动物，但是人对感觉到的东西的意义把握为任何动物所不及。理性不仅使人的感性活动具有能动性，促进着感知能力的发展，而且也是个体精神家园建设的必要条件。个体感官的满足在传统社会中被宗教和礼教所压抑，这是人的一种片面发展。自近代以来，对人的理性的过度张扬，使人呈现出机械化的倾向，这是现代社会必须反思的。理性和感性都是人性中不可缺少的部分，保持理性和感性的恰当张力是当今精神家园建设所必须要把握的，因为它们对于人的生存具有至关重要的意义，失去任何一方，都将导致人性的不完美。

三、共有精神家园的结构

共有精神家园主要是从作为主体的国家层面来探讨的，它较之于个体的主观感受而言是客观的。共有精神家园由系统的价值观念构成，它为人类生命过程提供生活意义的解释系统，帮助人们对付生存困境，引领人们朝着生活的最终目的前行。这些相对客观的价值观念系统是人们在生活实践中长期形成和积累的，并经过国家和民族予以一定的理论化和系统化之后，形成了一个为人们提供生活意义和价值的精神文化系统。一般而言，价值观念系统是个体认知的对象，是独立于个体而存在的，因此具有整体性的特征，是一个民族或国家具有的共同观念，并且存在于各种制度、习俗、道德、行为等中，渗透于人们的日常生活中，为人们的行为和生活提供依据。因此新时期精神家园建设主要是从国家层面来探讨的过程。分析和了解共有精神家园的内容和层次结构是我们进行建设的首要前提和基础。

（一）共有精神家园的要素结构

共有精神家园，小而言之的共同体可以是一个机关、一个行业、一个集团，大而言之的共同体可以是整个国家和民族，本文讲的共有精神家园是指国家这个层面。由于人类是以一定的群体为单位进行交往和文化活动的，因而他们对"我应当是谁"这类问题的理解，就存在着明显的群体差异，其中主要是民族间的差异。而个体来源于"群体"，不是异族的人，而是特定的人，是"中华民族的人"。表明了个体对中华民族的文化认同，体现着我是这个民族、这个国家的人，我热爱我的民族，热爱民族的文化、热爱民族的大好河山、讲民族的语言、举止行为遵循民族的风俗、习惯等等。这些都充实着中华民族共有精神家园的内容。人们在这个共有精神家园有自己的语言、宗教、习俗、道德，连同同胞、乡土，就有了寄托，有了归宿和希望。为此，中华民族共有精神家园的内容主要包括以下几个方面：

1. 民族意识和民族情感

意识是对事物感觉和认知的概括。民族意识是指一个民族在与其他民族交往的过程中，对本民族的地理环境、文化习俗、生产方式和生活方式等事物的关注和认同。这个定义包含两个方面：一是民族意识是在代表不同民族文化之间的交流和冲突中，即在对比的情况下产生的。在没有与其他民族交流和冲突之前，民族对自己的认识是以自我为中心的。二是民族意识会对本民族文化产生新的认识与反思。这种自我认识和反思会把文化中各种因素作为自身的象征加以显化。如根据本民族的生活风俗、语言文化和生产方式等形成一套精神文化系统。中华民族是以汉族为主体的，包容了众多少数民族的一个屹立于东方的大民族，但这个民族的形成与发展经历了漫长的历程。在夏、商、周至春秋时期，华夏民族已基本形成，在夷狄入侵的威胁下，中华民族开始作为一个民族与其他民族之间开始划清界限，也就是有了自我存在的意识，即民族意识。

民族情感主要是指一个民族多数成员所共有的、反复起作用的文化精神、心理特质和性格特点的集合体，是维系一个民族统一而不破灭的内在纽带，是植根于民族成员内心、体现民族特点的一种文化模式。[①]民族情感体现在本民族人民在与其他民族的冲突中捍卫民族尊严和维护

---

① 转引自詹小美：《民族精神论》，中山大学出版社2007年版，第53—54页。

民族统一；体现在其参与共同社会生活以及庆祝共同的节日活动而共同享有一个民族的情感，如春节的家庭团聚、清明节的祭祖、端午节的划龙舟吃粽子等。一言以蔽之，民族情感就是民族成员在社会生活实践中形成的共同感受和情绪体验，它满足了民族成员共同的精神需要，使生活在同一民族的人民有了安全感、认同感、归属感和家园感。因此"人们宁愿冒生命危险，放弃自己的爱，舍弃自己的自由，牺牲自己的思想，为的就是成为群体中的一员，与群体协调一致，并由此获得一种哪怕是想象的身份感。"① 民族情感属于情感的较高层次，它超越了对个人的情感体验，把整个民族作为自己的感情依托与检验对象。因此民族成员的情感一旦产生，就会爆发出感染力，不仅感染自己，而且感染他人。"个人的感受会影响到群体的情绪，引起群体产生共鸣，进而产生群体的感染力，群体的感染力也会加剧个人的感受，激发起更强烈的情绪。这样一个周而复始、循环往复的过程，是民族情感不断高涨，对他人行为作用不断增强的过程。"② 正是因为民族情感具有如此强烈的持久力和影响力，才可能成为中华民族共有精神家园产生和实现的基础。

2. 民族精神和时代精神

"民族精神是上升到思想体系的民族共同心理，它是由民族成员在长期的生活实践中创造的，表现出一个民族在一定客观环境下所建构的独特的生活方式和该民族共同的世界观和价值观。"③ 民族精神涵盖在民族意识中，是民族意识的核心内容。"民族精神构成了一个民族意识的其他种种形式的基础和内容"④，是区别于其他民族的关键所在。"非我族类，其心必异"⑤，这里的心指的就是民族精神。它是一个民族的灵魂，是人们在长期的实践活动中凝聚而成的民族文化的精华，它是民族成员共同心理文化意识中的积极因素。中国文化博大精深、源远流长，经过几千年来勤劳勇敢的劳动，人们在实践活动中逐渐形成以爱国主义为核心，

① 弗洛姆著，冯川主编：《弗洛姆文集》，改革出版社 1997 年版，第 50 页。
② 詹小美：《民族精神论》，中山大学出版社 2007 年版，第 53—54 页。
③ 詹小美：《民族精神论》，中山大学出版社 2007 年版，第 14 页。
④ 黑格尔著，王造时译：《历史哲学》，上海书店出版社 1999 年版，第 95 页。
⑤ 《左传》成公四年。

以团结统一、爱好和平、勤劳勇敢、自强不息为主要内容的中华民族精神。一方面它被民族绝大多数成员所理解和信奉，成为这个民族广大人民的精神支柱和精神动力，是广大人们民族的精神归属。另一方面，它像一条无形的纽带，以超越时空的力量，将中华民族儿女紧紧维系在一起。它既给予了人们现实的力量，同时更为重要的是确立了超越现有生存境遇的更高的价值观念，在实践中引领中华民族趋向团结、和谐、健康、向上的精神状态。

在全球化背景下，建设新时期中国精神家园，不仅要有民族精神，还需要有以改革开放为核心的时代精神。因为民族精神不是死的、静态的，它需要与时俱进融合时代精神的丰富内涵，才能在现实境遇中延续它的生命力，彰显它的价值性。1978 年十一届三中全会的召开，开启了我国改革开放和以经济建设为中心的历史新时期。新时期政治、经济、文化、教育和科技的快速发展，都说明了新时期最大、最鲜明的特点就是改革开放，反映在思想领域方面就是能够与时俱进。在解放思想、实事求是、与时俱进思想路线的指引下，中华民族以前所未有的步伐加入全球现代化的进程；以前所未有的发展速度发展了生产力，提高了人们的物质生活水平；同时也是以前所未有的力度向全世界推进文化开放。这都为新时期精神家园建设带来了挑战，但更多的是机遇。"解放思想、实事求是、与时俱进成为全社会共识，以人为本、尊重科教、崇尚创造的观念牢固树立，坚忍不拔、自强不息、锐意进取成为普遍精神状态，诚实守信、团结友爱、互助奉献的风尚更加浓厚，自由平等、民主法治、公平正义的理念深入人心，开放仪式，竞争意识、效率意识不断增强，发展、改革、创新成为时代的主题词和最强音。"① 这一切都体现了时代精神的丰富内涵，反映了当代中国人民紧跟时代复兴中华，自强不息的精神风貌，丰富了中华民族共有精神家园。

3. 民族文化

民族文化是一个宏富的整体，包括知识、信仰、艺术、道德、法规、

---

① 欧阳康主编：《民族精神——精神家园的内核》，黑龙江教育出版社 2010 年版，第 9 页。

习俗乃至各种习惯，它既是以往的民族感情和民族意识的积淀，又是当下该民族的时代精神和价值取向的凝结。① 人一出生既要呼吸物质空气，还需要呼吸精神空气，精神空气就是指文化，人必须存在一个文化中，并在这个文化中由自然存在物转化为社会存在物，这一转化的方式就是通过语言。语言不仅只是表达的工具，它保存着历史、文化和传统。个人在接受理解语言的同时，接受了以语言为载体的文化。生活在一个共同体中的人们呼吸着同样的精神空气，即民族文化。它与任何文化形态一样，包含了三个层面，一是核心层，即以民族精神生活为主要内容的观念文化，是体现一民族与其他民族质的不同的根本标志。如语言文化和价值观；二是保护层，即民族在与其他民族交流和冲突中，民族文化必然会受到影响，产生一些变化，但民族文化的内在机制使它有一个自我保护、自我调节的文化层面，它们是民族文化的保护带，如制度文化和行为文化；最后的就是民族文化的表现层，即一个民族自身的发展变化及受外在环境的影响直接地表现在它的器物层面，如科学技术的发展、生活环境的转变等。民族文化是孕育民族精神的母体与源泉，是中华民族共有精神家园的土壤和根基。它为生活在这个民族的人民提供了战胜困难的现实力量，同时也为他们超越现实提供了价值体系和意义世界。贝尔认为"文化本身是为人类生命过程提供解释系统，帮助他们对付生存困境的一种努力。"②

（二）共有精神家园层次结构

随着社会经济成分、组织形式、就业方式、利益关系和分配方式的多样化，建立在以公有制经济为基础，多种经济成分并存的物质基础之上的共有精神家园绝对不是单一层次的结构，而是包含着以社会主义核心价值体系为主导的多层次结构。现阶段中华民族共有精神家园主要分为以共产主义为最高理想的高层次的精神要素和广大民族群体精神生活

① 李宗桂：《经济全球化与民族文化建设》，《哲学研究》2001 年第 1 期。
② 丹尼尔·贝尔著，赵一凡、蒲隆、任晓晋译：《资本主义文化矛盾》，生活·读书·新知三联书店 1989 年版，第 24 页。

所包含的情感、风俗、传统文化等较低层次的要素。

1. 以共产主义为最高理想的高层次精神要素

精神家园作为一种精神文化系统，它是由各个要素有机组成的，既立足于现实又要高于现实。共产主义是人类社会发展的最高社会形态，它为人类的发展提供了美好的远景。中华民族共有精神家园将共产主义作为最高理想，主要是因为马克思关于共产主义社会的理论是科学的、系统的和现实的。首先，马克思、恩格斯运用历史唯物主义揭示了人类社会发展的规律，但更重要的是他指出了人类社会发展的最终归宿。其次，马克思、恩格斯为人类实现共产主义理想社会提供了一套科学、系统的方法论，即历史唯物主义和辩证唯物主义。历史唯物主义揭示了人类社会发展规律，避免社会发展进入歧途。辩证唯物主义有助于我们正确把握物质与精神、感性和理性、欲求与德性等之间的合理关系。"文革"十年正是没有正确地运用历史唯物主义，企图脱离生产力的发展来建立精神"乌托邦"，违背历史发展规律，结果给中国的经济、文化发展带来巨大损失。十一届三中全会提出改革开放，实现工作重心的转移就是恢复和正确运用了马克思主义的历史唯物主义和辩证唯物主义观点，经过三十年的发展，中国的物质文明和精神文明都得到显著提高和进步。再次，共产主义理想社会不是静止不变的，它是一个不断运动的动态发展过程，指引着人类不断超越当前、向更高一个层次前进。

2. 以金钱、情感、传统等非理性的较低层次精神要素

目前广大民众的内在精神脉络更多地受到现有的物质生活和地域环境的影响。中国特色的社会主义市场经济决定了当代人的精神生活状态已经进入了一个马克思所说的以物的依赖关系为主体的时代，同时也是以货币为媒介的商品经济时代。一方面，市场经济强调竞争、平等、创新等特点为人的独立性和主体性的提升创造了条件，它使广大人民实现丰富、多样的精神生活成为可能；另一方面，市场经济的自发性和逐利性使得人的精神生活陷入了物化的境况，人们远离崇高、经典而走向单纯的感官幸福与文化的庸俗，它使当代人精神生活不可避免呈现大众化与庸俗化趋势。尽管这种"以物的依赖性为基础的人的独立性"的"普遍异化"现象是需要予以大力批判和加以扬弃的，但从历史评价的角度看，我们首先还是要肯定它，因为只有通过这一普遍异化的"炼狱"，充裕的社会财富和全面发展的个人才可能形成。也正是在这个意义上，马克思说"第二个阶段为第三个阶段创造条件"，实现"每个人"的自由全面发展。因此，广大民众精神生活呈现庸俗化和大众化的境况是马克思所说的否定之否定阶段，是人实现全面发展的关键阶段。但这并不意味着就任其发展，当前的这种精神生活的物化状态正是我们国家着重提出将社会主义核心价值体系融入现代化全过程的重要缘由。

此外，我国正处于社会转型期，传统社会的思想、观念、文化、风俗等由于历史的惯性还会对人们的生活方式和价值观产生巨大影响。与此同时，由于我国生产力还不发达，人口众多，资源的有限与人的欲望无限之间的矛盾使得作为唯心主义的宗教还将长时期存在，并且成为新时期精神家园的重要文化资源。目前全世界有80%的人信仰宗教，中国目前有三亿信教徒，并且这一人数还在增加。过去一部分人认为宗教是一种唯心主义，而我们新中国精神家园信仰马克思唯物主义观，并深受马克思关于"宗教是人民的鸦片"的明确评价的影响，主张建设社会主义要消除宗教思想的观点。"文革"期间，林彪、"四人帮"打着马克思主义的旗号对宗教以及民间习俗、传统文化等冠之以"封建迷信思想"而加以彻底扫除，对中国精神文化系统造成了巨大的创伤。对马克思关于宗教的评价，我们也应该注意到，马克思讲过，"人创造了宗教，而不是宗教创造了人"。① 既然宗教是人创造的，那也就说明宗教满足了人的一种需要。因此，宗教是有宗教需要的人们所创造的。如果不承认这一点，那就不是一个唯物主义者。进行新时期精神家园建设，我们必须唯物、辩证地看待宗教将在中国长期存在的事实。当前中国社会生产力还不发达，现有的物质家园不能满足所有人的需求，并且事实已逐渐证明，物质资源的匮乏性和有限性不可能满足人的无限制的欲求，这种有限和无限之间的矛盾必然给社会和人的发展带来灾难和痛苦，而宗教在一定的基础上可以缓解这一的矛盾。正如恩格斯曾针对宗教的产生说过："在各阶级中必然有一些人，他们既然对物质上的解放感到绝望，就去追寻

---

① 《马克思恩格斯选集》（第1卷），人民出版社1995年版，第1页。

精神的解放来代替，就去追寻思想上的安慰，以摆脱完全绝望的处境。"① 但是宗教本身具有两面性，既有积极的因素，也有消极的因素。在社会主义核心价值体系的引导下，它有利于当今精神家园建设的健康、和谐发展；同时宗教毕竟是虚幻的，有其消极因素，在特定的时间里，会成为某些人的精神枷锁，如果被别有用心者所利用，便会产生消极甚至破坏作用，这需要引起我们精神文化工作者注意。

四、个体精神家园与共有精神家园的关系

根据前文对共有精神家园的内容要素和层次结构的分析，我们可以得知共有精神家园是由民族情感、民族意识、民族精神、时代精神以及民族文化等主要要素构成的精神文化系统，它反映了一个民族或国家的整体利益和长远利益，表达了这个民族或国家的共同愿望。这套精神文化系统联结着个体与社会的关系，为生活于这个社会的个体提供了一套价值解释系统。它唤起了中华儿女强烈的聚合心理，使之成为人们的共同信念和奋斗方向，成为人们行动的依据和指南。个体如果不认同所在国家或民族提供的精神文化系统，而选择另一套价值观和思想体系，则不可能进入这个社会，会感到与这个社会格格不入，缺乏安全感、归属感，从而感觉孤独和寂寞。正如俞吾金所言："意识形态是一个人进入并生活在一个社会中的许可证书。一个人只有通过教化与一种意识形态认同，才可能与以这种意识形态为主导思想的社会认同。所以老黑格尔告诉我们，一个人在社会中接受的教化越多，他在该社会中就愈具有现实的力量。"②

但是这不意味着共有精神家园建设不尊重个体，中华民族共有精神家园建设代表着本民族最广大人民的利益，"社会的共同利益是由作为私人的个人所造成的，私人利益又是在社会所创造的条件下并使用社会所提供的手段而实现的，这就说明个人利益与社会共同利益本质上是统一

---

① 《马克思恩格斯全集》（第19卷），人民出版社1963年版，第334页。
② 俞吾金：《意识形态论》，上海人民出版社1993年版，第3页。

的，无产阶级应当把个人利益与社会集体利益有机地结合起来。"① 马克思这段关于个人利益与集体利益之间的关系论述体现了共有精神家园与个体精神家园建设最终都是促进人的全面发展，具有价值同构性。一方面，共有精神家园建设是为更好地实现个体精神家园而创造条件，"私人利益本身已经是社会所决定的利益，而且只有在社会所造成的条件下并使用社会所提供的手段，才能达到"②。同时，共有精神家园的建设会根据社会实际的变化以及个体的利益和需求，建立一套能让个体既源于现实又超越现实的价值体系；另一方面，个体精神家园的发展程度决定和展现着共有精神家园的发展面貌。如果共有精神家园建设不为绝大多数个体所认同，那么共有精神家园也就失去了存在的价值和意义。

总之，共有精神家园不能用共同性和普遍性来消解个体精神家园的具体性和特殊性，否则就会流于形式，陷入共有精神家园建设的抽象局面；同时也不能以个体精神家园的具体性和特殊性来否定共有精神家园建设的共同性和普遍性，否则个体精神家园建设就如鱼离开了水，无法生存。因此，两者是相互联系、相互制约和不可分割的。

第三节　精神家园的功能

系统论的原理告诉我们，要素、结构和功能有着十分密切的关系，并且这种关系是有机的，系统结构建构的目的是为了功能的有效实现，而功能的实现离不开要素和结构的合理设置。系统要素的性质、状况，系统结构的合理与否，都对系统功能有着重要影响。当然，系统的功能还与其所处的环境相关。这里，我们暂且抽掉那些具体的因素，分析精神家园的一般功能。

---

① 王泽应：《义利并重与义利统一——社会主义义利观研究》，湖南人民出版社 2001 年版，第 191 页。

② 《马克思恩格斯全集》（第 46 卷），人民出版社 1979 年版，第 102—103 页。

一、价值导向

导向功能是从构成精神家园的要素结构和层次结构中体现出来的。对个体来说，个体的心灵生活和理想信念不仅是目标的导向，更是价值的导向，而价值理性以灿烂的理性之光照亮着人的整个生活道路和人生的发展轨迹，是人能成之为人，实现人的本质，超越人的自然属性的一个重要保证。对生活的选择、规划和实践是一个人精神家园的导向功能的鲜明体现。在现实生活中，人们出现的生活无意义感，内心孤独、空虚等精神疾病，实际上就是由于这些人缺乏伟大的理想和坚定的信念即精神家园这种高层次要素，而沉浸在感觉和欲望的低层次满足中。然而人之所以为人，就是因为人的本质中的精神维度，是人区别于动物的本质所在。

对社会来讲，共有精神家园的导向功能就是"作为一面旗帜，为一定的社会和国家进行政治目标导向和社会价值导向，对人们的思想、行为进行符合目标的引导并对偏离目标的思想、行为进行阻滞。"[1] 共有精神家园的核心是社会主义核心价值体系，它不论在思想信仰、社会目标、动力源泉和社会规范等方面都很明确，便于人们理解并切实贯彻，既是社会发展的旗帜，又是个人遵循的准则。共有精神家园以马克思主义为指导思想，以实现共产主义为共同理想，以人的全面发展为目标，它是建立在现实基础上，又超越现实，为全体中华民族提供了一个意义世界和理想的境界，指导着社会主义的奋斗目标和前进方向。针对现实社会中文化发展与经济发展不对称，精神文明发展远远滞后于物质文明发展的现实情况，党中央及时提出物质文明、精神文明和政治文明一起抓，社会主义核心价值体系、"八荣八耻"、构建和谐社会以及文化大发展、大繁荣等内容，都是根据社会的发展对共有精神家园的要素结构不断完善，从而更好引导社会的和谐发展以及人的全面发展。

---

[1] 郑永廷：《社会主义意识形态发展研究》，人民出版社 2002 年版，第 344 页。

二、意识整合

所谓整合，亦可称之为聚合、统和。整合是与分化相对应的概念，分化作用则是与整合作用相反的一种离散作用、瓦解作用。精神作为人的本质特征，它总是引导人们积极向上，追求美好，是人区别于动物的一个重要特征。传统的中西方的大多数哲学和宗教把人的本性分成两部分，即物质和精神，并教导说达到"高级本性"的方法是放弃和制服"低级本性"。但是人性的完美离不开感性和感觉欲望的满足，物质和精神都是人本质的存在维度，缺其一方都是人性的不完整。因此任何一方都不能抛弃，它们两者只能整合起来，即将人的低级本性和高级本性、人的生物本性和神圣的精神本性整合起来。个体精神家园的建构是从低层次到高层次的过程，没有感性欲望的满足，没有人的情感生活，个体的高层次的精神家园是不可能建立的。但是高层次的精神家园一旦建立，即理想、信念确立，它又完全统制着先前作为基础的低层次精神家园，即个体由低层次精神家园递升到高层次精神家园之后，再由高层次精神家园向低层次精神家园泛化升华。总之，感性包含着理性，理性离不开感性的因素，个体需将感性和理性、低级本性和高级本性、生物本性和神圣本性整合起来，从而促进人的身心、物质和精神的和谐发展。

从共有精神家园层面来讲，社会主义核心价值体系是其核心，起着整合各种思想和社会关系的聚合作用。新时期，面对文化多元化、理论多元化、价值取向多元化的冲击，人们的精神家园呈现出空前的多样性和复杂性。传统文化与现代文化、精英文化与大众文化、本土文化与外来文化、现代文化与后现代文化之间交锋和碰撞，对人们的价值观、世界观和人生观造成了一定程度的影响。面对多样化的文化思潮以及各种文化之间的冲突，共有精神家园决不能坐以待毙、无所作为，更不能放任自流，而是必须加强社会主义核心价值体系的统领和整合功能。表现为：首先，有效地整合各种文化资源，将共有精神家园系统内各部分黏合起来，博览众长，一方面能为精神家园提供丰富的精神食粮，另一方面有利于中华民族共有精神家园形成一个积极、健康的精神文化生态系统，增强共有精神家园的包容性和辐射性。其次，充分重视理想、信念、信仰在共有精神家园中的整合功能，有了共同的理想、信念、信仰，就有了共同的价值目标和共同的价值标准，使人们在行动上有了共同的奋斗目标，增强了共有精神家园的凝聚力和向心力。邓小平就曾这样指出："要团结就要有共同的理想和坚定的信念。我们过去几十年艰苦奋斗，就是靠用坚定的信念把人们团结起来，为人民自己的利益而奋斗。没有这样的信念，就没有凝聚力。没有这样的信念，就没有一切。"[①] 江泽民也曾指出，一个民族、一个国家，如果没有自己的精神支柱，就等于没有灵魂，就会失去凝聚力和生命力。胡锦涛多次强调要增强"民族精神"、巩固"精神支柱"、形成"共同理想信念"。总之，共有精神家园通过各种途径，突出的是以共同的理想信念整合社会的精神资源和个人的精神要素，从而促进人的身心、人与人、人与社会以及人与自然的和谐发展。

三、心灵净化

"净化"一词，顾名思义，就是清除不好的或不需要的，使之纯净。对个体来讲精神家园可以净化灵魂，使人心灵宁静，达到身心和谐；对社会来讲，精神家园可净化社会风气，使人与人、人与自然、人与社会之间和谐相处。

人既是天使也是魔鬼。天使的一面，也就是孟子所讲的，人性本善；魔鬼的一面，也就是人的私心杂念。因此无论中西方，古代都强调精神境界的提升，抑制人的物质欲望，甚至连人的基本需求也被压抑，从而达到去除人的私心杂念。这种过分强调精神的追求而压抑人的物质需求，实则是人性的不完整。自近代以来，人类从一个极端走向了另一个极端，即过分追求物质，忽视甚至舍弃精神的追求，完全以感觉为主导。在道德实践中，道德上的善恶价值被归结为个人的主观情感好恶。一些人的价值中心出现了位移，过去对崇高价值理想的追求让位于追求当下的、眼前的、即时的、能兑现为货币的实用价值。这种对物质的欲求超过了

---

① 《邓小平文选》（第3卷），人民出版社1993年版，第190页。

生理的基本需要，进入心理层次，然而心理的欲求是永远没有止境的，为此人们陷入了物欲的苦海中，患得患失。随着中国现代化进程的推进，这种对物质欲望的过分追求而忽视心灵生活的耕耘，引致患精神疾病的人数在不断增加。如何摆脱物欲的苦海，到达人的身心协调，关键是能否及时清理私心杂念，洗涤心灵的污垢，抑制过多的欲望。人类不仅要丰富和充实物质家园，而且更加需要充实和注重精神家园的耕耘。只有两者保持恰当张力，人的身心才能和谐发展。

精神家园对社会具有净化不良风气、建立良好社会秩序的作用。社会风尚指社会上流行的风气和习惯，它是衡量社会文明程度的一把重要标尺。积极良好的社会风气对于维护社会稳定起着支持、巩固和促进的作用。目前中国处于社会转型期，传统的和现代的各种思想观念的相互碰撞以及国外各种社会思潮的疯狂涌入，社会中出现了拜金主义、相对主义和历史虚无主义等文化思潮。欲使各种文化思潮中的有益资源为我所用，共有精神家园要充分发挥它的净化功能，将各种思潮和价值观中的错误思想给予净化、转化和消解。始终以人为本来制定各种规范和价值准则，倡导一种物质文明、政治文明和精神文明的和谐氛围，并通过学校、大众传媒、公共场所、工会等树立一种健康、向上的社会风尚，让社会成员主动服膺，接纳和认同共有精神家园制定的各种共同准则。

四、动力源泉

所谓精神动力，就是思想、理论、理想、信念、道德、情感、意志等精神因素对人从事的一切活动以及社会发展产生的精神推动力量。[①]人的行为需要一种动力来驱使和推动。而精神家园就是人们精神动力的源泉。它激励着人们要坚持理想信念，追求高尚的人生价值，使有限的生命在无限的精神境界提升中获得永恒的价值。如当年王勃讲："老当益壮，宁移白首之心；穷且益坚，不坠青云之志"；顾炎武明志："天下兴亡，匹夫有责"；范仲淹以天下为己任："先天下之忧而忧，后天下之乐

---

① 骆郁廷：《精神动力论》，武汉大学出版社 2003 年版，第 17 页。

而乐"。为了中国人民的解放和幸福，毛主席要求我们做"一个高尚的人，一个纯粹的人，一个有道德的人，一个脱离了低级趣味的人，一个有益于人民的人"；雷锋将人生的意义归纳为"人的生命是有限的，可是，为人民服务是无限的，我要把有限的生命，投入到无限的为人民服务之中去"；铁人王进喜宁愿少活二十年，也要拿下大油田；当代先进党员干部郑培民不避艰险修建湘西山区公路；等等。尽管以上每个个体所处的时代不同，个体自身的素质和能力存在着差异，但是他们的力量，他们的干劲，都是来自他们的精神动力即心中崇高的理想和信念。这种对崇高的理想信念和高尚的人生价值的追求是几年来中国仁人志士一以贯之的精神动力，而这种动力正是来自他们的精神家园。在我们遭遇坎坷和困境时，在面对内在的欲望和一种理想、一种信念发生冲突的时候，精神家园能够为我们提供一个战胜困难、奋勇前进、超越现实而实现人生价值的精神动力源泉。

对社会来讲，共有精神家园是维系各民族团结的纽带，是推动民族发展的精神动力。对国家和民族的热爱和崇敬是共有精神家园的重要内容。自古以来尊老爱幼成为最为基本的家庭责任，热爱集体和他人成为基本的道德规范，保家卫国成为人们最基本的职责，爱国主义则成为人们对家园感的最重要表达。中华民族作为一个文明古国而绵延至今，靠的就是中华儿女对国家和民族的这份热爱。这份热爱化为精神动力激励着中华儿女战胜了各种困难，取得了革命一个又一个的胜利。如1998年的抗洪救灾、2008年的汶川大地震以及北京奥运会都体现了中华儿女众志成城、齐心协力的精神。新时期，各国之间综合国力的竞争日趋激烈。为了在激烈的国际竞争中实现中华民族伟大复兴，党的十七大提出"弘扬中华文化，建设中华民族共有精神家园"的号召，就是要全国各族人民和港澳台以及广大海外同胞，激发其爱我中华、建我中华、强我中华的爱国热情，紧紧依靠着党中央的领导下，奋发图强，艰苦奋斗，为实现中华民族伟大复兴而共同努力。

第三章　中西方精神家园建设的历史追溯

"历史不外是各个时代的依次交替。每一代都利用以前各代遗留下来的材料、资金和生产力；由于这个缘故，每一代一方面在完全改变了的环境下继续从事所继承的活动，另一方面又通过完全改变了的活动来变更旧的环境。"[①] 历史的连续性和继承性决定了精神家园发展的连续性和继承性。人类对生活意义以及价值世界的思考所积淀的丰富研究成果构成了人类共有精神文化宝库的重要组成部分。对中西方精神家园建设的历史研究，是我国新时期精神家园建设理论研究的重要史料来源及研究基础。

第一节　我国精神家园建设的追寻

如何对待传统文化，毛泽东说过："中国的长期封建社会中，创造了灿烂的古代文化。在清理古代文化的发展过程中，剔除其封建性的糟粕，吸收其民主性的精华，是发展民族新文化，提高民族自信心的必要条件；因为我们必须尊重自己的历史，决不能割断历史。但是这种尊重，是给历史以一定的科学的地位，是尊重历史的辩证法的发展，而不是颂古非今，不是赞扬任何封建的毒素。"[②] 这正是我们研究传统社会关于精神家园建设理论时所应有的科学态度和方法。

[①] 《马克思恩格斯选集》（第1卷），人民出版社1995年版，第88页。
[②] 《毛泽东选集》（第2卷），人民出版社1991年版，第707—708页。

一、我国古代精神家园建设的溯源及其特点

马克思在《资本论》中指出："从物质生产的一定形式产生：第一，一定的社会结构；第二，人对自然的一定关系。人们的国家制度和人们的精神方式由这两者决定，因而人们的精神生产的性质也由这两者决定。"[①] 以小农经济为基础的中国古代社会决定了家国一体的社会结构，同时也决定了以自然为基础的古代精神家园建设特征。

（一）我国古代精神家园建设的溯源

"任何人类历史的第一个前提无疑是有生命的个人存在。因此，第一个需要确定的具体事实就是这些个人的肉体组织，以及受肉体组织制约的他们与自然的关系。"[②] 人类正是通过对自然环境的主动适应，形成了人类不同的种族。人类各种族根据各自所处的地理环境选择了自己的生产方式，这种生产方式对其生活方式产生影响进而决定了思想方式，最终形成了各自特定的文化特色。"这些自然的区别第一应该被看做是特殊的可能性"，"民族精神便从这些可能性里滋生出来"。[③] 中国是个大陆国家，其地理环境的特点是整体上自成系统，而局部丰富多样。正是这种自成系统而又丰富多样的地理环境，滋生了中华各民族关系之间的多元一体的文化。此外，中华民族历来依靠农业来维持生存，人们的生活主要是靠土地，人被土地所束缚。长期的农耕生产，使中华民族形成了"家国一体、由家及国"的社会结构，不仅在文化上是家国一体，在精神上也是家国一体，其核心是土地文化形成了以稳定、自强不息、和谐、厚德等为特征的"中华民族精神"。正是这种民族精神支撑着中华民族绵延千年，从未中断。直到现在，中国文化虽然在近代反复经受涤荡，

①《马克思恩格斯全集》（第 26 卷）（第 1 册），人民出版社 1972 年版，第296 页。

②《马克思恩格斯全集》（第 3 卷），人民出版社 1960 年版，第 23 页。

③ 黑格尔著，王造时译：《历史哲学》，上海书店出版社 1999 年版，第 85 页。

但是中国人"家"的观念并没有从根本上被颠覆，在中华民族遭遇重大挑战的时期如抗日救国、抗美援朝到新时期的改革开放、抗洪救灾、汶川地震和举办奥运等，中华文化中的保家卫国、富国强国的家国意识发挥了巨大的作用。这种家国意识使中华民族产生很强的凝聚力，构成了中华民族共有精神家园的重要内容，成为中华民族一次一次战胜困难、取得辉煌成绩的精神动力和精神支柱。这也是中华民族五千年来历经磨难屹立于民族之林而不倒的根本原因所在。

（二）以儒释道为内容的精神家园建设的特点

马克思主义认为，"物质生活的生产方式制约着整个社会生活、政治生活和精神生活的过程。"[①] 传统中国以农业为主的自给自足的自然经济决定了中国的思想基本上是一种自然的思想。自然存在着多种维度，儒道释分别以自然为基础建立了各自的精神文化，相互补充，互为结合，形成了与传统经济结构特征相吻合的自给自足的精神文化结构。

1. 以儒家理论为主导的精神家园建设体现了自然的社会性

中国传统文化是一种伦理道德文化，占其主导地位的是儒家思想。中国儒家思想中，仁是其思想的核心，孔孟的仁义之道是自然的社会性的解释。所谓自然的社会性，指在以血缘、地缘为基础的社会关系中所达到的价值和目的。"仁者，人也。""仁"就是二人。二人成人，即是对人的群体的肯定。孤立的人不成为人，人必须在群体之中才成为人。古代儒家对人的定义便是：君臣、父子、夫妇、兄弟、朋友……。这种建立在群体之中的仁爱在根本上是亲子之爱，亲子之爱正是血缘之爱，而血缘之爱也是自然之爱。

然而仁作为人的本质如何体现？儒家文化通过礼来实现仁，并以仁为核心、以礼为纽带建立了一套完整的伦理道德文化，它为人们提供了终极价值目标和意义世界。

首先，以家庭为核心的文化给人们提供了一套如何处理人与自然、人与人、人与自我、人与国家（社会）的行为规范。人们根据自己在社

---

① 《马克思恩格斯选集》（第2卷），人民出版社1995年版，第32页。

会体系中的位置所规定的规范而生活。如"君君、臣臣、父父、子子"，表明要扮演君的角色，亦即遵循这个地位所要求的一切规范，为臣、为父、为子亦然。孟子提出的"五伦"，是对如何处理君臣、父子、夫妇、兄弟、朋友之间的关系做了规定。由家之礼推广至国之礼的一套社会伦理是与以家国一体、由家及国的单一的社会结构相匹配的，它使整个社会井然有序，人与人之间交往有章可循，使人对社会存在的那套伦理规范产生了价值共识并主动服膺，个人在共同体中得到一种安全感和归属感。正如西方一位哲人所言："个人植入规范之后，觉得有需要去遵循。否则，他的良知会找他麻烦。"①

其次，以儒家为主的传统社会伦理规范不仅规范了社会秩序，还为人们提供了安身立命的心灵秩序。具体说来：一方面，儒家的"家国一体、由家及国"的伦理道德文化有利于维护社会稳定。伦理是一个社会共同体、一个社会实体中共同的生活准则、生活秩序。道德是一个人把社会生活中的共同规则、共同秩序、共同社会实体的要求内化成自己的东西，所以称得即德。这一内化过程实则就是伦理道德过程，个体由一个自然性存在提升为一个社会性存在。以儒家为主的伦理道德规范不仅使个体与这个社会整体保持了一致，并且实现了整合社会、统一民众思想、维护社会稳定的功能。另一方面，儒家为人们提供了一套安身立命的心灵秩序。儒家的安身立命的原理就是"修身养性、内圣外王"。内圣外王之道为个体提供了一个终极价值目标，它与西方借助于上帝来实现人生的终极目标不同，它对人生崇高的体验是通过人自身对理想人格的追求——以天下为己任来实现。个人实现的途径是通过正心、诚意、修身、齐家、治国、平天下。这是个人主义价值观所倡导的只追求个人成功的人格所不可比拟的。儒家的圣人应该"为天地立心，为生民立命，为往圣继绝学，为万世开太平"。现实中没有几人有这样的使命感，有这种使命感的人中也没有几个能达到圣人的境界，但圣人作为一种理想人格，可作为人们道德修养的目标，构成人生追求的神圣意义。道德本身

---

① 转引自张德胜：《儒家伦理与社会秩序》，上海出版社出版 2008 年版，第239 页。

是对人的本能的超越，是对人的实际行为的超越，儒家思想的浪漫气质和形而上学的表述，具有深沉厚重的悲壮意蕴，正因为这样，它一直为中国人提供着终极精神关怀。对此冯友兰先生说道："有各种人。每一种人都有他们所可能有的最高成就。例如从政的人的最高成就是成为大政治家，而作画的人的最高成就就是成为大画家。人虽有各种，但各种的人都是人。专就一个人来说，所可能有的最高成就是成为什么呢？照中国哲学家们说，那就是成为圣人，而圣人的最高成就是个人与宇宙的同一。"① 即儒家思想所追求的终极目标"天人合一"。

儒家以"仁、礼"为核心的精神家园建设侧重国家层面，因为儒家认为个体是通过社会群体来体现价值而获得肯定，个体通过承担家庭责任的形式，以情感为纽带来维系人与人之间的和谐关系，来获得个体责任感和归属感，比起现代人与人之间冷漠、紧张的关系，以及因对物的过度依赖而苦觅自由无果，感到孤独苦闷，这点是值得我们学习的。但以儒家为主导的精神家园建设注重国和家，虽然个体能得到集体的庇护，对人生的意义不存在质疑，但是这一切并不是基于自己的意识，是一种无意识的、自发的，个体被淹没在家庭伦理实体之中，缺乏独立的人格，也就是说，个体作为一种人的本质并不能真正地表现为个体。黑格尔在《历史哲学》中说到，"中国人自视为属于他们的家庭，而同时为国家的儿女。在家庭之内，他们不是人格，因为他们在其中生活的那个团结的单位乃是血统关系和天然义务。在国家之内，他们一样缺乏独立的人格；因为国家内大家长的关系最为显著，皇帝犹如严父，为政府的基础，治理国家的一切部门。"② 个体消解在家与国之中，无个体自由及个性可言，这与当时小农经济是相匹配的，属于人发展的较低阶段。但它与当前市场经济要求的个体独立与自主的精神是相违背的，因此儒家以伦理道德为核心的精神文化如何实现现代转型，是目前国内外学界共同探讨的一个重要议题。

---

① 冯友兰：《中国哲学简史》，新世界出版社 2004 年版，第 6 页。
② 黑格尔著，王造时译：《历史哲学》，上海书店出版社 1999 年版，第 193 页。

2. 道家以"自然之道"为核心的精神家园建设体现了自然性

道家思想主要是针对当时动乱频繁,人们每天流离失所的现实境遇产生的,对个人的重视多于对社会的重视,这明显与儒家不同。道家的核心思想是主张遵循自然本身内在的客观规律,反对任何人为的改变。因此道家提倡个体精神家园建设应该遵循自然之道,体现出自然的自然性,即自然本身的规律。道家的代表人物老子以"无为"说立论,"无为"是老子的政治思想,也是老子学说的中心观念和基本立足点,它取自其哲学体系的最高范畴——"道"。"无为"是"道"之常,即遵循自然是"道"作为宇宙最高法则的基本规定。老子将"无为"的自然观引入政治伦理领域,"道常无为"也就获得了政治和伦理的意义。道家认为国家的统治寓于自然本来的状态中,因此是内在的,只要顺其自然,根本就没有要维持社会秩序的需要,遵照社会自然本身的规律才是统治之道,且自然之道是永恒不变的。儒家提出的仁义道德规范是对自然的破坏,是"无为"之道的丧失,是社会关系混乱的产物。因此他主张"复归于朴"的道德理想,即从道德之名(道德规范)复归到未经人为制作的"无名"之朴的道德原始状态(自然之道),从"有为"而回到"无为"。只有跟随自然的脚步,社会自然和谐,国家自然稳定。

在人生境界方面,与儒家思想追求内贤外王的理想人格境界不同,道家的创始人老子则主张重返天真。在他看来,所谓功名利禄,是非利害都是过眼云烟,会干扰人的生活,所谓"五色令人目盲,五音令人耳聋"①,意思是要大家不要过分追求感官刺激。而且他认为人的欲望尤其是物质欲望是无止境的,并且它们无益于人的身心健康,"罪莫大于可欲,祸莫大于不知足,咎莫大于欲得,故知足之足恒足矣。"②故老子认为,对于物质欲望,人应该"见素抱朴,少私寡欲",使内心淡泊名利,超越功利,求得精神的自足与平衡,这才是人生的最佳境界。道家的另一重要代表人物庄子,一方面继承了老子的思想,认为自然之"道"是天地万物的根源和人生存的根据,另一方面则把"道"论的重心从本体

① 《道德经·第12章》。
② 《道德经·第46章》。

论、宇宙论转移到境界论。他提出的那种齐万物、齐物我、齐生死、无用、无待的"逍遥游"的人生境界是对其窘迫的生活现实状况的解脱和超脱。

总体来说，道家的终极关怀，是于乱世中找寻个人的自我救赎，自老子而至庄周，都以自保生命为主题，侧重于个体精神家园的建设。道家为处于艰难时期亟需摆脱痛苦和困难，达到心灵自由的人们提供了一套自我心灵解脱和超越之道，这对当代人们过于沉溺于外在物质追求而忽略人内在的心灵需求而导致的"精神疾病"无疑具有重要的借鉴意义。但是道家要求人们压抑欲望、激情，遵从自然之道，则属于消极的顺从自然。他们所注重个人精神的超越而消极逃避社会是一种不现实的做法，因为人是社会人，离群索居对于传统社会也只是少数知识分子才能做到。对于大多数人来说，想脱离社会现实以求得个人精神的超越是不可能的，社会的现实状况关系着生活在其中的每个人的生存和发展。

3. 佛家的精神家园建设体现了自然的心灵理解

禅宗六祖慧能结合中国儒家文化中人人皆可成尧舜的思想，提出了人人皆有佛性的说法，从而使佛教逐渐中国化，后来又经过了禅宗革命，将禅宗与中国文化契合而逐渐完成了佛教的中国化。经过禅宗改革后的中国化佛教认为佛性是人自身本有的，佛家个体精神家园建设侧重于本心的明心见性，体认心灵的原初状态。禅宗在《坛经·付嘱品》中说道："自心是佛""本性是佛，离性无别佛"[1]，这也是佛教所讲的众生得以修成佛的根据。而愚人与智人区别在于前者的佛性被遮蔽，"当知愚人智人，佛性本无差别，只缘迷悟不同，所以有愚有智。"[2] 愚人如何成为智者关键在于是否有顿悟："前念迷即凡夫，后念悟即佛；前念著境即烦恼，后念离境即菩提"[3]。"迷即迷自家本心，悟即悟自家本性"[4]。"迷"也好，"悟"也好，只是一个"心"，是同一个"心"的两种境界：前者

① 《坛经·般若品》，转引自丁祯彦、臧宏主编《中国哲学史教程》，华东师范大学出版社 1989 年版，第 224—225 页。

② 《坛经》。

③ 《坛经·般若经》。

④ 马祖语：《景得传灯录》卷二十八。

是指心取诸法，即执著诸法为实有；后者是指不取诸法，不生妄念，"自性真空"。为此，要成佛，去除迷误，需要发现本心，用自己的心灵去领悟、体认心灵的原初状态。而心灵的原初状态就是"空"，即一种"虚空"的境界、"佛"的境界。

个体如何达到对自然心灵的体认，禅宗认为应当对外在的欲求抱有一种超然物外的态度，非常重视"无念""无住""无相"，就是人们在接触外物时，不受外物的迷惑，不执著于外物，做到心中不存有关于任何事物的表象。慧能认为，能做到"无念""无住""无相"，人虽处于尘世，却也可以做到一尘不染，来去自由，毫无滞碍，无牵无挂，精神上得到解脱，这就是"极乐世界"，即涅槃世界、天堂。这是禅宗所追求的人生的最高境界——佛的境界。达到佛的境界并不需要去庙堂念经或出家修行，而是讲"世间即出世间"，即要求在日常生活的吃穿住行间体会禅道，从青青翠竹、郁郁黄花中发现禅意，从而在日常生活中发现超越意义，追求佛的崇高境界。

禅宗讲的寻求自然的心灵理解，能淡化和消解人的各种不良情绪，使人能有一颗平常心去看待万物和人事，它能使人保持心态平衡，化解遭受挫折的精神痛苦与烦恼，避免因心理失衡而导致精神崩溃。尽管佛教难免有消极厌世的一面，但对于沉溺于心理欲望的无止境的贪求而导致烦躁、急躁、焦躁等情绪的现代人来说，佛教的回归于本心的精神文化则可谓一副解毒良剂，它能使人淡泊宁静，使人成为应物而无累于物，做事而不滞于事，入世而不拘泥于世。加之，由佛家而来的成语和习语成为中华民族文化中不可缺少的一部分，是中华民族精神家园重要文化资源，如"知足常乐""钱财乃为身外之物""甘于淡泊""慈悲为怀""因果报应"等等。因此自古至今，佛教在中国人的精神生活占据一定地位。

（三）对我国古代精神家园建设的反思与评价

小农经济的生产方式决定了自然成为了中国思想的规定，尽管儒道释的精神家园建设分别体现了自然的不同维度，但以自然为核心的儒家、道家、禅宗相互补充，合而为一。以儒为主，道家和佛家为辅的精神文

化经过千百年的融合和积淀已经融入到中国人的血液里，大致中国人的
发展历程首先秉承的是儒家的积极入世精神，年轻时拼搏奋斗，立功立
名。当遇到挫折和灾难时，就会自觉启用道家或佛家的精神，如钱财乃
身外之物，知足常乐等思想。中国这种独有的出世和入世的精神机制，
已经成为中国人文化 DNA。儒道释以自然为基础，构建了自足自足的精
神文化，为传统中国提供了稳定的精神家园，在这个家园中，人们心灵
安宁平静。

但是这种以自然为基础的精神家园建立在血缘、地缘关系基础之上，
是一种自发的、自在的精神家园建设。它与传统中国自给自足的自然经
济相吻合，统治者在生产力低下、资源匮乏的情况下，认为压抑人们的
欲望具有历史合理性。然而随着社会的发展和新的生产方式的萌芽，封
建统治者为了维护其统治，不是去鼓励大家发展生产、改进技术，反而
提出"存天理，灭人欲"的极端道德主义，连人们的基本需要都被压
抑，这不符合人性的发展，最终被历史所淘汰。此外，传统精神家园建
设提倡遵循自然规律，不断修行从而达到人生的最高境界"天人合一"，
这种强调人与自然的和谐值得当今人们学习。然而这种和谐过于强调人
对自然的顺从，人沉浸在自然之中，顺着自然的规律，忽略了人发现自
然、掌握自然的主观能动性，人的主体意识以及人的创造性被埋没。然
而人的精神是具有创造性的，只有当人从自然中分裂出来，了解到自己
的本质乃是自由创造之后，人才可能用这个自由去从事创造活动，才会
了解到，自然是自然，他们的规律不会对我们的精神构成限制，反而人
能通过对自然的改造，使自然变得更符合人类的需要。为此我们一方面
必须继承传统文化中注重人与自然和谐的有益思想，同时又要批判传统
中人对自然顺从的思想，发挥人的主体性去掌握自然规律，从而成为自
然界的自觉的和真正的主人，成为自身的主人——自由的人。

二、我国革命时期至改革开放前精神家园建设的特点

"发扬革命和拼命精神，严守律己和自我牺牲精神，大公无私和先人
后己精神，压倒一切敌人、压倒一切困难的精神，坚持革命乐观主义、

排除万难去争取胜利的精神"。① 这股革命精神是近代以来中国在抵御外敌侵入，保家卫国的过程中形成的，并已融入中华民族精神中，成为我国精神文明的主要支柱，也是中华民族共有精神家园的重要内核。

（一）革命时期精神家园建设的发展与特点

1. 革命时期精神家园的求索历程

1840 年，当中国人还沉浸在构建封建王朝大厦的美梦的时候，资本主义的大英帝国倚仗着自己的坚船利炮野蛮地撞开了这个古老东方帝国的大门。从此，中国社会政治结构被破坏，经济陷入一片瘫痪，承载着中华民族精神家园的以儒家为核心，道、释为支撑的三位一体的文化结构开始逐渐解体，几千年来以远远大于西方文明诸国的步伐前进的泱泱大国，竟然也几乎终止了自己原有的历史步伐，茫然不知何处去。西方列强的入侵迫使中国人对自己的文化进行深刻反思，西学东渐动摇了儒学的"精神权威"地位。至此，中国人的精神经历了第一次危机，并开始了长达一个多世纪的寻找精神家园的历程。

"自从一八四零年鸦片战争失败那时起，先进的中国人，经过千辛万苦，向西方国家寻找真理"，从"师夷之长技以制夷"（魏源语），"中学为体，西学为用"（张之洞语）到提倡政治、经济制度改革的戊戌变法，再到以孙中山等人领导的辛亥革命。尽管辛亥革命结束了延续数千年的封建专制，并以"三民主义"作为意识形态以取代传统儒学。然而，对于这个延续了数千年的社会结构的变革并不是一朝一夕即可完成的，也不是经过一次革命就可完成的。辛亥革命之后的中国，不仅政治上一片混乱，精神信仰上也一片混乱。正如当代著名学者林毓生所言"辛亥革命之后中华民国的建立并没有使中国成为一个现代化民族国家，而只是使得传统的社会——政治和文化——道德秩序的解体过程达到了高峰。"② 中国各阶层仁人志士怀着救亡图存、振兴中华的意志力量，一次

---

① 《邓小平文选》（第 2 卷），人民出版社 1994 年版，第 368 页。

② ［美］林毓生著，穆善培译：《中国意识的危机》，贵州人民出版社 1988 年版，第 17 页。

又一次地探索着救国强国的道路，但都均以失败告终。这证明中国革命的胜利既不能靠西方资产阶级的思想，也不能靠中国传统思想那一套。那么引领中国走向革命胜利的思想是什么？"十月革命一声炮响，给我们送来了马克思列宁主义，十月革命帮助了全世界的也帮助了中国的先进分子，用无产阶级的宇宙观作为观察国家命运的工具，重新考虑自己的问题。"① 马克思主义科学信仰，它是广大人民摆脱压迫、争取幸福的强有力的思想武器，它与中国革命实际相结合，逐渐成为中华民族精神家园的核心价值观。正如毛泽东所精辟概括的"灾难深重的中华民族，一百年来，其优秀人物奋斗牺牲，前仆后继，摸索救国救民的真理，是可歌可泣的。但是一直到第一次世界大战和俄国十月革命之后，才找到马克思列宁主义这个最好的真理，作为解放我们民族的倡导者、宣传者和组织者。马克思主义列宁主义的普遍真理一经和中国革命的具体实践相结合，就使中国革命的面目焕然一新。"②

2. 革命时期精神家园建设的特点

（1）保家卫国、富国强国的是中华民族所共同追求的价值目标。自秦始皇统一中国以来，中国历史上统一的时间长，分裂的时间短。这与千年来小农经济强调稳定有关，也与小农经济相匹配的家国一体、由家及国的社会文化强调团结、统一不无关系。尽管"五四"运动提倡要个性解放、人的自我意识觉醒等张扬个人主义或个人本位主义，但是面对着近百年来中国内忧外患始终不断的残酷事实，无数仁人志士都在积极探索救国自强的道路。救国，这个在19世纪末和20世纪初普遍成为中国人谈论的话题。虽然各个人的方式不一样，但中华民族自古以来强调的团结统一、自强不息、艰苦奋斗、牺牲个人而维护国家统一的集体主义价值观都成为每个中国人无意识的一种价值观。鲁迅深刻批判传统文化的弊端，然而他着眼的是复兴中华。作为当时个人主义思想领袖的胡适，却是怀着一份责任来谈个人主义，而且其个人主义的内涵也有着浓

---

① 《毛泽东选集》（第4卷），人民出版社2009年版，第1471页。
② 《毛泽东著作选读》（下册），人民出版社1986年版，第472页。

重的传统意味，他强调："争你们个人的自由，便是为国家争自由。"[①]
他的"为我主义"的最后关怀仍然是"有益于社会"。陈独秀和李大钊，
作为中国最早的马克思主义者，更是始终抱着创造新社会的使命感来进
行社会革命，其结论必然是国家统一。毛泽东在 1917 年 4 月出版的一期
《新青年》发表了《体育之研究》一文，贯穿全篇文章的最大忧虑就是
中国会亡国。救国、富国、强国成为贯穿他后来整个生涯的思想和行动
的动力。总之，救国成为当时每个中国人的共同目标，形成了自"五
四"以来，先进的中国人在为建设富强、民主、文明的现代化国家而奋
斗的实践中继承了自强不息、勇于变革、乐于开拓、融合创新等优良的
传统文化而所形成的民主科学、爱国主义、民族自强、人类解放四种精
神为主要内容的"五四精神"；以坚持中国共产党的正确领导、坚定共
产主义信念、一切从实际出发、顾全大局、一往无前等为主要内容的长
征精神和延安精神；以敢于斗争、不断革命为主要内容的西柏坡精神。
这些精神构成了中华民族精神的重要组成部分。

（2）通过革命战争和学习宣传来提升广大人民的阶级觉悟。20 世纪
上半叶的中国，是一个经济文化落后的半殖民地半封建的大国，产业工
人只有 200 万左右，占总人口 80% 以上的是农民。在这样的历史条件下，
中国共产党如何领导广大农民进行革命斗争，怎样让马克思主义的先进
理论来武装广大农民的头脑，这是一个新的理论问题和实践问题，需要
中国共产党人独立地加以解决。正如列宁指出的，"全世界共产主义者所
没有遇到过的任务，解决这个任务的方法，无论在哪一部共产主义书本
里都找不到，只能靠善于把一般共产主义的理论应用于农民占人口绝大
多数这样的历史条件，根据自己的经验来解决这个任务。"[②]

以毛泽东为领导的中国共产党通过革命斗争和学习宣传相结合的方
式对农民进行教化，提高广大农民的阶级觉悟，使其成为无产阶级革命
队伍中的一员。具体说来包括以下几个方面：首先，确立马克思主义理
论作为行动的先导。毛泽东认为"人类之有进步，有革命，有改过之精

---

① 周安伯等：《传统文化与精神文明》，民族出版社 1999 年版，第 93—94 页。
② 《列宁选集》（第 4 卷），人民出版社 1972 年版，第 104—105 页。

神，则全为依靠新知之指导，而活动者也，有一种之知识，而建为一种之信仰，即建为一种信仰，即发为一种行为。而这种知识和信仰就是马克思主义理论。"① 其次，通过革命让广大民众对马克思主义理论知之、信之和行之。中国共产党在领导和帮助农民建立农民革命武装，推翻地主阶级政权的过程中，把革命斗争作为推动文化革命的工具以提高农民的思想意识和阶级觉悟，让农民消除长久以来被压迫被奴役所导致的自卑意识、奴化意识，增强他们的自信心和主人翁意识。这不仅有利于革命的胜利，同时还使农民意识到他们是社会主人。毛泽东早在 1927 年湖南农民运动的考察报告里提出："家族主义，迷信观念与片面的贞操观念之破坏，乃是政治斗争经济斗争胜利后自然而然的结果。……菩萨要农民自己丢……"②。即通过农民参与革命斗争，提高农民自觉的革命意识。然而农民的思想和意识的转化与提升是一个长期的过程。最后，密切联系群众，提倡党既要参与民众的生活，积极听取民众的意见，同时又要用发挥党的先进作用，将民众的意见提升到理论的高度来指导群众。把"'群众的分散的无系统的意见'化为'集中的系统的意见'然后，'又到群众中去作宣传解释，化为群众的意见'"③。也就是说，了解群众的意见，然后将群众自己无法详细阐述的意见，以中国的形式和风格予以提炼，使之通俗化，以学习宣传教育、开展农讲所等形式将系统化的集中意见灌输给群众，使之成为群众的意见。这不仅有利于提高民众的思想觉悟，同时在这过程中将马克思主义理论与中国实践结合起来，形成了中国化的马克思主义——毛泽东思想。

通过革命斗争的方式提高农民的思想意识和阶级觉悟，通过开展多种形式的活动有效地实现了党和群众之间的互动关系，使马克思主义理论成为人们的思想武器和行动指南。其中将理论与工作实践相结合，通过革命实践来提高人们的思想素质以及党和群众之间意见的互动方式，

---

① 费正清：《剑桥中华民国史》（下卷），中国社会科学出版社 1994 年版，第 788 页。

② 《毛泽东选集》（第 1 卷），人民出版社 2009 年版，第 33 页。

③ 《毛泽东选集》（第 3 卷），人民出版社 2009 年版，第 899 页。

在使社会主义核心价值体系走入人们日常生活的新时期精神家园建设中非常值得借鉴。总之，革命已结束，然而革命时代形成的革命精神却是中华民族的一笔宝贵财富，融入中华民族精神中，成为中华民族精神家园重要组成部分。诚如邓小平所说，在革命年代，在物质生活极度贫乏的战争年代里，使革命根据地的干部、战士和群众团结一致度过难关的精神力量之一，就是共产党人、无产阶级的高尚的道德情操。我国人民的社会主义、共产主义道德，正是井冈山精神、延安精神的基础上发展起来的。

（二）新中国成立至改革开放前精神家园建设的发展及其特点

1. 新中国成立后精神家园建设的发展

1949 年新中国成立，近百年来无数中国人所追求的国家独立终于实现。接下来富国、强国、实现共产主义，成为广大人民的共同追求的目标。新中国的思想文化建设目标是建设有中国特色的新民主主义新文化。这种新文化确立了马克思主义的主导地位，属于社会主义意识形态的范畴。但是由于新中国刚刚成立，各种思想还广泛存在，正如邓小平所讲的："我国经历百余年的半封建、半殖民地社会，封建主义思想有时也同资本主义思想、殖民地奴化思想互相渗透结合在一起。"面对思想的混杂，党在思想上的首要任务，是用马列主义思想原则在全国范围内和全体规模上教育全国人民，思想斗争的主要指向是帝国主义的思想和封建主义的思想，确立起以马克思主义为指导的统一的社会主义意识形态，最终使整个国家呈现健康、积极向上、生动活泼的精神风貌。由于过于强调人的主观能动性，忽视生产发展的实际情况，引发了人民公社、"大跃进"等忽视经济规律的生产运动，给中国经济带来巨大挫伤。当时出于对国内矛盾的错误判断，将阶级矛盾误认为是国内的主要矛盾，直至20 世纪 50 年代末期，极"左"思潮流行起来，接着 1966 年夏"文化大革命"爆发，这种建立在脱离生产力基础之上的唯意志论将中国的经济推到了崩溃的边缘，人们对理想社会的追求化为泡影，马克思主义信仰出现了危机。

2. 新中国成立至改革开放以前精神家园建设的特点

（1）开展思想政治教育工作，实现马克思主义理论的广泛普及。马克思说过："一个阶级是社会上占统治地位的物质力量，同时也是社会上占统治地位的精神力量。"① 中华人民共和国的成立，使得浴血奋战了28年的中国共产党成了"政治上的执政党，已经在全部国家工作中居于领导地位。党组织分布到全国每一个城镇和县区，每一个重要的企业，并且分布到各个民族"②。通过党组织广泛开展思想政治工作，来实现马克思主义理论大传播、大学习、大普及。这种理论普及主要从以下几个方面开展：首先，组织各种学习班、学习小组、建立各级党校等形式，在知识分子、农民、学生以及干部中开展马克思主义理论学习。其次，出版大量马克思主义理论作家的书籍，如《马克思恩格斯全集》《列宁全集》《斯大林全集》《毛泽东选集》等著作推动了理论的普及。经典著作的出版，第一，有利于党的领导干部对马克思主义理论进行系统的学习和研究，将马克思主义理论与中国社会主义革命和建设结合起来，从而运用马克思主义的立场、观点、方法解决中国的实际问题；第二，广大人民群众学习马克思主义理论著作，有利于群众形成正确的世界观和人生观，在正确的理论指导下投身于新中国社会主义事业的建设。第三，通过树立和对典型人物的宣传教育提高人们思想觉悟和精神境界。如毛泽东经常以古代优秀人物的崇高思想和高尚行为，来教育和激励人们保持昂扬的革命斗志和崇高的气节，如强调"应该提倡魏征精神和海瑞精神"，学习屈原、岳飞、文天祥、林则徐等许多民族英雄的爱国主义精神等等。毛泽东特别赞扬鲁迅没有丝毫的奴颜媚骨，这是殖民地、半殖民地人们最可贵的性格，一再强调学习和发扬鲁迅精神，极大提升整个中华民族的精神境界。

新中国成立后对马克思主义的广泛宣传与全面普及，极大地提高了中华民族的理论水平，解放了人们的思想，迎来了社会科学研究新的发展时期。在党和国家的倡导下，中国广大社会科学工作者认真学习马克

---

① 《马克思恩格斯选集》（第1卷），人民出版社1995年版，第98页。
② 《邓小平文选》（第1卷），人民出版社1994年版，第214页。

思主义和毛泽东思想，用马克思主义观察和分析社会问题，指导学术理论研究，写出了许多具有新的思想观点的社会科学论著，百家争鸣，硕果累累，社会科学研究十分活跃。但随着党在1957年以后在指导思想上犯了"左"错误，一些别有用心的野心家打着马克思主义的旗号，不但割断了马列主义和毛泽东思想，而且将毛泽东思想搞得支离破碎。理论被简化为"毛主席语录"，理论是普及了，但是在日常生活中被胡乱应用，致使马克思主义理论遭到严重歪曲，引发了人们对马克思主义理论的反感。"文化大革命"结束后的一段时期里，相当一部分人产生信念危机，甚至对马克思主义、社会主义产生怀疑，造成人们精神普遍焦虑。

（2）重视精神的能动作用，但忽视了与社会经济实际发展相结合。马克思主义唯物论从来都是以物质和物质生产作为基础，物质是第一性的，精神是物质的反映，同时也承认精神有相对的独立性，精神可反作用于物质。如果抽掉了物质基础，马克思主义理论就成为空洞的理论，马克思主义理论指导作用就失去了指导的对象。此外，马克思主义理论是发展的理论，不是一成不变的。恩格斯在1887年写给一位美国女士的信中说："我们的理论是发展的理论，而不是必须背得烂熟并机械地加以重复的教条。"[1] 因此，马克思主义理论必须与中国实际相结合，才能体现马克思主义理论的先进性。马克思主义理论与中国革命实践有效结合，最终取得胜利就是最好的证明。然而在20世纪50年代，毛泽东等一些领导人片面夸大了精神的作用，认为只要掌握了先进的理论就能进入社会主义理想社会，忽视了生产力发展的规律。对此，邓小平说到，"毛泽东同志是伟大的领袖，中国革命是在他的领导下取得成功的。然而他有一个重大的缺点，就是忽视发展社会生产力。不是说他不想发展生产力，但方法不都是对头的，例如搞'大跃进'、人民公社，就没有按照社会经济发展的规律办事。"[2] 在对待精神与物质关系上，邓小平指出"政治对生产力的作用固然表现在鼓干劲上，但主要在于激发人们去努力掌握

---

[1] 《马克思恩格斯全集》（第36卷），人民出版社1975年版，第584页。

[2] 胡绳：《马克思主义与改革开放》，中国社会科学出版社2000年版，第110页。

科学技术"。1958 年搞"大跃进"运动，以为直接依靠群众的政治积极性，鼓干劲，就能有工业和农业生产力的大跃进，结果事与愿违。"这其实不是把发展生产力摆在首位，而是把政治放在首位，结果是既不能达到发展生产力的目的，也扭曲了政治的作用。"① 此外，出于对国内矛盾的错误判断而将阶级斗争作为国内主要矛盾，以阶级斗争为纲，使得当时的文化建设具有明显的阶级性，人们以为一切与资本主义相反的就是好的，从而造成思想文化建设的单一性、盲目性和封闭性。"这种'以阶级斗争为纲'不能解决向世界各国学习有用的东西的问题。历史经验证明，对内"以阶级斗争为纲"是和对外封闭相联系的。"② 生产的每况愈下，人们生活水平的不断下降，引起人们对企图脱离物质基础来建立"乌托邦"的这一美好设想的反思和觉醒。以邓小平为领导的党中央果断采取措施，结束了"文化大革命"，并召开了十一届三中全会，从此中国进入了现代化的大发展时期，政治、文化、经济等大发展为新时期我国精神家园建设掀开了新篇章。

新中国成立至改革开放这段时期的思想文化建设，既有当今一些值得我们学习借鉴的可取之处，如建国初期重视人们的精神活动的开展，大力鼓励和提倡创造优秀的文艺作品以满足最广大人民的精神需求；加强马克思主义理论与实践的结合，通过书籍、学习研讨班、会议、活动等形式的开展来普及马克思主义理论，使之走进广大人民群众的日常生活；注重对先进典型人物的宣传及学习以促进人们的精神交往，提升人们的精神境界；看到了精神的相对独立性和对物质发展的反作用、强调发挥人们的主观能动性等思想都是我们新时期精神家园建设的一笔宝贵财富。但是"文革"十年中脱离生产力而过于强调精神能动作用的极左思想，注重一元思想主导、忽视文化多样性而导致文化单一、固化以及强调文化的阶级性而导致文化发展的闭锁、僵化等现象给中国的精神文

---

① 胡绳：《马克思主义与改革开放》，中国社会科学出版社 2000 年版，第110 页。

② 胡绳：《马克思主义与改革开放》，中国社会科学出版社 2000 年版，第124 页。

化带来的巨大创伤，同时也为我们新时期精神家园建设提供了一个深刻的经验教训，值得我们反思。我们要以此为鉴，在精神家园建设过程中既要反对忽视物质生产，过于强调精神能动作用的唯心主义，同时也要反对当今一部分人、一部分企业唯生产力、忽视精神文化建设的思想倾向，保持物质与精神的适度张力，是新时期精神家园建设的主要原则。

第二节 西方社会精神家园建设的演变

处在全球化背景下，面对世界范围内各种思想文化的相互激荡，如何对待外来文化，是新时期精神家园要面对的一个重大问题。对此毛泽东说过："我们的方针是，一切民族、一切国家的长处都要学，政治、经济、科学、艺术、文化、技术的一切真正好的东西都要学。但是，必须有分析有批判的学，不能盲目的学，不能一切照抄，机械的搬运。他们的短处、缺点，当然不要学。"[1] 要分析地、批判地学，就是指我们不能只停留在学习外来文化的表面，而要对其进行历史的分析，持一种谨慎的理性态度，方能真正做到洋为中用。

一、西方精神家园建设溯源

古希腊文化和精神一直是西方文化的发源地，也是西方精神家园建设的根基。黑格尔曾在《哲学史讲演录》中说，"一提到希腊这个名字，在有教养的欧洲人心中，尤其是我们德国人心中，自然会引起一种家园之感"[2]，并从以下两个方面探讨了为何希腊文化成为西方精神家园建设的根基。首先，理性精神是希腊文化的重要组成部分，也是希腊精神的

---

① 《毛泽东著作选读》（下册），人民出版社 1986 年版，第 740 页。

② 黑格尔著，北京大学哲学系外国哲学史教研室译：《哲学史讲演录》（第 1 卷），商务印书馆 1959 年版，第 157 页。

精髓。古典哲学家们认为金钱、名誉、权利等项目并不是人的终极目标，而是德性灵魂的活动，它将人生的完满生活看作是诸种德性不间断的活动过程，并视其为人与动物的根本区别之所在。黑格尔说："希腊人的精神就活动在希腊人的生活里，并且意识到这种生活，知道这种生活是精神自身的实现。"① 其次，希腊文化是西方精神家园建设的根基，是西方文化独特品质和意义的源头，西方人对希腊文化有较强的文化认同，能够在希腊文化里找到自己的精神故乡和价值依据。黑格尔说："我们所以对希腊人有家园之感，乃是因为我们感到希腊人把他们的世界化作家园；这种化外在世界为家园的共同精神把希腊人和我们结合在一起。"② 因此西方有个传统，他们一遇到问题，就回到古希腊那样一个美好的精神家园里去寻找自己的一个精神动力、精神资源。当然这种回归并不是简单回归，而是一种理性的回归，即对传统资源进行解剖和清理，并将之融入当代精神家园的建设中。

二、中世纪精神家园建设及其特点

公元前338年，马其顿征服了希腊，统一了希腊本土，从而使希腊社会进入希腊化时期。这个时期也是希腊奴隶制衰落至灭亡时期，即罗马共和国时期。由于当时古罗马统治内忧外患，统治者无力对新兴发展的基督教进行打击和镇压。同时，在基督教发展的过程中，罗马统治者发现基督教可为他们的统治服务，于是根据他们本阶级的需要对基督教加以改造。于是在公元392年，罗马皇帝承认基督教为罗马帝国的国教，从此基督教一跃而上升到帝国的精神统治地位。罗马帝国对原始基督教教义进行了系统的改造，通过控制教会的领导权、使教会职业化和特权化以及篡改教义等方式加强宗教和政治的结合。他们把罗马皇帝的皇权

---

① 黑格尔著，北京大学哲学系外国哲学史教研室译：《哲学史讲演录》（第1卷），商务印书馆1959年版，第157页。

② 黑格尔著，北京大学哲学系外国哲学史教研室译：《哲学史讲演录》（第1卷），商务印书馆1959年版，第158页。

统治予以神化，用天上的神权为地上的皇权服务，诱导人们在现实世界中只有通过辛苦劳作、忍受肉体折磨才能成为上帝的选民，在死后进入天堂，使精神得到解脱。从此，代表中低层人民意愿和精神寄托的原始基督教成为了罗马统治者统治和奴役劳苦大众的意识形态，并深入到大众的日常生活及人们的精神领域。这个时期人们心中的"上帝之城"或"天国"就是他们的精神家园，对上帝的坚定信仰给了处于深重苦难之中的人们精神上的慰藉和寄托。尽管基督教所说的天堂虚无缥缈，并且信奉"禁欲""爱上帝"等教条，但它在道德、信仰、价值领域以及情感等方面给人提供了一个绝对的系统的标准，人们无需去质疑，只要安心信仰就好。从一定程度来说，它也使人内心宁静，精神平和。然而这种宁静平和是建立在神性而非人性的基础之上，建立在人的异化基础之上。

（一）中世纪精神家园建设的特点是政教合一

野蛮的日耳曼民族在政治上统一了大罗马帝国，必然要寻求支撑这种野蛮统一方式的理论根据，而古希腊罗马文化留下的却是多学派的自由的文化和多崇拜的自由的信仰。于是，统一文化便成为一种历史的必然，要实现这种文化统一，他们不可能寄希望于理性，而必须借助神学，因为他们取得这个统治本身就是非理性的、野蛮的。为此，在罗马帝国宣布以基督教为国教以后，基督教与封建统治者的政治统治便联合起来形成一种政教统一为特征的专制统治。

政教合一这种意识形态，其特点就是政权和神权相结合、宗教直接参与政治，神权为政权服务，神学是政治的婢女。这种政教合一的制度是一种独裁制度、专制制度。中世纪封建统治者将基督教纳入特定的法规，构成一套宗教教义，将它变成动员社团成员、强化纪律和维护社会控制的手段，从而来为其政治统治服务，达到社会秩序的稳定和统一。这种政教合一的统治使整个中世纪的人们对基督教的信仰达到了疯狂的程度，反过来也维护了封建统治，并历时一千年，影响深远。因此恩格斯曾明确说过："中世纪的强烈信仰无疑赋予这整个时代以巨大的力量，虽然这种力量处于不自觉的萌芽状态"①。由于当时生产力水平还比较低，人们对自然的理性认识能力还未充分发展，而基督教为深陷在世俗生活的痛苦和烦恼中无法解脱的人们提供了一个和谐美满的彼岸世界，为他们指明摆脱现世烦恼和痛苦的精神解脱之路。但是这条精神道路是建立在压抑人性、泯灭人性的基础之上的，是人的一种非理性的不自觉的信仰。因此在漫长的西方中世纪，个人处于政教合一的社会结构的双重挤压之下：一方面受神学意识形态的精神奴役，另一方面受罗马教廷的政治压迫。神学家们谆谆告诫人们：爱自己或爱自己的任何东西都是一种罪恶，因为我们什么都不是；我们应无条件地献身于上帝，此世的生活是不值得留恋的，人生的唯一目标就是献身于上帝以救赎自己的灵魂，以便死后能获得上帝的恩准而进入天国。然而披着神圣外衣的神学家们却过着贪婪淫靡的生活。

（二）彼岸的天国作为人的终极关怀——精神家园建设的神秘化

"上帝之城"或"天国"是中世纪人们的精神家园。《圣经》中反复强调要信仰上帝，要信仰耶稣，不能有丝毫怀疑，不能用自己的理性去检验上帝是否存在，只要内心深处诚心诚意地信仰。不过这种信仰实质上是神秘主义的，神作为超自然、超历史和超经验的存在及绝对、无限、永恒的化身，本身就是神秘的东西。教主耶稣、教义《圣经》以及整个宗教组织活动和操作仪式，如礼拜、洗礼、做弥撒、化体、告解、忏悔与赎罪等方面，都无不体现着神秘主义的色彩。神学不同于理性，因为理性的分歧可以通过实验来解决，神学的分歧却因不能检验而陷入各自为是的争端。正如罗素所说，迫害之见于神学而不见于数学，因为数学包含的是知识，神学包含的是意见。封建专制统治者为了维护其思想统治，必须不择手段对与其意见不一致的异端者进行残酷的压制和迫害。为此，在那个时代，科学与神学几乎是你死我活的对立状态，科学被视

---

① 《马克思恩格斯全集》（第 1 卷），人民出版社出版 1956 年版，第 647—648 页。

为异端而加以铲除。在鲜花广场上烧死布鲁诺就是例证。

概而言之，中世纪的精神家园建设是对所处社会实际生活的反映。正如马克思所说的，"宗教里的苦难既是现实苦难的表现，又是对这种现实苦难的抗议。宗教是被压迫心灵的叹息，是无情世界的心境，正像它是无精神活力的制度的精神一样。"① 因此中世纪以宗教为核心的精神家园建设只不过是掩盖封建专制统治者的剥削实质。由于人们自我意识还未觉醒，对于自身所受的灾难和痛苦的根源无法认识和摆脱，因此只有从追寻精神上的解放来代替，从而获得思想上的安慰，以摆脱自己所处的绝望处境。随着人们自我意识的觉醒，生产力不断发展，西方开启了人性解放的文艺复兴和启蒙运动，人性得到了前所未有的肯定，披着神秘面纱的"上帝之城"被人的理性一层层揭开，千年来宗教作为统治人们思想的工具被逐渐瓦解。

三、西方近代社会精神家园建设的特点

自文艺复兴和启蒙运动以来，曾经处于婢女地位的人性得到极大地高扬，讴歌人性的美好、优秀成为近代的时代主题。产生这一进步的重要原因，就是资本主义发展以及科学技术的进步，需要人从中世纪中的人性压迫的境况下解脱出来的，适应时代的变化。

（一）大力宣扬人性反对神性，人的精神生活世俗化

近代西方精神家园主要是在反对中世纪近千年宗教神性对人性的压迫基础上建设起来的，因此这一时期精神家园建设的特点体现在反对宗教信仰主义上彰显人的理性，在反对禁欲主义上张扬人的情感与欲望的合理性，在哲学上相应形成经验论和唯理论。大多数经验论者都强调外物刺激给感官带来的快乐，否定中世纪基督教对人欲望的压抑。经验论的鼻祖培根引用古希腊哲学家第欧根尼的一句名言"最有德的人并不是摈弃情欲的人"，以此来强调情欲；除了反对中世纪经院哲学否定情欲之

---

① 《马克思恩格斯选集》（第1卷），人民出版社1995年版，第2页。

外，还在于让人们认识到情欲是人的感觉器官的产物，对人类完善自己、获得人精神世界的幸福有重要作用。另一位经验论者霍布斯认为人是自然的一部分，知识是外物刺激人的感官而获得的，否定神学的"神启论"和笛卡尔的"天赋观念"论。他将经验主义与功利主义结合起来，公开主张利己主义，号召大家努力追求自己的私利和个体幸福。他认为外物作用于人的感官将引起两种结果，一个是快乐，一个是痛苦。而人的天性是趋利避害的，因此人活在世上就是为了追求快乐，逃避痛苦。这种注重感官快乐的经验论肯定了人们追求现世快乐的合理性和价值性。

反对宗教信仰，必须强调人的理性权威，主张通过人的理性而非神性去了解自然、战胜自然。理性主义的鼻祖笛卡尔所倡导的普遍怀疑主义精神就是指向基督教的神学，他认为理性是人人都具有的东西，人们可以通过理性去认识世界和改造世界。因此大多数唯理论者把人的众多活动形式归纳为一种形式，即认识活动，强调人的生命存在的主要目的是对满足"知识的渴望"，而认识的主要功能是求真。在他们看来似乎人生的其他一切问题都可以在真理光辉的照耀下得到解决。这种唯理的、绝对的真理体系在黑格尔那里达到登峰造极的地步。这些哲学家对理性的概念过于依赖，以为精心编织的概念体系就能揭示宇宙本质，并要求人们把这些抽象的概念看成是人生的终极真理，要他们对提出这些概念的偶像顶礼膜拜。随着经济和科技的发展，科技理性逐渐成为人们崇拜的对象，他们认为人具有无限的理智和潜能，拥有认识和征服自然的强大手段，人的欲望可以得到逐步的满足。科学的发展，财富的增多，欲望的满足，这就是关于社会进步的主要含义。

无论是经验论者还是唯理论者，这一时期的精神家园建设都注重发扬人性，肯定人是宇宙的中心力量，注重人的主体意识，将人从落后愚昧的受宗教神学压迫的旧世界中解放出来，主张通过人的认识能力——或是经验，或是理性来认识自然和改造自然，追求现世的快乐和幸福。

（二）资本主义求利精神与禁欲精神之间的适度张力

随着资本主义经济的发展，尤其是随着培根的"知识就是力量"这一名言的号召，人们开始逐渐相信人可以通过自己的理性去战胜自然、改造自然，可将自然化为人需要的自然。然而千年的宗教统治造成的其历史的惯性还在人们的生活和经济中发挥着作用，为此德国著名社会学家马克斯·韦伯对近代以来资本主义社会的经济和精神发展作了分析。

马克斯·韦伯在《新教伦理与资本主义精神》一书中认为，欧美资本主义经济发展最重要的动力、最重要的秘密，不在于社会孕育着现代经济因子，也不在于马克思所说的资本主义生产力要素的发展，他认为这些国家资本主义经济发展最重要的是其经济的特殊文化气质，即经济文化精神。韦伯认为对于一个社会的经济发展来说，最重要的是推动经济发展的一种文化气质和文化精神，它起着决定性的作用。他把这样一种资本主义文化所具有的文化气质或者经济精神叫做"资本主义精神"，并从三个方面来考察新教伦理是如何推动欧美资本主义文明发展的。新教伦理是马丁·路德宗教改革以后形成的一种新的伦理。它的影响表现为：一是"天职"的观念与谋利的合理性和合法性。人通过合法劳动来发展财富不是谋利，而是在向上帝尽"天职"，这为人们谋利的冲动找到了一个合理的理由，并为资本主义的迅速发展提供了一个合理的劳动价值观。二是"蒙恩"的观念与谋利的必要性。人的生命是有限的，而如何使人的有限生命置于无限，那就必须勤劳，谋利越多，得到上帝的恩宠的机会就越多，人就越有机会得到拯救，进入天堂从而实现人的灵魂不朽。三是"节俭"的观念与资本积累的可能性。新教伦理一方面让人勤劳致富，得上帝的恩宠，另一方面还束缚着人的消费，限制对奢侈品的消费，从而使求利精神与禁欲精神彼此之间获得了一种恰当的张力，这种张力避免了谋利成为一种感官享乐。"它虽然对人追求实利精神赋予了价值合理性，但是它同时指出这种实利精神的追求必须置于一定的范围限度内才是真实合理的，否则人就会成为一种纯粹的出于赚钱动机、追求赚钱的工具。金钱就由手段成为目的。而获利并不是人的最终目的，人获利的最终目的是为了上帝的荣耀，为了做上帝的选民。"①

在资本主义初期，求利精神与新教精神结合，一方面，新教精神宣

---

① ［德］马克斯·韦伯：《新教伦理与资本主义精神》，北京三联书店 1992 年版，第 36 页。

扬禁欲、苦行的宗教冲动力造就了资产者勤俭节约、脚踏实地的风范，实现了资本主义初期资本原始积累、扩大再生产之需要；另一方面，人们追求和实现物质利益的天职达到了功利与超功利的某种统一，强调通过勤俭致富达到拯救灵魂的目的，使人的身心在这种实利精神与禁欲精神之间的恰当张力中获得一种人们所希翼的统一。因此新教精神为这时期的人们提供了一个精神归宿和精神依托。

四、西方现当代社会精神家园建设的特征

随着科学技术的高速发展，一方面，人们的物质生活变得富裕，另一方面，工具理性侵蚀着人们的精神生活将人们推入了价值虚无的深渊。科技的高度发达并没能为人类修造一座充满福祉的乐园，反而使人类丧失了乐园。两次世界大战和资本主义经济危机更是普遍加剧了人们对曾经所信仰的科技理性的批判和反思，注重人自身成为这个时期的哲学主题，注重个体的感受和需要成为这一时期精神家园建设的特点，具体表现在：

（一）宗教信仰成为现代社会个体的精神寄托呈现私人化的特点

西方哲学界一直以来有个传统，每当社会遇到变革时，习惯于从古希腊文化源头寻找依托。西方社会的宗教信仰，自古希腊柏拉图对两个世界的划分理论为后来的基督教所继承，其在中世纪千年的政教统一中获得了稳固和发展，又历经批判神性，用理性推倒上帝的文艺复兴和启蒙运动。直至尼采宣告"上帝死了"，上帝最终被人们用理性驱逐出精神家园。那么，西方精神家园建设出路在何方？高歌人类理性的康德，从人类理性或科学认识的领域毫不留情地"杀死"了上帝，然而他将人的"终极关怀"推及信仰，在实践领域为信仰留下了地盘；黑格尔设计了"天启宗教"；费尔巴哈设计了"爱的宗教"；罗素提出了"不接受传统的基督"的宗教；克尔凯郭尔将宗教阶段作为人生的最高阶段，他认为，只有成为一个真正的基督徒，才能达到人生完满地境界；美国社会

学家凡尼尔·贝尔提出现代主义的真正问题是信仰危机，即精神危机，而解决的途径是回归宗教。西方社会在经历了对宗教信仰的理性批判后，是否能选择对传统宗教信仰的简单回归？

现代西方的宗教信仰已不再是传统时代神学一统的宗教了，中世纪的基督教曾经是一个以知识体系、价值信仰体系和意识形态为一体的神学体系。但随着文艺复兴以及高歌理性的启蒙运动，知识已经从宗教中脱离出来，现代西方的宗教主要是个人与上帝关系的信仰体系。并且宗教信仰由传统的整体性宗教转为主体性信仰，由过去整合社会、凝聚社会的功能逐渐转为调节个体心灵生活的功能。"前现代的传统社会中，宗教主要依靠绝对的上帝观和制度化的宗教实体，履行社会化的集体整合功能，因此社会分化与宗教整合的紧张是第一位的。而个体的宗教需要基本被压制在集体的宗教需要之下，不得不以巫术魔法满足私人的宗教的缺乏。"① 随着科学技术的发展、个人利益和地位的凸显，整体性信仰逐渐开始消解。其中 16、17 世纪的宗教改革提出"因信称义"，即信仰是自己的事，信徒只要信仰上帝就可得救，而不需要教皇和教会等外在的仪式，《圣经》是信仰的最高准则，否认教皇等更是将宗教信仰转为个人的事情。哲学家柯亨在《个人主义的理智基础》中指出："宗教改革运动的永久结果，却是提高个人的价值，并给予各个人一个独立的身份。"② "宗教的社会整合性渐衰，而对个体的内在整合性渐强。传统社会对个体的整合和制约，是通过宗教社会化的功能强制执行的。个体的宗教性需求和自由需求被满足的程度较小。现代社会转变了价值观念体系，个体、自由、成为现代性精神理念的旗帜。"③ 因此，宗教信仰由过去的强调社会整体性逐渐成为个体心灵的精神寄托。

（二）宗教和政治紧密结合

西方中世纪的宗教随着封建制度的解体，逐渐与各国的政治相分离，

---

① 陈戎女：《西美尔与现代性》，上海书店出版社 2006 年版，第 258 页。
② 柯亨著，治人译：《自由主义者的信念》，友联出版社 1953 年版，第 16—17 页，韦政通：《中国文化与现代生活》，中国人民大学出版社 2005 年版，第 50 页。
③ 陈戎女：《西美尔与现代性》，上海书店出版社 2006 年版，第 259 页。

似乎从形式上看宗教已经与政治无关，远离了人们的社会生活。其实，政教分离只是机构的分离而非实质性的分离，西方宗教从来没有离开过人们的生活，只是对人们生活影响程度不同而已。如美国的宗教就从来没有脱离社会生活，并且其宗教是服从和服务于美国政治的，是美国意识形态中重要的意识形式。但与中世纪中宗教原则至上的"宗教政治"不同，现在是为政治服务的政治宗教。据统计，从华盛顿到克林顿共 42 位总统中，有 38 位是教会成员，其余 4 人也有明显教派倾向。另据统计，美国历史上有 11 位总统不是教会成员但公开表示信仰上帝。① 美国立国元老富兰克林从未加入教会，并被一些人认为是无神论者。但他也曾经说："我从不怀疑上帝的存在，是它创造了这个世界，并以它的天佑统治这个世界，最应接受上帝的恩赐就是对人做善事，我们的灵魂是永生的，犯罪将受到惩罚，美德即使不在这里也必将在那里得到发扬。"② 以上数据和说法都明显地表明美国是在借上帝之名行政治之实。宗教信仰已经成为国家意识形态，是社会政治和道德标准的集中表现。对于个人来说，宗教信仰主要体现道德伦理问题；对于国家来说，它是整个民族的信仰，是社会的精神支柱。当代美国历史学家彼得·里尔巴克（Peter A. Lillback）谈到在启蒙思想孕育下成长起来的美利坚合众国时，特别指明了信仰在美国现代社会中的重要意义："美国历史中的一些伟大象征，如《独立宣言》、国徽，都可以看到上帝在美利坚合众国立国过程中的护理之工。在清教徒先辈、大陆会议、制宪会议、国歌、国训以及效忠誓语中，我们都可以看到上帝超自然的护理和引导。纵观美国历史上那些伟大的领袖们，从乔治·华盛顿到约翰·肯尼迪再到乔治·布什，也都可以看出基于上帝的护理之工，信仰与政府之间一直存在着紧密的联系。"③ 当今西方发达国家打着"民主""自由"的旗号对其他国家政事进

---

① 董小川：《儒家文化与美国基督新教文化》，商务印书馆 2002 年版，第 128 页。

② 转引自董小川：《儒家文化与美国基督新教文化》，商务印书馆 2002 年版，第 144 页。

③ 彼得·里尔巴克著，黄剑波、高民贵译：《自由钟与美国精神》，江西人民出版社 2010 年版，第 146 页。

行干预，甚至践踏别国主权，根源在于他们认为自己所信奉的价值观是优于世界其他一切民族的，与他们不同见解的人都被视为敌人而加以打压。这种思想来源于基督教《圣经》中马太福音："不与我相合的，就是敌我的。"① 由此可见，宗教为他们干预别国内政提供了价值合理性的依据。

第三节　中西方精神家园建设发展的比较研究

黑格尔说："在对立中，相异者，不是任一别物，而是与它正相反的别物，这就是说，每一个方面只有与一方面有了关系方得到自己的性格，此一方面只有从另一方面反映出来得到自己的性格，此一方面，只有从另一方面反映出来方能自己映照自己。"② 因此，对于一个民族而言，要实现自我超越必须对自己的传统有所了解。而利用他者来理性地与本民族文化进行比较有助于我们更加了解自己。通过对中西方精神家园建设进行分析比较，方能达到通过他者了解自己，做到古为今用，洋为中用。

一、中西方精神家园建设发展的联系

人类社会发展大致要经历原始社会、奴隶社会、封建社会、资本主义社会及社会主义社会这五个阶段。不同国家尽管在社会更替方面存在着时空差异，但是由于物质生产方式带有一些普遍性，他们在精神方面也存在一些相似性，表现在：

（一）古代中西方精神家园建设体现精神权威和政治权威相结合

精神家园建设不是凭空想出来的、随意的、独立的，它们都具有意向性，即反映所处时代的社会存在。古代中西方精神家园建设都是建立

---

① 赵汀阳：《坏世界研究》，中国人民大学出版社 2010 年版，第 204 页。
② 黑格尔：《小逻辑》，商务印书馆 1981 年版，第 259 页。

在当时封建社会生产方式的基础之上，都是对所对应的社会存在的反映。统治者为了维护其统治必将在思想上对人们进行统治。古代中国儒家思想，到汉代经过董仲舒的"罢黜百家，独尊儒术"而为封建统治者加以改造、采用，与封建专制统治结合起来，成为中国两千年来封建统治的意识形态。西方日耳曼民族在政治上统一了大罗马帝国，它必然要为这种野蛮统一寻求理论上的根据，罗马帝国宣布基督教为国教以后，基督教与封建统治者的政治统治便联合起来。由是观之，古代中西方精神家园都将精神权威与政治权威相结合，一方面把政治视为道德的延伸，另一方面把政治的最终目的定为对人们进行道德教化，使得人们精神麻痹，从而维护统治阶级的利益，并且为了维护其统治者至高无上的权利，都制定了严格的等级制度，并将之伦理化、合理化和合法化。

马克思曾说过："理论在一个国家实现的程度，总是决定于理论满足这个国家的需要的程度。"① 因此为封建专制社会充当意识形态功能的精神家园满足了那个时代的需要，两者的精神家园建设为当时处于封建压迫时代的人们提供了精神上的归宿和人生的终极意义。现代社会里广大民众的生活质量远胜于生活在封建社会底层的广大民众的生活质量，然而古代社会的民众所享有的一种精神上的宁静，是现代的人们难以达到的。但是这种精神的宁静是建立在对人性的压抑和压迫之上，是人的片面发展，是人的非理性的自发的服从。个人处于这种精神权威和政治权威相结合的社会结构中，一方面受当时的意识形态的精神奴役，人的命运被视为是命中注定的，由此人的主体性和创造性被埋没；另一方面受当权统治者的政治压迫，身受奴役。马克思对此精辟地说到："君主政体的原则总的说来就是轻视人、使人不成为其人。"②

（二）现代社会工具理性的张扬价值理性的式微，导致人的精神生活质量下降

无论是中国还是西方，传统的社会经济活动都被视为是一种从属性

---

① 《马克思恩格斯选集》（第1卷），人民出版社1995年版，第11页。
② 《马克思恩格斯全集》（第1卷），人民出版社1956年版，第411页。

的活动，它只是被看作实现人生目的的一个工具。在价值追求方面，古代中西方人都注重对幸福生活的追求以及人格圆满等内在价值的提升，道德实践是追寻完满人生或完善理想人格所不能间断的活动。谋利在中西方古代的价值体系中都被视为精神境界提升的阻碍而加以抑制。在西方近代以前，禁欲主义被视为灵魂得到救赎的唯一途径。前现代社会儒家思想对义利之间的关系主张见利思义、以义制利和先义后利、重义轻利，倡导"非义勿取"和"舍生取义"。而在现代社会中，这种情况完全被逆转过来了。

随着经济方式的转变，人们的思想方式也随之转变，在以市场为中心的现代社会，经济活动由手段变成了目的，谋利成了人生最终追求的目的。尽管谋利不是现代社会所独有的，人们历来都有这种思想。但是谋利思想在道德上被肯定甚至赞赏却是现代社会的特色，并以市场这个机制将谋利思想合理化和合法化。如何求最大的利、提高效率是关键。因此用理性去判断和衡量能最有效地完成既定目的的方式和手段成为现代人所惯用的思考方式。工具理性由于其客观性、可量化性、实效性等特点，在征服自然、提高生产效率以及社会制度建设等方面体现了广泛的实用性和有效性，因而被现代人崇拜，认为它是一种科学的思考模式，代表了了解生命和世界唯一的有效途经。传统时代所提倡的德性道德即价值理性，强调一个道德主体所应拥有的德性，注重个体人格的培养，侧重的是人生活的意义和终极关怀，由于不具有客观性、可量化而被日渐边缘化，并仅仅作为一种基本的行为规范而存在。"古人所谈的诸种德性，在现代道德世界里，只被减化为单数的德性。这个德性就是一种服从道德规则的倾向。"① 由此，工具理性的张扬和价值理性的式微引发人忽视对精神世界的耕耘和充实，使其跟不上快速发展的经济，结果精神患者数量增多，精神生活质量下降，人的发展陷入危机。

---

① 石元康：《从中国文化到现代性典范转移》，生活·读书·新知三联书店2000年版，第111页。

二、中西方精神家园建设发展的区别

"人生活在意义系统中"。每个社会都有其特有的价值系统或意义系统。人们通过这个意义系统界定自己与外部世界的关系，确定自己的行为目的性。在这一点上，东西方是一样的。然而东西方在建设各自的价值系统或意义系统时，由于各自的经济、地理和文化等背景不同而存在着差异。具体体现在以下几个方面：

（一）思维路径的不同

西方古代希腊人所表现出来的追根穷源精神主要是一种有关对象性知识的探索，正是这种对对象性知识追本溯源的探究，形成了西方的理性思辨精神。古希腊哲学家成功地开拓了思（mind）的哲学：有效的思想总是理性的，而理性是普遍的，所以普遍之思是可能的。但古希腊哲学家试图以思的哲学去解决心的问题，这却是以知识论去解决价值观问题的一种奢望。苏格拉底—柏拉图—亚里士多德以来的哲学家相信，人们的意见分歧是由于对好的事情缺乏知识，而正确的知识显然依赖正确的思想，因此如果能够正确思想就能够有正确的知识，有了正确知识就会放弃错误意见。然而由于人们自我意识的局限使其无法获得对象性知识的终极真理，于是人们通过理性思辨推衍出上帝。被誉为西方客观唯心主义开山鼻祖的柏拉图认为万物皆有相应的理念，并以此为基础而存在，但是在各个具体不同的理念之上，又有一个统摄一切理念的总理，它是真善美的统一，是宇宙万物的来源，它就是上帝。可见理性思辨精神是科学和宗教的基本精神，同时也是西方自古至今建设精神家园的思想基础。

在中国古代哲学家看来，人在对象性知识方面了解得再多，也无法解决心灵安顿的问题。古代中国人所表现出来的追根穷源精神就更多地表现为一种对自我生命意义的体认。据《年谱》记载，"先生（陆九渊）自三四岁时思天地何所穷际，不得，至于不食。（父）宣教公呵之，遂姑置，而胸中之疑终在。后十余岁，因读古书，至'宇宙'二字，解者曰'四方上下曰宇，往古来今曰宙'，忽大省曰：'元来无穷！人与天地万物皆在无穷之中者也。'乃接笔书曰：'宇宙内事，乃己分内事；己分内事，乃宇宙内事。'又曰：'宇宙便是吾心，吾心即是宇宙。……故其启悟学者多及'宇宙'二字……"① 陆九渊由思考自然的奥秘（天地穷际）而认识到宇宙之无穷，进而领悟到宇宙与自我（吾心）的同一，将外部世界的知识与自己的人生意义问题联系起来。其中，"宇宙便是吾心"的"宇宙"即"天"，就是传统中国最高精神境界"天人合一"。与西方"神学合一"中的"神"（上帝观）中的理性思辨精神不同，"天人合一"中的"天"指的是德，这种德是建立在家庭，且由家及国的基础之上，"家"的根本文化逻辑就是血缘。对于中国文化来说，价值体系和社会理想紧紧围绕着血缘建构和展开。以血缘关系为基础的父母、兄弟、姐妹、朋友之中的道德必然是建立在非理性的情感基础上，"父为子隐，子为父隐，直在其中矣"正是这种情感逻辑的体现。正如中国学者樊浩所说，"中国思想的人性结构，四分之三的是情感，而四分之一的'是非之心'勉强可以相当于西方文化的所谓的理性。中国人在近代以前没有理性这个概念，而孟子所讲的'智'不是西方人的理性思辨的意思，而是一种道德的良能、良知。"② 因此中国人一开始就选择了情感的道路，而拒绝了向纯粹理性的方向发展。在当代精神家园建设中，我们既需要向西方学习追本溯源的科学精神，也要继承并发展中国文化中以家为核心的情感文化。因为这对于中华民族文化的传承和发展至关重要，它使中华民族具有一种同根的意识，能形成很强的凝聚力。

（二）终极目标的差异

"天人合一"是中国文化的根本精神与最高精神境界，学术界对此都达成了普遍的共识。"天人合一"的实质就是人与天合一，在中国文化史上，古代先贤开始明确建立"天人合一"的精神模式，不仅将天视为人的本源和本体，而且认为天本身就是人道的凝结，人处于天地之间，

---

① 《象山先生全集》卷三十六。

② 樊浩：《文化与安身立命》，福建出版社 2009 年版，第 89 页。

要通过道德修养，下求诸性，上达之于天，与天地参。"天人合一"的思想深深影响着中国各个时代仁人志士的人生理想，并成为中华民族精神的重要组成部分。如文天祥在《过零丁洋》中写道："人生自古谁无死，留取丹心照汗青。"毛泽东把"为人民服务"当作实现终极内在价值的方式。这种超越生命有限，达到无限的终极目标是中国人观念的体现，虽然没有西方那种宗教感，但是中国人相信人只要尽心知天，成仁成义，内圣外王，即天人合一，亦即实现了内在的超越。

西方的"神人合一"是将神和上帝放在了最高位置，认为人的精神寄托借助于外在的力量。"神人合一"的过程是：上帝创造的人原是为善的，是和上帝在一起的，由于人类的始祖亚当和夏娃禁不起诱惑偷吃了人类的智慧果，犯了原罪而被抛入了被上帝定了罪的世俗世界，人与神离异，人必须通过在世间的赎罪才可能被上帝选中而进入上帝之城达到新的"神人合一"。西方社会经过了文艺复兴、启蒙运动的发展，教会势力削弱了不少，但是上帝在人们心中的地位始终没有减弱，他们认为上帝是永恒存在的，随着时代的不同对宗教的认识和解释是可以变化的。笃信上帝的人们心中有永恒的追求和终极关怀，其生命历程中的一切活动都有一套神圣的准则，也有一个精神寄托和依靠。因此通过赎罪与神（上帝）合一是西方文化的基本精神，也是它的最高终极目标。它是西方人的人生重要支柱，抽掉了这个支柱，西方人的人生就会失去目标，生活由此变得无意义。

通过以上分别对中西方精神家园终极目标的描述，我们可以发现"天人合一"与"神人合一"代表了中西方文化不同的精神指向。总的说来，"神人合一"是出世的，它追求的是绝对与永恒，是来世的神，神性不是人性的凝结，而是人性的归宿，是借助于外在的力量，在神人之间存在着一种宗教性的超越，体现的是宗教情感。黑格尔曾说，"西方的'神人合一'所铸造的心灵只能安居在可以理解的世界里，而不能安居在真正的现实世界里。"[①] 中国的"天人合一"正好相反，它所铸造的心灵，不是安居在可以理解的世界里，而是安居在真正的现实世界里。

---

① 黑格尔：《美学》（第 2 卷），商务印书馆 1979 年版，第 310 页。

"天人合一"是入世的，它追求的是神圣，是现世的圣，是人们可通过自身在日常生活中的德性修养而实现与天合一，民胞物与，天下为一家的情怀，因此天道本身就是人道的凝结，体现的是一种深厚的道德意识和伦理情感。正如英国哲学家伯兰特·罗素（Bertrand Russell）在比较中国文化和欧洲文化的时候指出："中国实际上是缺少宗教的，不仅在上层阶级当中，而且在全体人口中。中国有一个非常确定的理论规范，但这个规范并不是严厉的、惩戒性的，而且并不包含'原罪'的观念。"[1]梁漱溟在《中国文化要义》中赞成罗素的观点，并写到："道德为理性知识，存于个人之自觉自律。宗教为信仰之事，寄于教徒之恪守教戒。中国自有孔子以来，便受其影响，走上以道德代宗教之路。这恰恰与宗教之教人舍其自信而信他，弃其自力而靠他人者相反。"[2]

（三）价值观的殊异

"天人合一"思想的现实基础有两个方面：一是强调人与自然的协调，一是个体对群体的适应。宋代以来，张载、程颐、朱熹、陆九渊都讲"天人合一"，虽然立论各不相同，但都认为人是天地所生成的，自然界是一个整体，人是自然整体的一部分，人为万物之灵，人与自然界不是敌对的关系，而是整体与其中最优秀的部分的关系，自然的普遍规律与人伦道德基本原则也是统一的。中国传统文化是一种伦理道德文化，而占其主导思想的是以孔子为核心的中国儒家思想，仁是其思想的核心。孔孟的仁义之道是自然的社会性的解释。仁的创造性在于人性之中，以天人合一为基础，通过个体生命与群体生命的关联，以自觉融入群体和社会的方式来使自我生命获得恒久的价值与意义。没有人性，就没有人与天的合一，就不会有仁。人性不是一种静止的状态而是一种运动的状态，"天人合一"也不是一种静态的平衡而是一种不断地进行创造的努力。这种创造性的"天人合一"是由人主动争取的，人们把超越人性看

---

[1] Bertrand Russell: The Basic Writings of Bertrand Russell, Routledge , London, 1992.551.

[2] 梁漱溟：《中国文化要义》，上海人民出版社 2005 年版，第 98—102 页。

作是每个人自我完善的责任，它是在人与人之间、人与集体之间以及人与万物之间的适当关系中实现的。这也是为什么中国没有像西方那样产生那么深厚的宗教信仰，其中一个重要的原因就是中国的血缘关系始终没有断绝，中国有一个浓厚的血缘的背景、宗法的背景，这个背景形成了中国一种特殊的以伦理道德为中心的集体主义，在这样一个集体主义中，个人得到集体的庇护而感到安全感、归属感从而就不太需要有宗教的信仰了。在当代中国，以亲人组成的"小家"是广大中国人情感的归宿，而对祖国这个"大家"深深的依恋之情依然是广大中华儿女对中华民族文化认同的深刻体现。

总之，"天人合一"中的"天"是整体的象征与化身，"天人合一"代表着个体对整体的认同与服从，体现的是整体的精神，造就了中国的集体主义或整体主义。这也是为什么在近代，中国面对各种学说，最终选择了马克思主义，并在它的领导下中国取得了革命的胜利，其中有两个原因：一是马克思强调集体主义观，如"只有在集体中，个人才能获得全面发展其才能的手段，也就是说，只有在集体中才可能有个人自由"①"每个人的自由发展是一切人的自由发展的条件"②；其二，人的本质是一切社会关系的总和，强调人的社会性是人的本质属性，这两点都与儒家强调整体主义和人只有在群体中才是人的思想是相契合的。

由于西方经过了民族大迁移，原来的血缘关系解体了。所以从一开始，西方的个人主义成分就比中国的多。越是个人主义就越需要宗教信仰，因为一个人的精神需要支撑。西方宗教文化中，神是个体的象征，个人都是上帝的儿子，每个人都与上帝发生直接的关系，优越于其他一切包括君臣、父母、夫妻、兄弟在内的人际关系。因此它表现的是个体对自身的认同，在上帝的庇护与统摄下人们尽可以心安理得、无所顾忌地追求个体的实现，而不必担心任何其它后果。路德的宗教改革，将笃信上帝视为个人的事情，每个人只要心中有上帝就可得到其恩赐。这一个改革改变了中世纪教会和教义对人们的束缚，让宗教信仰成为个体的

---

① 《马克思恩格斯全集》（第3卷），人民出版社1965年版，第84页。
② 《马克思恩格斯选集》（第1卷），人民出版社1995年版，第294页。

事情。"宗教改革运动的永久结果，却是提高个人的价值，并给予各个人一个独立的身份。"① 因此，"神人合一"体现的是个体性的精神，造就了西方的个人主义。正如李泽厚所说，"以灵与肉的分裂，以心灵、肉体的紧张痛苦为代替而获得意念的超升、心灵洗涤以及与上帝同在的迷狂式的喜悦……便经常是以个人为本位的西方'罪感文化'的重要环节。人们把人生的意义和生活的信念寄托于神（上帝），寄托于超越此世间的精神欢乐。这种欢乐经常必须是通过此世间的个体身心的极度折磨和痛苦才可能获有。"② 随着资本主义的萌芽、发展和深化，个人主义已经渗透到西方哲学，成为西方价值观的核心，"用当代西方的哲学术语表达，即个人主义是西方的'第一语言'"③。到了现代，与个人主义价值观具有天然亲缘关系的自由主义者认为：人是优先于社会而存在，社会是人的产物，人是可以独立于社会而存在，人为了有效地实现自己的目标而组织社会，因此人与人之间是为了自利而进行合作。这就表明人与人之间没有内在的必然性，人们也就没有共同的目标及共同的价值。由于不具有共同的目标及价值，西方精神家园建设基本上是个人主义式的。

①　柯亨著，治人译：《自由主义者的信念》，（香港）友联出版社1953年版，第16—17页，转引自韦政通：《中国文化与现代生活》，中国人民大学出版社2005年版，第50页。

②　李泽厚：《中国古代思想史论》，人民出版社1985年版，第307页。

③　[美]雷诺兹·诺曼编，徐克继等译：《美国社会》，三联书店1993年版，第183页。

第四章　新时期精神家园建设的发展

1978 年党的十一届三中全会确立了改革开放政策和工作重点的转移这两个重大决定，标志着中国进入到了一个全面发展的新时期。改革开放 40 年，生产力得到了空前的发展，人们的物质生活水平迅速提高，政治、经济、科技、文化、教育快速发展，为新时期精神家园建设提供了坚实的基础和广阔的平台，极大地促进了人们精神生活的全面发展。

第一节　我国新时期精神家园建设发展的基础与背景

马克思有关人的发展的理论可以用来解释在中国不同历史发展阶段人们精神家园建设的状况。作为第一个阶段即人直接依赖于自然世界的"最初的社会形态"，正是指前现代资料匮乏的生存境况。当代人的生活从总体上已摆脱这一境况，进入到第二阶段即"以物的依赖性为基础的人的独立性"阶段，其核心是个人的发展，这其中包括人的主体意识的觉醒，个体在较为丰富的物质基础和较为充足的时间基础上对精神家园建设的自觉的需要。这一阶段的精神家园建设较之于前一阶段具有了明显的独立性、自主性和个体性的特征。是个体走向自由全面发展的关键阶段。此外，从体制建设上看，现时代已初步形成了与个人的发展相适应的经济社会结构，开始形成所谓"普遍的社会物质交换，全面的关系，多方面的需求以及全面的能力的体系"①。经济、政治、文化、科技、教育等发展为精神家园建设提供了广阔的途径和制度保障。

---

① 《马克思恩格斯全集》（第 46 卷）（上），人民出版社 1979 年版，第 104 页。

一、市场经济体制为精神家园建设提供新的基础与机制

市场经济体制为精神家园建设提供新的基础。马克思主义认为，社会存在决定社会意识。社会经济的发展水平决定和制约着一个社会的社会关系和文明的发展。个体精神家园的丰富与提高要以物质生活水平的提高为前提和基础。中国几千年的封建社会是以自给自足的农业经济为主，生产力水平低下，人们的精神家园建设只能处于低层次水平的发展。新中国成立后很长一段时间里实行计划经济，这在当时一穷二白的经济背景下，对国民经济起到了巨大的推动作用，但弊端随之出现。吃大锅饭，平均主义盛行，人们毫无生产积极性和主动性。同时以阶级斗争为纲和以政治运动为中心，更是阻碍了生产力的发展。马克思主义强调，经济基础决定上层建筑。作为上层建筑的精神家园建设，必然受物质生活条件的制约。正如古人说，富而后可教也，"仓廪实则知礼节，衣食足则知荣辱"。恩格斯在《马克思墓前的讲话》中指出："人们首先必须吃、喝、住、穿，然后才能从事政治、科学、艺术、宗教等等。"

党的十一届三中全会以后，党的工作重心才转移到经济建设上来。邓小平说到："贫穷不是社会主义，社会主义要消灭贫穷，不发展生产力，不提高人的生活水平，不能说是符合社会主义要求的。"[①] 要发展生产力，必须实行经济体制改革。1992 年，党的十四大明确提出建立社会市场经济体制的目标，并在随后的十四届三中全会提出了建设社会主义市场经济体制的基本框架，经过十五大、十六大的讨论和修正，于党的十六届三中全会通过了《中共中央关于完善社会主义市场经济体制若干问题的决定》，提出完善社会主义市场经济体制要贯彻"五个统筹"以便更大程度地发挥市场在资源配置中的基础性作用以及"五个坚持"促进人与社会的全面发展。我国社会主义市场经济从理论到实践都取得了辉煌的成就，人民生活水平显著提高，物质生活条件大大改善，精神生活也相应得到提高与发展。反映在数据上，我们可以通过对恩格尔系数

---

① 《邓小平文选》（第 3 卷），人民出版社 1993 年版，第 116 页。

的考察得知国民在满足基本物质需要后，投入精神生活的收入所占的比重发生了变化。恩格尔系数公式表示为：恩格尔系数（％）＝食品支出总额/家庭或个人消费支出总额×100％。众所周知，吃是人类生存的第一需要，在收入水平比较低时，它在消费支出中必然占有重要地位。随着收入的增加，在食物需求基本满足的情况下，消费的重心才会开始向发展需要即读书、娱乐等方面转移。国际上常常用恩格尔系数来衡量一个国家和地区人民生活水平的状况。根据联合国粮农组织提出的标准，恩格尔系数在59％以上为贫困，50－59％为温饱，40－50％为小康，30－40％为富裕，低于30％为最富裕。我国在1978年城镇居民家庭恩格尔系数为57.5％，农村居民家庭恩格尔系数是67.7％，到2010年数据分别为35.7％和40％，总体上进入了小康居民消费阶段。根据数据，我们可以发现改革开放以后人民的物质生活大大改善，按照马斯洛的需要理论，在满足了基本的温饱需要后，人们将更多的收入投入到精神领域，追求一种更高境界的自我价值实现的需要。由此，物质水平的大大提高无疑为精神家园建设创造了良好的物质基础和其他条件。

社会主义市场经济为精神家园建设提供了机制保障。精神的本质是自由，新时期精神家园建设最大的特征就在于主体自觉拓展提升自己内在世界的能力，根据自己的需要自由地选择和创建自身的精神世界。主体意识并不是人类社会从一开始就存在的，一部人类的发展史，就是一部人类追求自由的历史；一部人类近代以来的历史，就是一部走向自由的历史。在中国由前现代社会向现代社会转型过程中，个体也经历了由主奴意识到主体意识的发展过程。"仁"是中国古代儒家思想的核心，"仁者，人也"，仁即为两人，个体只有在群体中才能称之为人，基于此儒家构建了一套完备的以家为核心的伦理道德文化，个体的独立性被掩埋在以家为核心的伦理关系中。黑格尔曾在《哲学史讲演录》中所说的，"东方古代的个体是被'掩埋'在普遍中的，个体一旦与作为本体的普遍合二为一时，个体就停止其为主体。"① 没有

---

① 黑格尔：《哲学史讲演录》（第1卷），商务印书馆1983年版，第117页。

个体的主体性、自主性，个体的思想受制于所生活的家族制度中。新中国成立后，人民在宪法的意义上成为社会经济、政治生活中的主人，并曾以一种全新的面貌和巨大的热情投入到建设新生活的实践中。然而在生产力极度低下的情况下采取高度集中的计划经济，人们的主人翁地位在具体的生活实践中并未得到真正的尊重。人们在理论上是自己掌握自己的命运，是生活的主人，但是在日常生活的每一个方面都受到了计划经济的严格控制，小到柴米油盐，大到结婚、工作等都受到严格的管束，经济上的不独立，何谈个体的主体意识和思想自由。"文化大革命"期间，一些个体的自尊和自由更是受到了迫害和否定。1976 年"文革"结束，邓小平等领导人深刻地意识到要使中国人民真正过上民主、自由的幸福生活，必须真正以马克思主义科学理论来指导中国的建设，必须大力发展生产力，提高人们的物质生活水平，提高人们的主体性和独立性，才能使包括精神家园在内的上层建筑得到真正的发展。大力发展生产力首要前提是调动人们生产的积极性，实行改革开放和市场经济体制，赋予人们开放性、自主性、竞争性与创造性。正是在这个意义上又可以说，市场经济使人们发现了自我，社会成员通过自身利益的发现，发现了自我的存在。因此市场经济最重要的历史功绩首先就是造就了独立自主的个体和社会主体，它将人从各种人身依附关系的束缚中解放出来，具有了经济上的自主性，成为相对独立的人。

市场是个普遍劳动交换的经济形式，在这里作为一般等价物的货币消融了一切具体劳动形式的差别，甚至消灭了一切物的差别、存在的差别。人们在市场经济面前一律平等，在平等公正的环境中通过能力和素质的竞争体现自身的价值，获取自身在社会中的地位。因此，市场经济的一个重要特征，是激发竞争主体并靠竞争推进，所以市场经济也称之为竞争经济。它不仅增强了个体的独立性、主体性和创造性，并且还为其提供了机制保证。首先，竞争经济激发了人的主体性和独立性。市场经济是一个通过市场配置社会资源的经济体系，无数利益相对独立的行为主体是市场经济的主体，他们为了获得各自的利益和价值实现，相互之间必然存在着资源配置、市场占有、利益分配上的较量，在资源有限的条件下必定会出现优胜劣汰的竞争格局，个人的能力在竞争中占有最大比重。这与封建等级社会中人的社会地位由出生决定的情况不同，市场经济按照价值规律运行。在平等的竞争条件下，为了使自己的个别劳动时间低于社会必要劳动时间，在竞争中取胜，个体必须充分发展和发挥自己的本质力量。人们第一次以自己的意志、能力，靠自己的智慧执掌着自己的命运，创造着自己的生活，并在激烈的竞争中不断提升各方面的能力，拓展社会关系，积极性、主动性空前高涨，社会活力空前增强。其次，市场经济为个体的能力和素质的提高提供了机制保障。在古代社会，人们也有追求自己的利益的动机，但是古代社会的组织原则不允许这种动机充分发展。因为，人们追求利益的动机被看作是不道德的。而市场经济将个体追求利益的这一需求给予了制度保障。个体在竞争机制中获得了空前的解放，个体的自由解放也为社会注入了无限活力和动力，推动了社会进步。此外，市场经济中的竞争产生的激励是促进个体积极性和创造性的动力。"激励"一词含有激发动机、鼓励行为、形成动力之义。竞争能够调动、发挥人的潜能，原因在于竞争是公正的评判人，竞争使得外在的压力转化为内在的动力，通过利益调整激发活力。所以，竞争是一种激发动力的机制。在竞争条件下，人们对高境界的精神家园的追求、对"更上一层楼"的向往以及对成功的渴望将更强烈，克服困难的意志更坚定，争优取胜的信念也更坚强。人们在有比较、有参照的条件下工作和生活，往往让思维更活跃、精力更充沛、动力更充足。人正是在这种竞争机制的激励下促进了自身价值的实现。

二、民主与法制建设为精神家园建设提供政治保障

民主法制化是现代化国家的标志之一，是现代化的基本内容。我国传统社会是一个家国同构的伦理等级社会，如三纲五常中君为臣纲、父为子纲、夫为妻纲，将人分等级，人与人之间毫无平等及民主可言。孔子说："道之以政，齐之以刑，民免而无耻；道之以德，齐之以礼，有耻

且格。"① 其中，"刑，法也"②"法，刑也"③，则表明法即为刑，是肉体惩罪之戒。由于中国古代社会中个人权利、个体本身的缺失，法就不是保护个体正当权利的工具，而是成为统治者惩罚的工具。这与印欧语系之"法"有根本区别。在西语中，"法"与刑无关，丝毫不包括刑罚的意思，而是与权利等同。中国近代在西学东渐过程中，中国文人志士从器物层面"师夷长技以制夷"到制度、文化层面开始引进西方的"科学"与"民主"，自此，国民的民主意识稍有觉醒。鲁迅先生看到中国人的奴性，"哀其不幸，怒其不争"；陈独秀则认为，中国封建社会旧道德根本弊端在于它"损坏了个人独立自尊人格"，把人变成尊长的奴隶。新中国成立后，社会主义制度的建立，确立了人民当家作主的政治地位，民主化进程大大迈出了历史更大的一步。然而"文化大革命"期间，由于政治、经济等生活领域中的高度权力集中与对个人权力的盲目崇拜，个人独立与人格尊严在缺乏民主与法制保障的情况下遭到了迫害和否定。邓小平对此作出了精辟的分析："为了保障人民民主，必须加强法制。必须使民主制度化、法律化，使这种制度和法律不因领导人的改变而改变，不因领导人的看法和注意力的改变而改变。"④

要保证人民当家作主，必须民主和法制两手抓。对于它们之间的辩证关系，邓小平指出"民主和法制，这两个方面都应该加强，过去我们都不足。要加强民主就要加强法制。没有广泛的民主是不行的，没有健全的法制也是不行的。我们吃够了动乱的苦头。""民主要坚持下去，法制要坚持下去。这好像两只手，任何一只手削弱都不行。"⑤ 江泽民在十五大提出了"依法治国，建设社会主义法治国家"的治国方略。他在十六大报告中进一步明确提出了全面建设小康社会的四个奋斗目标。其中之一就是："社会主义民主更加完善，依法治国基本方略得到全面落实，人民的政治、经济和文化权益得到切实尊重和保障。基层民主更加健全，

---

① 杨伯峻译注：《论语译注》，中华书局1980年版，第12页。
② 李学勤主编：《十三经注疏·尔雅注疏》，北京大学出版社1999年版，第15页。
③ 汤可敬：《说文解字今释》下册，岳麓书社2004年版，第1334页。
④ 《邓小平文选》（第2卷），人民出版社1994年版，第146页。
⑤ 《邓小平文选》（第2卷），人民出版社1994年版，第189页。

社会秩序良好，人民安居乐业。"总之，自十一届四中全会以来，我国的民主与法制建设取得丰硕的成果，体现在国家民主形态的各项制度特别是人民代表大会制度的不断完善；基层民主制度建设的不断创新和提升，尤其在农村实行村民自治和在城市实行居民自治，极大地提高了人民群众的政治参与热情。另外，政党依法执政的能力大大加强了公务人员的依法行政意识、公民的法制意识，将法律视为维护权益的武器，中国已经走上了法制现代化的道路。

社会主义民主与法制的发展与逐步完善，为新时期中国人民精神家园的建设提供了政治保障。个体精神家园建设的首要前提是个体必须是自由且独立的，它的建立依赖于个体民主意识的觉醒与充实。封建制度条件下的精神家园表现为封建专制统治将儒家思想改造为统治人们思想的工具，个人只有服从，其人生价值就是遵循社会体系中的规范而生活，没有选择的自由。这种缺乏主体自由的意识就是人还没有主观地了解到自己的价值，并主动去选择和建设自己的精神家园，而是无条件接受外在强加于人们的规定。正如黑格尔在《历史哲学》中对古代中国分析时指出，中国封建社会"主体性的——属于心及灵魂的——种种条件，是完全被抹杀漠视的"。现代民主以及法制思想就是保障人人平等地享有自由，为个体选择和创造生活提供了政治保障。正如斯宾诺莎说道："政治的目的……是使人保障地发展他们的心身，没有拘束地运用他们的理智；即不表示憎恨，忿怒或欺骗，也不用嫉妒、不公正的眼加以监视。实话说来，政治的真正目是自由。"① 此外，精神家园建设和发展，没有良好的社会秩序也是不可能进行的。法制的建设的发展为之提供了秩序保障。正如美国政治学家亨廷顿说，人类可以无自由而有秩序，但不能无秩序而有自由。在传统社会，无论当权者"道之以德，齐之以礼"还是"道之以政，齐之以刑"，都有一个"齐"字，这个"齐"就是秩序。但是这种秩序是个体无自由的，现代社会是要为个体自由提供制度保障的社会，因此需要在道德和法制之间寻求一种合理适度的张力，实现在秩序稳定的社会里个体自由的发展。总之，民主与法制意识是个体精神家

---

① 斯宾诺莎著，温锡增译：《神学政治学》，商务印书馆1963年版，第272页。

园以及中华民族共有精神家园建设不可或缺的内在支撑，民主和法制制度是精神家园建设不可缺少的外在保障。

三、文化繁荣与社会信息化发展为精神家园建设提供丰富资源

改革开放以来，党中央一直注重社会主义文化建设。随着市场经济的运行，人们的物质生活得到了显著改善，人们对精神文化需求逐渐增多。国家为了满足人们日益增长的文化需要，加大了对文化福利基础设施的建设，经过三十年的发展已建立起全国公共文化服务体系。并且国家对文化事业的投入也呈逐年递增趋势，根据《中国文化文物统计年鉴（2016）》的资料显示，2015 年全国文化事业费为 682.97 亿元，人均文化事业费为 49.68 元，比上年增加 7.03 元，增长 16.5%。城乡文化生活丰富多彩，2015 年全国共有 10787 个艺术表演团体，比上年年末增加 2018 个；全国艺术表演团体共演出 210.78 万场，国内观众达 9.58 亿人次之多。2015 年，全国公共图书馆总藏量共有 83844 万册（件），增长 6.0%。全年全国公共图书馆发放借书证 5721 万个，比上年增长 45.19%。① 这些数据说明，随着我国生产力的发展，人们在基本解决了温饱问题的基础上，开始注重精神生活以及对知识的追求和对文艺活动的广泛参与，这些是衡量精神生活质量的重要指标。

在国家的大力支持下，文化产业出现了大发展大繁荣局面，人们的文化生活丰富多彩，为人们的精神家园提供了丰富的资源。首先，在文化内容上，除了丰厚的传统文化、革命文化、中国特色社会主义文化，还有世界其他国家的优秀文化；其次，从文化形式上来说，除了有精英文化还有大众文化、网络文化、团体文化、企业文化等；文化机构、文化场所、文化单位也多种多样，如电影院、娱乐厅、艺术馆、展览馆、博物馆、图书馆、电视台、广播台、社区活动场所即休闲场所等的建立与发展都为人们的精神家园建设提供了丰厚的资源。人类只有一个地球，如何保护它是人类共同的责任。在当代人口众多，资源有限的情况下，

---

① 数据来源：《中国文化文物统计年鉴（2016）》。

发展生态、环保的资源已成为全球共识。以文化为主要内容的软实力逐渐成为各国实力较量的焦点。文化作为一种资源具有无限性、分享性、无污染等特点，成为今后全球各个国家所热衷的生产对象，这些国家也形成以文化为主的生活方式。马克思曾说："过去那种地方的和民族的自给自足和闭关自守的状态，被各种民族的各方面相互往来和各方面的相互依赖所代替了。物质的生产是如此，精神的生产也是如此。各民族的精神产品成了公共的财产。民族的片面性和局限性日益成为了不可能，于是由许多民族的和地方的文学形成了一种世界的文学。"① 不同文化突破了时空的界限而相互交融、交锋、交流，为新时期精神家园建设提供了多样、丰富的精神资源。文化繁荣的环境有利于人们根据自己的精神需要自由地选择各自精神家园的建设。中华民族共有精神家园由多样而不同，个体精神家园之间相互补充、相互融合、和而不同，形成了中华民族的共有精神家园。

随着信息技术革命的进一步发展，尤其是国际互联网等技术的应用，人们的生活方式、生产活动和文化活动都发生了深刻的变化，社会信息化为精神家园建设提供丰富的资源。美国社会学家丹尼尔·贝尔在《后工业社会的来临》一书中将人类社会的发展划分为前工业社会、工业社会和后工业社会，并对各个发展阶段的特征作了描述。他认为现代社会是以信息为主要资源的后工业社会，后工业社会并不"取代"工业化社会，甚至不取代农业社会；食物仍然是所有社会的根本；但是，引进工业意味着社会可以减少从事农业的人数，并且因为使用化肥而增加产量；后工业社会又增添了一个新的方面，特别是资料和信息的管理，他们已成为一个复杂的社会中不可或缺的工具；信息将会成为比土地和能源更为重要的资源，开发和利用信息资源将会成为社会中最主要的信息经济活动。后工业社会在这个意义上也可称为信息社会。社会信息化的发展在很大程度上是通过信息网络实现的。信息网络化的发展为人们精神家园建设开辟了新的领域。中国在 1994 年获准加入互联网；中国三大门户网站搜狐、新浪和网易在 2000 年在美国纳斯达克挂牌上市，标志着我国

---

① 《马克思恩格斯选集》（第 1 卷），人民出版社 1995 年版，第 276 页。

大步跨入网络时代，也标志着网络大规模进入我国居民的日常生活和精神家园。① "据《中国互联网络发展状况统计报告》（2017 年 1 月）显示，截至 2016 年 12 月，中国网民规模达到 7.31 亿，较 2015 年底增加 4299 万人；互联网普及率攀升至 53.2%，较 2015 年提高 2.9 个百分点；我国手机网民规模达 6.95 亿，较 2015 年底增加了 7550 万人；手机网民在总体网民中的比例进一步提高，从 2015 年末的 90.1% 提升至 95.1%。同时，我国农村网民规模也已达到 2.01 亿，占整体网民的 27.4%。"② 人们通过网络学习、交往、娱乐，获得知识感悟、体验，尤其是在网络领域，人们的交往是一种信息交往、虚拟交往，与现实交往比较起来，具有广泛、自由、平等、自主等特点，是交往主体的自觉自愿行为，不受现实条件和利益的制约。因而这种交往是一种非功利性的信息和情感交流。人们在网上的虚拟交往可以使精神和思想得到放松，是现实交往的一种有益补充，同时也是对现实交往的一种超越。网络信息非常丰富，不同的网站为人们提供了丰富多彩的资源，可满足不同阶层人们的需求。人们还可以根据不同的兴趣和爱好在网络中加入不同的网络家园，可以不出门而随时与家园中的其他人交流心得，人们对他们所加入的网络家园有一个认同感、归属感。如全国各省的红网、基督教网、天涯社区等。以佛教为例子，佛教利用网络，建立了各种网站，并开辟了多样的专栏，如网上念经、网上佛学院、佛教视频、佛教经典、聊天室等等。佛教在家信徒不出门便能与其他信徒交流心得，听佛学大师讲授课程等。

四、现代教育与科技的发展为精神家园建设提供重要途径

现代教育与科技在当代有了极大地发展，也为精神家园建设提供了重要途径。一个民族的文明风范首先取决于人民的受教育水平。教育使

---

① 童世骏：《当代中国人精神生活研究》，经济科学出版社 2009 年版，第 32 页。

② 《中国互联网络发展状况统计报告》（2017 年 1 月）http://www.cac.gov.cn/ 2017 - 01/22/c_ 1120352022.htm.

人有知识，有理智，重视人际交往的社会准则，尊重法律和遵守秩序。中国传统教育是中国传统文化的组成部分。早在原始社会后期就有了学校教育的萌芽，经过夏、商、西周、春秋战国，形成了比较定型的学校，到了汉代逐步建立起古代的学校制度，隋唐确立了完整教育体系——科举制，宋代书院步入鼎盛期，明代普及了地方官学，开始实行普及教育。中国的教育不同于西方重视技能培训，而是重视启发心灵真知，它是适应和满足心灵的需要而不是基于能力技巧的运用。教育的目的是使人成为人，而不是使人成为有用的工具。这是为什么中国历来重视以文取仕，而不是以能、以巧充贤的大道理。重视人的精神价值的提升是中国传统文化的宝贵财富，也是当今中华民族精神家园建设的丰富资源，传统教育将儒家思想以通俗易懂的语言编写成教材，如《三字经》、《诗经》、《论语》等通过教育为广大民众所习之并行之。这一点对我们新时期中国进行社会主义核心价值观、道德观等教育走入人们的日常生活是值得借鉴的。但古代重视人文知识而忽视自然科学知识教育对中国的发展产生了消极的影响，这也是造成近代中国落后的主要原因之一。因此，新文化运动和五四运动大力提倡科学，肯定了科学知识的重要性，这是一大进步。改革开放以后，邓小平提出了"科学技术是第一生产力"，纠正了"文革"期间贬低知识、压抑知识分子的失误，恢复高考并大力发展教育。于是以科学知识与人文教育相结合的现代教育开始走上了蓬勃发展大道。

义务教育的实行，高等教育的大众化，各级各类学校教育和各类社会教育机构的建立与发展，使得教育得到普及，人们的素质普遍得到了提高。《2016 年全国教育事业发展统计公报》显示：到 2016 年，全国义务教育阶段学校 22.98 万所，招生 3239.63 万人；在校学生 1.42 亿人；在任教师 927.69 万人；九年义务教育巩固率 93.4%。义务教育"两基"人口覆盖率达到 99%，全国各类高等教育总规模达到 3699 万人，高等教育毛入学率达到 42.7%。[①] "国家出资对一切儿童毫无例外的实行普遍教

---

① 《2016 年全国教育事业发展统计公报》（2017 年 7 月 10 日）中国教育统计网 http://www.stats.edu.cn/tjgb/2017 年全国教育事业发展统计公报. 中华人民共和国教育部 http://www.moe.gov.cn.

育，这种教育对任何人都一样，一直进行到能够作为社会的独立成员的年龄为止。……显而易见，社会成员中受过教育的人会比愚昧无知没有文化的人给社会带来更多的好处。"① 现代教育的发展一方面普及了教育和科学文化，提高了广大人民的整体素质；另一方面也为高层次精神家园建设提供了条件。精神家园中较高层次的理想、信念等人生观、价值观、世界观的确立，都离不开教育工作，它是精神动力和思想升华的源泉。江泽民指出："正确的世界观、人生观、价值观的确立，民族优良传统的发扬，共同理想与精神支柱的形成与巩固，科学文化水平的提高，都离不开教育工作，而这些都是我们民族凝聚力的重要基础和内容。"② 尤其伴随着现代社会的发展，建设学习型社会是一个必然趋势。江泽民在党的十六大报告中提出要"形成全民学习、终身学习的学习型社会，促进人的全面发展"。建设学习型社会，是一个复杂的社会系统工程，胡锦涛指出："在全社会进一步树立终身学习的观念，鼓励人们通过多种形式和渠道参与终身学习，进一步改革和发展成人教育，加强各类人才的培训和继续教育工作，完善广覆盖、多层次的教育培训网络，积极推动学习型组织和学习型社会建设，构建中国特色终身教育体系。"③ 终身教育理念的提出以及学习型社会的建立，有利于丰富和提升人的精神世界，因为终身教育的过程即人们认识—实践—再认识—再实践的一个学习过程，这个过程实质也是精神家园不断建设和丰富的过程。

科技在现代社会的作用越来越突出，被誉为第一生产力。在经历了三次科技革命后，人类社会的面貌取得了翻天覆地的变化。科技对精神家园建设的促进作用是不可估量的。首先，科学技术的应用使财富比以往大大增加了，并使人们获得丰富的物质生活条件，人们在解决了基本的生存需要后为向高层次精神领域的发展提供了物质基础。其次，现代自动化和信息控制技术的广泛运用将人从繁重的以体力为主的生产劳动和家务劳动中解放出来，从而使人有较多的自由和时间去实现精神领域

---

① 《马克思恩格斯全集》（第2卷），人民出版社，第614页。

② 《十五大以来重要文献选编》（中），人民出版社2001年版，第878页。

③ 《十六大以来重要文献选编》（上），中央文献出版社2005年版，第577页。

的需求，实现人的全面发展。马克思说："节约劳动时间等于增加自由时间，即增加使个人得到充分发展的时间"，① 科技使生产力得到快速提高，同时人们对知识和文化艺术的追求也推动了生产力的发展。"最文明的民族也同最不发达的未开发的民族一样，必须首次保证自己有食物，然后才能去照顾其他事情；财富的增长和文明的进步，通常都与生产食品所需要的拉动和费用减少成相等的比例。"② 再次，现代化的交通工具以及通讯工具的运用，大大拓展了人们的活动领域，人们之间的社会关系交往也日益丰富。同时，活动领域的拓展和人际关系的丰富使人的精神领域摆脱了过去狭小的视野范围，让人性得到充分全面的实现。此外，科学技术的发展也为人们的精神家园建设提供了有效多样的途径。摄影、电视、电影、录像和网络的广泛应用，使人们不仅比以往任何时代都更加真实详尽地记录了人类所创造的精神文化财富，而且迅速便捷地了解其他国家的精神文化，为人们精神家园的建设提供了丰富多彩的内容。最后在人口日益增多和资源日益匮乏的现代社会，科技为我们提供了一个更加生态环保的生活方式，人们可以通过网络了解各国精神文化资源，科技为我们分享这些资源提供了一个更为广阔的平台。

第二节　新时期精神家园建设的战略推进

经济、政治、文化和教育科技的发展为精神家园建设提供了坚实的基础和平台，而正确思想路线的确立、精神文明建设理论的发展以及文化建设又推动了精神家园建设的大发展。

一、党的思想路线的恢复和发展为精神家园建设奠定思想基础

思想是行动的先导，没有革命的理论就没有革命的行动。党的思想

---

① 《马克思恩格斯全集》（第 31 卷），人民出版社 1998 年版，第 107—108 页。
② 《马克思恩格斯全集》（第 9 卷），人民出版社 1998 年版，第 347 页。

路线的恢复和发展为中国改革扫清了道路，同时也为新时期精神家园建设奠定了思想基础。

（一）进行政治思想的拨乱反正，开展真理标准大讨论，推进思想解放

1978 年十一届三中全会是新中国成立以来中国共产党历史上具有深远意义的伟大转折。会议首先对思想领域进行了拨乱反正，思想路线的拨乱反正是各方面拨乱反正的前提和先导。会议确定了解放思想，实事求是的指导方针。解放思想的实质就是价值重估的过程，"文化大革命"期间，由于林彪、"四人帮"大搞禁区、禁令，制造迷信，把人们的思想封闭在他们假马克思主义的禁锢圈内，将被肢解、被歪曲的马克思主义作为政治理论来要求广大人民群众学习，造成了人们思想的逐渐僵化、混乱、压抑突出。同时"四人帮"为了达到自己的政治阴谋，将毛泽东神秘化，导致了"文革"期间人民对毛泽东产生一种狂热的崇拜，这种崇拜是一种非理性、盲目的崇拜。除此之外，全盘否定我们民族的优良历史传统，他们把历史遗产一概斥之为"四旧"（旧思想、旧文化、旧风俗和旧习惯），这些长久以来在民间起着规范人们社会生活的良好风俗、行为习惯等被作为封建残余思想给彻底扫荡、统统加清除，致使祖国的历史遗产受到很大的损失，社会主义精神文明也遭到了极大破坏。"文化大革命"希望通过灌输和改造思想来改变人们的态度，改变他们的客观属性，鼓吹"一场触及人们灵魂的伟大革命"。① "文革"所宣传的人们只要树立伟大的崇高的共产主义信仰，就能过上理想的生活的主观唯心主义，违背了马克思主义科学的历史唯物主义。结果人们对马克思主义信仰产生迷惑而导致其精神家园的迷失。正如费正清所言，"文化大革命"对现代中国社会的一个后果就是导致了中国的年轻人产生了严重的信任危机。这场以马克思主义的名义发动的文化革命，这个事实损害了那

---

① ［美］R. 麦克法夸尔，费正清编，俞金尧等译：《剑桥中华人民共和国史》（下卷），中国社会科学出版社 1992 年版，第 95 页。

一代成长的年轻人对意识形态的信仰。①"文化大革命"结束后，一些极左分子还未认识到问题的严重性，提出了"两个凡是"的观点，并将其作为思想和工作的指导方针。"两个凡是"提出后，尚未恢复职务的邓小平就以大无畏的理论勇气和求实精神，提出了旗帜鲜明的反对意见。1977年他致信党中央，郑重提出："我们必须世世代代地用准确的完整的毛泽东思想来指导我们全党、全军和全国人民。"②他说"两个凡是"不行，"两个凡是"是错误的，引发了全党范围内关于真理标准问题的大讨论。大讨论纠正了文革期间党的思想中存在的教条主义以及对毛泽东个人盲目崇拜的思想，抓住了我国当时社会改革发展的本质，在三中全会上确立了正确的思想路线，即"三中全会确立了，准确地说是重申了党的马克思主义的思想路线。马克思、恩格斯创立了辩证唯物主义和历史唯物主义的思想路线，毛泽东同志用中国语言概括为'实事求是'四个大字。实事求是，一切从实际出发，理论联系实际，坚持实践是检验真理的标准，这就是我们党的思想路线"③。党的思想路线的确立，重新确立了马克思主义的科学指导地位，为开创现代化建设新局面奠定了坚实的思想基础，同时为新时期精神家园建设树立了正确的指导思想。

（二）大规模平反冤假错案和对"文革"的反思为活跃精神家园打开通道

思想路线确立以后，接下来就是为"文革"中的冤家错案平反和调整政策，为树立马克思主义信仰、活跃精神家园打开通道。

首先，大规模平反冤假错案，"文化大革命"中冤案遍步全国。在全国干部中，被立案审查的占干部总数的17.5%，全国副部长、副省长以上的高级干部，被立案审查的占这一级干部总数的75%。一些历史上的大案、积案、"铁案"不仅解决不了，而且数量增加。党的十一届三中全会之后，开始大规模平反冤假错案。经中央政治局批准，肯定1976

---

① ［美］R. 麦克法夸尔，费正清编，俞金尧等译：《剑桥中华人民共和国史》（下卷），中国社会科学出版社1992年版，第209页。

② 《邓小平文选》（第2卷），人民出版社1994年版，第39页。

③ 《邓小平文选》（第2卷），人民出版社1994年版，第278页。

年清明节"天安门事件"完全是革命行动。冤家错案的平反，使一大批老一辈革命家重新回到党中央的领导岗位，这对结束"文革"后期出现的无政府状态，快速恢复政治的稳定以及推行经济的改革和文化的发展起了不可忽视的作用。正如费正清所言："在'文化大革命'的期间那么多老干部遭受如此沉重的折磨而仍然活下来，这个事实对新时期创建经济和政治解放的领导层颇有帮助。红卫兵运动期间成千上万知识青年和知识分子幻想的破灭，促进许多激进主张的诞生，这些主张日后转变成了具体的改革。"[①]

其次，对毛泽东作出科学的评价。十一届三中全会对毛泽东功过的正确评价，尤其是"文化大革命"期间的功和过，使毛泽东那种神一般的形象非神秘化。"中共在对待毛的问题上比苏共对待斯大林问题显得更有勇气。"[②] 毛泽东之所以会犯错误，对此党作出了客观的评价：因为"没有把党内民主加以制度化；制定的法律缺乏应有的权威。斯大林式的领导模式和中国长期的'封建专制主义'都有它们的影响"[③]。党对所犯错误勇于承认并加以改正的态度和决心不仅增加了广大人民对中国共产党信任的恢复，增加了对马克思主义科学信仰的重新认识，也加强了党对自身的反思以及完善党的组织制度建设。党的十二大通过了新党章，其中规定："党必须在宪法和法律的范围内活动，从中央到基层，一切党组织和党员的活动都不能同国家的宪法和法律相抵触。"党的权利受到了一定的限制。总之，三中全会以后"强调法治（——它是对这些精英们曾深受其害的"文化大革命"的无政府状态的反作用），并通过了各种法律法规，至少第一次使人们懂得党的无限权利最终会危及每个人"[④]。

---

① ［美］R. 麦克法夸尔，费正清编，俞金尧等译：《剑桥中华人民共和国史》（下卷），中国社会科学出版社1992年版，第211页。

② ［美］R. 麦克法夸尔，费正清编，俞金尧等译：《剑桥中华人民共和国史》（下卷），中国社会科学出版社1992年版，第392页。

③ 《关于建国以来党的若干历史问题的决议》，人民出版社1981年版，第56页。

④ ［美］R. 麦克法夸尔，费正清编，俞金尧等译：《剑桥中华人民共和国史》（下卷），中国社会科学出版社1992年版，第403页。

再次是放开有关政策。1978 年中共中央批准统战部、公安部的《关于全部摘掉右派分子帽子的请示报告》，指出不得歧视摘帽右派分子；对"右派分子"的家属子女，在入团、入党、参军、升学、招工等问题上都不应受到影响。1979 年中共中央作出《关于地主、富农分子摘帽问题和地富子女成份问题的决定》，指出：地主、富农分子经过 20 多年以至 30 多年的劳动改造，他们当中的绝大多数已经成为自食其力的劳动者；除极少数坚持反动立场的以外，凡是多年遵守政府法令，老实劳动，不做坏事的地主、富农分子以及反革命分子、坏分子，经过群众评审，县革委批准，一律摘掉帽子，给予人民公社社员待遇；今后，他们在入学、招生、参军、入团、入党和分配工作等方面，主要应看本人的政治表现，不得歧视。地主、富农家庭出身的社员的子女，他们的家庭出身应一律为社员，不应再作为地主、富农家庭出身。1979 年国家还落实了关于对国民党起义、投诚人员的政策，关于地方民族主义分子摘帽子的政策，关于对去台人员在大陆亲属的政策，关于把原工商业者中劳动者区别出来的政策等。

平反冤假错案和调整各方面政策，使中国共产党和中国人民放下了历史的包袱，轻装前进。全国到处都是一派解放思想、人心向上、欣欣向荣的气氛；人们思想活跃，轻松愉快，热情洋溢，十分珍惜来之不易的新生活，满怀信心地投入到改革开放和社会主义现代化建设之中。

二、社会主义精神文明建设推进精神家园建设大发展

"随着经济建设的高潮到来，不可避免地将要出现一个文化建设的高潮"①。十一届三中全会确定将全党工作的重点转移到社会主义现代化建设上来，从此迎来了中国特色社会主义市场经济体制的以经济建设为中心的高潮，伴随而来的是社会主义精神文明建设也取得了巨大的发展。精神文明是社会精神成果和精神生活进步的总和，它的建设推进了精神家园建设大发展。

---

① 《毛泽东著作选读》（下），人民出版社 1986 年版，第 692 页。

（一）社会主义精神文明建设与精神家园建设

"文革"期间对知识分子和文艺工作者猛烈的思想攻击，对文化机构的彻底改组甚至解散，致使教育及文化生活几乎窒息。物质的匮乏、思想的僵化、文化生活的单一和闭锁等现实让人们一直以来生活条件改善、社会稳定、人际关系和谐、休闲娱乐方式多样化等的梦想破灭。十一届三中全会以来，党中央不仅及时制定了经济建设的发展战略，同时在总结了以往正面的以及从"左"的方面和右的方面妨碍和破坏精神文明建设历史经验的基础上，根据国际形势和时代精神的变化适时对社会精神文明建设理论进行补充和完善。1979 年邓小平《在中国文学艺术工作者第四次代表大会上的祝词》中强调："我们要在建设高度物质文明的同时，提高全民族的科学文化水平，发展高尚的丰富多彩的文化生活，建设高度的社会主义精神文明。"[1] 1980 年邓小平在题为《贯彻调整方针，保证安定团结》的讲话中阐述了精神文明的内容，他说："所谓精神文明，不但是指教育、科学、文化（这是完全必要的），而且是指共产主义的思想、理想、信念、道德、纪律、革命的立场和原则，人与人的同志式关系，等等。"并要求"发扬革命和拼命精神，严守纪律和自我牺牲精神，大公无私和先人后己精神，压倒一切敌人、压倒一切困难的精神，坚持革命乐观主义、排除万难去争取胜利的精神"。[2] 1981 年党的十一届六中全会审议通过的《关于建国以来党的若干历史问题的决议》，把社会主义精神文明建设归纳为社会主义现代化建设道路的十个要点之一，第一次把党在新时期的奋斗目标概括为建设"现代化的、高度民主的、高度文明的社会主义强国"。党的十二大报告，全面论述了社会主义精神文明建设的地位，强调社会主义精神文明是社会主义的重要特征，是社会主义制度优越性的重要表现，并把在建设物质文明的同时建设高度的精神文明作为党的战略方针。1986 年党的十二届六中全会通过了《中共中央关于社会主义精神文明建设指导方针的决议》，强调社会

① 《邓小平文选》（第 2 卷），人民出版社 1994 年版，第 208 页。
② 《邓小平文选》（第 2 卷），人民出版社 1994 年版，第 367 页。

主义精神文明建设的根本任务，是适应社会主义现代化建设的需要，培养有理想、有道德、有文化、有纪律的社会主义公民，提高整个中华民族的思想道德素质和科学文化素质。1996 年党的十四届六中全会审议并通过了《中共中央关于加强社会主义精神文明建设若干重要问题的决议》，强调加强思想道德建设，发展教育科学文化，以科学的理论武装人，以正确的舆论引导人，以高尚的精神塑造人，以优秀的作品鼓舞人，培育有理想、有道德、有文化、有纪律的社会主义公民。江泽民在党的十五大报告中强调："有中国特色社会主义的文化，就其主要内容来说，同改革开放以来我们一贯倡导的社会主义精神文明是一致的。文化相对于经济、政治而言。精神文明相对于物质文明而言。只有经济、政治、文化协调发展，只有两个文明都搞好，才是有中国特色社会主义。"① 以胡锦涛为总书记的党中央，在新的历史条件下，根据我国社会发展的实际与需要，提出了科学发展观和和谐社会发展理论，强调以人为本和社会的全面、协调、可持续发展，他在纪念党的十一届三中全会召开 30 周年大会上的讲话中强调："中国特色社会主义是全面发展、全面进步的事业，是物质文明和精神文明相辅相成、协调发展的事业。物质贫乏不是社会主义，精神空虚也不是社会主义。人的素质是历史的产物，又给历史以巨大影响。任何时候都不能以牺牲精神文明为代价换取经济的一时发展。"②

马克思、恩格斯虽然没有明确使用过"物质文明"和"精神文明"的概念，他们经常使用"物质生产"和"精神生产"的概念。他们认为，人类的物质生产和精神生产都属于人们的创造性活动，是人们在劳动过程中同时进行的。物质是第一性，是精神生产的基础。精神文明就是人们对精神生产中的创造性活动和积极成果的一种总结。精神生产属于精神家园建设有机体的一部分，精神家园建设除了精神生产，还包含了精神消费、精神交往、精神实践活动开展等各个方面，精神文明既是

---

① 《江泽民文选》（第 2 卷），人民出版社 2006 年版，第 32—33 页。
② 胡锦涛：《在纪念党的十一届三中全会召开 30 周年大会上的讲话》，人民出版社 2008 年版，第 13 页。

精神家园建设成果的反映，也是精神家园建设的指导。因此，精神文明理论的发展过程实则反映了新时期中国精神家园建设的过程。马克思说过，"批判的武器，当然不能代替武器的批判，物质的力量只能用物质的力量去摧毁；但是理论一经掌握群众，也会变成物质力量。"① 毛泽东也说过，"代表先进阶级的正确思想，一旦被群众所掌握，就会变成改造社会、改造世界的物质力量。"② 当今世界，各国在综合国力竞争中的成败得失，越来越取决于其知识创新、科技创新和文化创新能力，越来越取决于国民的思想道德素质和科学文化素质，越来越取决于其凝聚力。精神文明建设理论的不断发展和完善为中华民族共有精神家园建设提供了理论支持和精神资源的供给，充实和推动了新时期我国精神家园建设的发展，使中华民族共有精神家园成为凝聚、激励全国各族人民的重要力量，这股精神力量一经群众掌握就可以转化为推动并实现中华民族伟大复兴的物质力量。

（二）《公民道德建设实施纲要》广泛推进精神家园建设

中共中央于 2001 年 9 月印发的《公民道德建设实施纲要》（以下称《纲要》）。《纲要》主要是对市场经济条件下出现的问题作了分析，对利益关系变化引发的新矛盾进行了辩证的思考并对此提出了新的论述，对中国传统的道德进行了梳理，并逐渐形成与发展社会主义市场经济相适应的社会主义道德体系。任何一种新的道德体系的产生和建立，都离不开传统道德的"源"和现实的社会经济状况的"原"这两个方面的综合。"源"即渊源，资源，指由历史积淀而成的传统道德文化。"原"指本原、基础，指社会现实的经济状况。当今中国的"源"即中国悠久的传统道德文化，它为这种新的道德体系建设提供可选择、可继承的文化资源，而且还规定和影响了这种新的道德体系建设所体现的民族性，是区别于其他国家道德文化的重要标志。也就是说，这种道德文化的民族性是文化深层次结构的价值观即凝聚了中华民族的价值观的体现，它是

---

① 《马克思恩格斯选集》（第 1 卷），人民出版社 1995 年版，第 9 页。
② 《毛泽东著作选读》（下），人民出版社 1986 年版，第 839 页。

新道德体系建设的文化渊源。"原"是中国特色社会主义市场经济，社会主义决定了新的道德体系的社会性质和价值取向，市场经济决定了道德体系的时代特点。当然"源"和"原"两者之间是一种辩证关系，作为"源"的传统道德文化必然要受到现实之"原"的检验、转化和改造，其精粹也从中脱颖而出，得到继承和发扬，实现"源"与"原"的结合，创造出既有民族特色又具有时代特点的新的道德体系。

《纲要》梳理了从古到今的道德规范的发生、发展和演变，继承了中国古代传统美德并结合了现代实际，有效地将"源"和"原"辩证地结合起来，提出了一个"20字公民基本道德规范"，即"爱国守法、明礼诚信、团结友善、勤俭自强、敬业奉献"。这二十字在中国传统文化中都有源头，但内容却结合了现实所赋予的新的含义而得到充实完善。《纲要》所提出的这"20字公民基本道德规范"，对中共十四届六中全会上确定的社会主义道德的核心、原则和基本要求，对三大社会道德领域（社会公德、职业道德和家庭美德）的每一个领域的内容和要求进行了高度的浓缩。"20字公民基本道德规范"因其通俗易懂、言简意赅、易于记忆等特点适用于各个领域和不同社会群体，为人们在新时期的社会经济状况下如何处理人与社会的关系、人与人的关系、人与自身内心的关系提供了一套行为价值取向和行为准则。新的道德体系的建构深化了精神家园建设，因为中华民族共有精神家园建设的提升和发展取决于每个中国公民的道德素质和道德水平，同时道德作为中华民族共有精神家园建设的基础，它的发展有利于精神家园实现高层次提升。体现在：一方面，从道德外延的角度来讲，它作为人的一种道德规范，约束和规范着人们的行为，维护社会的稳定，给人们创造一个良好的生活环境；另一方面，更为重要的是从道德内涵的角度来说，它的内在价值是区别人和动物的主要标识，就是人有道德而动物无道德。道德需要本身具有价值自足性。它对于个人来说是一种理想信念、一种精神境界，一个人只要认识到人的道德需要是一种较高需要，那么，人们就可以不需要借助外力而自觉、自主地进入一种"万物皆备于我矣。反身而诚，乐莫大焉"的境界。这种境界是个体精神家园较高层次的境界。这种道德需要和精神境界对于一个国家和民族而言，它是一种精神支柱、精神凝聚力，它在民族危急时刻，可以发挥积极作用，这已经得到历史无数次证明。同时，它对陶冶民族性格、提倡民族的精神情操、提升中华民族共有精神家园的层次具有重要意义。概而言之，从根本上来看，在人类历史上不管哪个国家和社会，都把道德建设放在国家发展的重要地位。中国自古以来，都提倡以德治国，"德的力量大于武的力量"①。即要认识到道德在国家的政治、经济、文化和社会生活中起着基础性的作用。"德，国家之基也"②。

（三）《爱国主义教育实施纲要》深化精神家园建设

各个国家和民族利用全球化提供的现代科技和市场使国家的生产力和生活水平大大提高，使那些发展中国家能加快现代化的历程，中国的改革开放就是佐证。全球化同时也为各个民族和国家回应和应对随之而来的文化认同危机，促使各个国家和民族保护和加强本国文化建设提供了契机。因为，从根本上说，世界上任何一个民族都不是其他民族的复本，而是自身的民族精神与民族实存在长期的融合过程中所凝聚而成的独特的文化共同体。然而，以爱国主义为核心的民族精神在当代社会出现了淡化，有些人甚至认为爱国主义已经过时。这种现象的出现大致有两个方面原因：一是由于"文革"十年，林彪、"四人帮"搞的"大批判"把中国共产党和国家的光荣历史、中华民族的光荣历史涂抹得一团漆黑。这极大地损害了中国人民特别是青年一代的民族自信心、自尊心、自豪感。"他们否定传统，抛弃遗产，必然带来历史的惩罚，使得许多青年人对祖国的历史茫然无知或知之甚少，对我们民族光荣的革命传统、爱国主义传统、艰苦奋斗的传统、酷爱科学艺术的传统，以及丰富的历史典籍，优秀的文学艺术遗产，缺乏应有的了解和认识，致使一部分人在改革开放以后，对外国的一切全盘吸收，认为自己的所有的东西都不

---

① 《尚书·大禹谟》。
② 《左传·襄公二十年》。

如外人，非理性的崇洋媚外。"① 二是对外开放后各种思潮涌入，在这样的时代中，"全球化""自由主义""个人主义""世界公民"等概念已经成为渗透政治、经济、文化领域及人们日常生活的主流话语，在这种强调开放和自由的环境之下，谈爱国主义被视为一种狭隘的民族主义，沦为固步自封的别名。正是在这种背景下，党中央于 1994 年 8 月提出了《爱国主义教育实施纲要》，对爱国主义教育原则、基本内容、培养的重点对象和基地建设等做了全面安排。在党的十六大报告中将以爱国主义为核心的民族精神的弘扬和培育作了重要的部署；并提出了"面对世界范围各种思想文化的相互激荡，必须把弘扬和培育民族精神作为文化建设极为重要的任务，纳入国民教育全过程，纳入精神文明建设全过程，使全体人民始终保持昂扬向上的精神状态"②。

爱国，确切地说是爱自己的祖国，爱自己祖国的文化、山水和生长在这片土地上的主体。祖国，对于一个国家的人民来说，都是一个最亲热、最崇高、最庄严的词汇，各国人民都用很美好、神圣的词汇来表述它，以寄托自己对祖国的热爱和崇敬。例如中国自古代开始，对祖先的崇拜是就成了其文化的一个部分，"祖国"自身或血亲前辈出生、成长的国度，即"祖先的国度"，它充分体现了中国人心目中对祖国深厚的敬爱之情。在英语中"祖国"表达为 *fatherland* 或 *motherland*，它的字面意思是"父亲之邦"或"母亲之邦"，其中体现了对祖国的深沉的依恋之情。正如列宁所说："爱国主义是千百年来固定下来的对自己祖国的一种最深厚的感情。"③ 爱国主义一直是中华民族的优良传统，是中华民族五千年来历经风雨依然能屹立于世界民族之林的精神支柱。不同时期爱国主义的具体内容是不同的，正如毛泽东所说的"爱国主义的具体内容，看在什么样的历史条件下来决定"④。但是不同时代的爱国主义内容汇聚

---

① 中国人民大学社会主义研究会编：《论社会主义精神文明》，北京出版社 1983 年版，第 10 页。

② 《中国共产党十六大报告》，新华社北京 2002 年 11 月 17 日电。

③ 《列宁选集》（第 3 卷），人民出版社 1972 年版，第 608 页。

④ 毛泽东：《中国共产党在民族战争中的地位. 毛泽东选集》（第 2 卷），人民出版社 1991 年版，第 520 页。

成中华民族的民族精神，正如江泽民在十六大报告中指出："在五千多年的发展中，中华民族形成了以爱国主义为核心的团结统一、爱好和平、勤劳勇敢、自强不息的伟大民族精神。我们党领导人民在长期实践中不断结合时代和社会的发展要求，丰富着这个民族精神。"这段话包含了三种含义：一是爱国主义是中华民族精神的核心，是民族的精神动力、精神凝聚力和向心力；二是爱国主义自古至今流传千年而凝聚成为民族的性格和民族血液，它已凝聚成为一个民族的精神、理念，主要包括"团结统一、爱好和平、勤劳勇敢、自强不息"等内容；三是近百年来，中华民族在中国共产党的领导下，人民在变革和发展中不断丰富和充实以爱国主义为核心的民族精神，它是一个开放的体系。

"一个民族、一个国家，如果没有自己的精神支柱，就等于没有灵魂，就会失去凝聚力和生命力。"[①] "求木之长者，必固其根本"，要想"根不固而求木之长"是不行的，要想"伐根以求木茂"则是愚蠢的。[②]民族精神是中华民族共有精神家园的灵魂和根基，它是一个民族的灵魂和理念，是文化深层次的内容。它融入了人们的思维方式、情感方式、行为方式，在必要时刻把民族的千千万万民众凝聚起来，团结起来，动员起来，从而捍卫民族集体的尊严与利益，从而使一个民族历经艰难曲折但却能岿然屹立。中国近代以来尤其是近代反帝反殖民战争、1998年特大洪灾、汶川大地震、申办北京奥运会等重大事件，向全世界人民诠释了中华民族的团结统一、自强不息、爱好和平等以爱国主义为核心的民族精神。只有不断地弘扬和培育民族精神才能使中华民族共有精神家园更加坚固和强大。如果根基不稳，不仅精神家园如无根的浮萍，而且物质家园都将轰然倒下，近代中国被西方各国瓜分的历史将会再次重演。由此，健康、优秀的民族精神是中华民族共有精神家园勃勃生机、欣欣向荣的保障，也是一个国家和民族凝聚力、创造力的集中体现。党的十七大进一步提出"弘扬中华文化，共建中华民族共有精神家园"就是强调了弘扬

---

① 《毛泽东邓小平江泽民论思想政治工作》，学习出版社2000年版，第42—43页。

② 《谏太宗十思疏》。

和培育以民族精神为核心的中华文化，它是中华民族共有精神家园发展和革新的根基，也是未来国际竞争中的主要衡量标尺。正如江泽民说的，"有没有高昂的民族精神，是衡量一个国家综合国力强弱的重要尺度"。

三、社会主义文化大发展大繁荣战略提高精神家园建设水平

"文化是民族的血脉，是人们的精神家园。在我国五千多年的文明发展历程中，各族人民紧密相连，自强不息，共同创造出源远流长、博大精深的中华文化，为中华民族发展壮大提供了强大的精神力量，为人类文明进步作出了不可磨灭的作用。"[1] 当今世界正处于大发展时期，国家的竞争力已由军事、经济逐渐转移到文化领域，新时期我们应该大力发展社会主义文化建设，用先进的文化引领前进方向，凝聚力量，团结带领全国各族人民不断以思想文化新觉醒、理论创新新成果、文化建设新成就提高精神家园建设水平。

（一）社会主义核心价值体系统领精神家园建设

每一个民族的每一时代的文化，都构成一个体系。在每一个时代的文化体系中，必然有一个主导思想成为占统治地位的思想，围绕这个主导思想形成一个核心价值体系。"所谓价值体系即主体以其需求系统为基础，对主客体之间的价值关系进行整合而形成的观念形态，集中体现主体的愿望、要求、理想、需要、利益等。任何一个社会都会出于自己的需要，提出自己的核心价值体系。"[2] 核心价值体系是精神家园的核心，它统领着精神家园建设。在中国古代，先秦典籍《管子·牧民》就提出过"国有四维，一维绝则倾，二维绝则危，三维绝则覆，四维绝则灭。倾可正也，危可安也，覆可起也，灭不可复错也。何谓四维，一曰礼，

---

① 《中共中央关于深化文化体制改革　推动社会主义文化大发展大繁荣若干重大问题的决定》2011 年 10 月 8 日，中国共产党第十七届中央委员会第六次全体会议。

② 黄力之：《建设社会主义核心价值体系的意义》，《光明日报》2007 年 1 月 31 日。

二曰义，三曰廉，四曰耻。"后来，"礼义廉耻，国之四维"之说融入儒家礼教思想之中，成为中国封建社会的核心价值体系。中世纪西方以上帝为核心的宗教文化构成了古代西方的核心价值体系。以民主、自由、平等为当代美国的核心价值体系；新加坡20世纪90年代针对其多元民族、多元文化的实际情况，提出了"共同价值观"，并经国会批准公布发表了《共同价值观白皮书》，核心内容为："国家至上，社会为先；家庭为根，社会为本；关怀扶持，尊重个人；求同存异，协商共识；种族和谐，宗教宽容。"① 这"四十字"的核心价值观，有效地将新加坡传统的价值观与现代的价值观充分地结合起来，成为新加坡的主导价值观，统领着新加坡精神家园的建设。

党中央面对改革开放以及市场经济运行中所出现的文化多元化以及日益突出的本国价值观与外来价值观冲突的情况下，在十六届六中全会《中共中央关于构建社会主义和谐社会若干重大问题的决定》第一次提出建设社会主义核心价值体系的战略任务。党的十七大提出加强社会主义核心价值体系的建设，增强社会主义意识形态的凝聚力和吸引力。这就意味着社会主义核心价值体系要发挥整合社会意识，引领文化思潮的作用，使多样化的文化思潮朝着健康的方向发展，为共有精神家园添砖加瓦，从而融入国民教育和精神文明建设全过程，最终转化为人民的自觉追求和实践。

当代中国社会主义核心价值体系基本内容包括四个方面。一是马克思主义指导思想。毛泽东思想、邓小平理论和"三个代表"重要思想是马克思列宁主义与中国实践、中国文化相结合的产物，是中国化的马克思或马克思主义的中国化。它们是中华民族共有精神家园的核心和支柱。二是中国特色社会主义共同理想。共产主义为最高理想，"建设有中国特色的社会主义，把我国建设成为高度文明、高度民主的社会主义现代化国家"为现阶段我国各族人民的共同理想。最高理想与现阶段共同理想的确立体现了我国最广大人民的共同愿望、理想、利益和要求，它为我

---

① 高进：《新加坡共同价值观教育对我国德育的启示》，《高教探索》2011年第7期。

国社会主义发展确立了发展目标，这个目标同时也是中华民族共有精神家园的共同目标，它的确立形成了一股强大的凝聚力和精神动力，将各民族人民团结在中华民族这个大家庭中，以实现中华民族的伟大复兴为己任。三是以爱国主义为核心的民族精神和以改革创新为核心的时代精神。以爱国主义为核心的团结统一、爱好和平、勤劳勇敢、自强不息的伟大民族精神，它是一根无形的纽带联结着绵延至今的中华民族，同时也是中华民族千百年来屹立于民族之林的精神支撑。以改革创新为核心的与时俱进、开拓进取、奋勇争先的时代精神，是推动中华民族不断前进和发展的精神动力，也是中国人民历经艰险，排除万难而不断创造辉煌、永葆生机的力量源泉。四是以"八荣八耻"为主要内容的社会主义荣辱观。荣辱观是人们对待荣誉和耻辱的看法和观点，是关于事物的一种价值判断，它的形成与人们所处的国家的文化传统有关。以"八荣八耻"为主要内容的社会主义荣辱观集中华民族传统美德、优秀的革命道德与时代精神于一体，反映了新时期社会主义市场经济条件下对人们道德的基本要求，也为人们在市场经济活动中顺利工作和生活提供了是非判断、价值取向和行为准则。

　　社会主义核心价值体系能否被广大人民认同？由于当代人们生活在中国特色的市场经济生产方式中，且生活在相同的文化背景中，因此生活方式和价值观念大致相同，这为广大人民接受社会主义核心价值体系提供了共同心理基础。但这并不意味着这个社会中的每个成员在日常生活中都接受社会主义核心价值体系所体现的价值观念，毕竟物质生活过程的选择是多样的，物质生活过程发展是曲折的，加上人们的文化背景差异等因素，使得人们接受社会主义核心价值体系的过程和程度是不同的。然而"只要存在着那样一种能够统摄民众的社会精神，信念，信仰，那么社会仍然会保持其内在的基本秩序，仍然会保持相对稳定的基本生活方式，这种精神的同一性在其发展过程中会源源不断的向物质生产过程提供精神动力和智力支持"。[①] 从世界文化史的角度来看，"每一民族

---

　　① 高兆明：《制度公正论——变革时期道德失范研究》，上海文艺出版社2001年版，第85—93页。

每一时代的文化,既须确立一个主导思想,又须容许不同流派的存在,才能促进文化的健康发展"①。费孝通曾在 2001 年国际人类学和民族学联合会中期会议上题为《创建一个和而不同的全球社会》的主旨发言中指出,面对世界文化多元化的趋势,需采取中国传统哲学智慧"和而不同"的原则,"承认不同,但是要'和'。这是世界多元文化必走的一条道路"。② 概而言之,文化建设采取和而不同的原则,即在社会主义核心价值体系的统领下,各种文化思想成为中华民族精神家园建设的丰富资源,他们相辅相成、共生共长,共同促进中华民族共有精神家园建设。

(二) 发展哲学社会科学,推进精神家园建设

张岱年曾在《文化与价值》中说道:"文化的发展必然包含哲学思想的繁荣。"③ 新时期文化的大发展大繁荣必定带来哲学思想的繁荣。一个时代之所以成为一个时代,当然是由于它具有某些别的时代所没有的特色,而这些特色才是文化研究及了解那个时代的重要部分。"文化的核心部分是哲学思想。"④ 真正的哲学总是反映自己的时代,在时代精神的哺育下成长,成为时代精神的精华,而时代精神的精华反过来又促进一定时代整个精神文明的发展。正如马克思曾说的:"任何真正的哲学都是自己时代精神的精华。""各种外部表现证明哲学已获得了这样的意义:它是文明的活的灵魂。"⑤ 因此在精神文明这个"有机的结构"中,哲学作为一种社会意识,受到其他社会意识的作用,又反作用于其他社会意识。马克思主义哲学是中国特色社会主义文化建设的核心。它是人们认识世界、改造世界的重要工具,是推动历史发展和社会进步的重要力量。当代对于马克思主义哲学的要求是:担负起促进人们思维方式现代化的任务,一方面继续吸收整个精神文明的成果来丰富和发展自己,另一方

---

① 张岱年:《文化与价值》,新华出版社 2004 年版,第 75 页。

② 高昌:《中华文化,情牵四海——新世纪第二届中华文化世界论坛回眸》,《中国文化报》2002 年 12 月 27 日。

③ 张岱年:《文化与价值》,新华出版社 2004 年版,第 261 页。

④ 张岱年:《文化与价值》,新华出版社 2004 年版,第 253 页。

⑤ 《马克思恩格斯全集》(第 1 卷),人民出版社 1956 年版,第 121 页。

面以科学的世界观和方法论促进整个精神文明的进步。在精神领域里，马克思主义哲学首先以其批判的、革命的本性和创造性的力量，破除旧的精神束缚，推动新的观念、理论、道德等思想的确立，使人们的思想面貌发生深刻变化，进而将这种精神力量化为物质力量，去改造社会和自然界，使人们的物质生活和精神生活得到根本的改变。马克思主义哲学既依赖于人类文明，又能动地反作用于人类文明，在这种相互作用中体现了马克思主义哲学与整个精神文明以及物质文明的上升运动，使马克思主义哲学保持青春活力，永远不愧为"时代精神的精华"。

中国共产党历史注重哲学社会科学在文化建设中的重要地位。2004年出台了《关于进一步繁荣发展哲学社会科学的意见》（以下简称《意见》），《意见》对我国哲学社会科学事业的任务、指导方针、总体目标、理论队伍、管理体制改革等作出了全面规划和部署。《意见》强调，实施科教兴国战略包括繁荣发展自然科学和社会科学两个方面。"在改革开放和社会主义现代化建设进程中，哲学社会科学与自然科学同等重要。社会主义现代化，应该有发达的自然科学，也应该有繁荣的哲学社会科学。"[①] 自然科学有利于物质价值的创造和生产力的提高，它的重要性已经被大家所认识；哲学社会科学的主要功能关乎自然科学的发展方向、速度和成败的问题，由于其价值没有自然科学知识价值那么具有直接现实意义，因而在现实生活中容易被轻视和忽略。然而，生产力的高度发展离不开稳定、安定的环境，同时更需要强大的推动力和正确方向的指引，这一切都离不开哲学社会科学的发展，只有两者都同时发展了，社会的和谐和人的全面发展的目的才能实现。为此，繁荣发展哲学社会科学事关党和国家事业发展的全局，也关系到中华民族精神家园是否能健康、生机勃勃、积极向上发展。中国共产党历来高度重视哲学社会科学，其领导下的哲学社会科学工作对于中国革命、建设和改革开放发挥了极其重要的作用。"在新民主主义革命和社会主义建设时期，哲学社会科学对于传播马克思主义，实现马克思主义中国化，取得新民主主义革命胜

---

① 《关于进一步繁荣发展哲学社会科学的意见》http://baike. baidu. com/view/3077274. htm.

利和社会主义建设成就，作出了重要贡献。十一届三中全会以来，哲学社会科学对于党的思想路线的重新确立和指导思想的丰富发展，对于用马克思列宁主义、毛泽东思想、邓小平理论和'三个代表'重要思想武装全党、教育干部和人民，对于深化共产党执政规律、社会主义建设规律、人类社会发展规律的认识，对于推动改革开放和促进社会主义物质文明、政治文明、精神文明协调发展，对于弘扬和培育民族精神，引导人们树立有利于中国特色社会主义事业发展的思想观念，作出了重要贡献。"[1]

（三）马克思主义理论研究与建设工程升华精神家园建设

2004 年出台的《关于进一步繁荣发展哲学社会科学的意见》提出实施马克思主义理论研究和建设工程，中国共产党将这一工程视为哲学社会科学发展的重中之重。这是中央为巩固马克思主义的指导地位、加强党的理论建设作出的重大举措，是繁荣发展哲学社会科学的必然要求，也是丰富精神家园建设的生命工程。精神家园建设的核心是价值观的建设，价值观是文化的核心，文化的核心是哲学思想。中华民族精神家园建设是以马克思主义为指导思想的，马克思主义哲学工程的实施为中华民族精神家园建设的核心价值观提供了坚强的支撑。人们一旦对中华民族共有精神家园产生认同便能在其引导下自觉进行个体精神家园的建设，个体精神家园与共同体精神家园越吻合，个体就越能有一种精神上的归属感、满足感、安全感和宁静感。这种精神的满足则会产生巨大的精神动力，推动中国特色社会主义社会和社会主义新人的相互发展。正如马克思所说的："哲学把无产阶级当做自己的物质武器，同样的，无产阶级也把哲学当做自己的精神武器。"[2]

"文革"期间由于林彪、"四人帮"打着"假马克思主义"的旗号，将被歪曲和肢解的马克思主义为他们的政治阴谋服务，这种马克思主义

---

[1] 《关于进一步繁荣发展哲学社会科学的意见》http://baike.baidu.com/view/3077274.htm.

[2] 《马克思恩格斯选集》（第 1 卷），人民出版社 1995 年版，第 15 页。

是一种教条式的马克思主义，人们对科学的整体的马克思主义知之甚少，一些人对马克思主义死记硬背，没有与实际生活紧密联系起来，这些教条式的马克思主义使人们思想僵化、闭锁，致使"文革"结束后部分人对马克思主义的产生了信仰危机。故"文革"后一些青年人在接受了系统的马克思主义学习后发出感言："我们在十年浩劫中所学的政治理论，是被肢解的、被歪曲的马列主义，现在建设社会主义精神文明，要扎扎实实的从马克思主义的哲学 A、B、C 学起。"[①] 因此马克思主义理论研究和建设工程首先要加强对"马克思列宁主义、毛泽东思想、邓小平理论和'三个代表'重要思想的研究，帮助人们深刻认识'三个代表'重要思想这一马克思主义中国化的最新成果，牢牢掌握必须长期坚持的马克思主义原理，破除对马克思列宁主义的教条式的理解，澄清附加在马克思主义名义下的错误观点，引导干部群众用科学的态度对待马克思主义，用发展着的马克思主义指导新的实践"[②]。其次，社会主义任务必须有青年人来担当，马克思主义理论研究和建设工程要把精神文明的灵魂——马克思主义哲学教给广大青年，使青年们具有识别真、善、美的能力，使青年人能在科学的理论指导下避免误入歧途，正如英国哲学家弗郎西斯·培根说过："跛足而不迷路能赶过虽健步如飞但误入歧途的人。"为此，在建设社会主义精神文明的宏伟事业中，广大青年迫切需要精神食粮，马克思主义理论研究和建设工程需要及时出版能反映时代特点和适应当前青年思想水平的哲学普及读物，培养和造就一支高水平的马克思主义理论队伍。最后，当前人们的思想问题是在广阔而深邃的历史背景下形成的，并随着新时期的到来而变化和发展，具有渐进性、曲折性和习惯性等特点，是一个潜移默化的过程。因此马克思主义理论研究和建设工程应该深入人们生活中，发现问题，分析问题，并找到解决问题的方法，从群众中发现问题、积累建议，并以老百姓喜闻乐见的方式和语

---

① 中国人民大学社会主义研究会编：《论社会主义精神文明》，北京出版社 1983 年版，第 182 页。

② 中央文明办组织编写：《社会主义精神文明建设概论》，人民出版社 2005 年版，第 213—214 页。

言让老百姓接受，使之成为老百姓认识世界和改造世界的重要工具。"哲学家们只是用不同的方式解释世界，而问题在于改变世界。"①

第三节　新时期精神家园建设的特点

经过三十年的建设和发展，我国精神家园的各个要素和层次都得到了极大的发展，在全球化和信息化的背景下，新时期精神家园建设呈现出较为显著的特征，具体表现在：

一、精神家园建设的全面、协调与可持续发展

通过以上对我国新时期精神家园建设的基础和背景以及国家为推进精神家园建设采取的几大战略，我们可以发现，当代我国精神家园建设呈现出全面、协调与可持续发展的特点。具体体现在以下几个方面：

第一，新时期精神家园建设与承载精神家园的外在结构之间有机协调发展。新时期经济、政治、文化、教育和科技发展与新时期精神家园建设之间彼此相互依存，辩证互动，是一种有机的联系。首先，经济、政治、文化、科技与教育的发展都是人的一种实践活动，这种实践活动既是人改造客观世界的活动，同时也是人改造主观世界的活动，人的任何实践活动的内容都是精神家园建设的主要内容。正是认识到精神家园建设与社会存在是一个有机体，人们在社会实践活动领域一方面发展生产力，提高物质生活水平；另一方面不断提高精神生活质量，主动、积极建设精神家园。其次，只有在与承载精神家园自身的外在社会结构中，精神家园建设才能体现出现实性和合理性。精神家园虽然具有相对独立性，但这种独立不是完全的、绝对的，而是相对的，是相对于政治、经济等领域而言，它具有自身的内容和规律，因此具有独立性。然而根据社会存在决定社会意识、社会意识对社会存在的反作用这一马克思主义

---

① 《马克思恩格斯选集》（第1卷），人民出版社1995年版，第57页。

基本原理，我们知道精神家园建设最深刻的根据、建设的合理性基础，存在于社会经济发展的要求之中，存在于精神家园与社会经济的关系之中。这不仅因为作为一种精神文化系统，它必然随着社会经济的发展而发展，更重要的是，特定的社会经济形态之所以要求一套精神文化系统与之相匹配，就是因为它是一个必须的和有意义的结构。一方面，精神家园建设在与承载它的外在社会结构的互动中，根据经济和社会发展的要求不断调整和改变自己，只有通过这种互动，精神家园才能获得自身存在的肯定性，否则就会沦为抽象的概念，如鱼离开了水，缺乏生命力最终消亡。"文革"时期脱离社会存在的基础建立理想的"乌托邦"的经验教训就是例证。另一方面，精神家园建设在参与社会实践活动过程中，发挥它的引领、导向、凝聚等功能，促进经济发展，稳定社会秩序，提高人们的生活质量，实现了精神家园建设的现实性，并在这一过程中建构了自身的价值合理性。改革开放40年，中国国际竞争力和影响力增强，人们生活水平大大提高，国家整体呈现出欣欣向荣、健康向上的精神面貌，这正是新时期精神家园建设价值的充分体现。概而言之，精神家园建设是在人们的社会实践活动中展开进行的，离开了社会实践活动的各个领域这个有机体，精神家园就会丧失其原有的合理性，就如黑格尔所说的离开了人体的手就不再是手的道理一样。

第二，新时期精神家园建设注重其内部各要素结构、各层次结构之间的有机联系，推动精神家园建设全面、协调发展。这主要表现为两个方面：首先是个体精神家园各要素、各层次的协调发展。前现代社会，个体的需求被湮没在家与国之中，个体的精神生活由于生产力不发达，基本局限于较低层次的精神需要的满足。新时期改革开放为个体精神家园发展提供了一个开放发展的环境，生产力的飞速发展和物质财富的极大丰富是个体实现高质量精神生活的前提和基础；现代教育和科学技术的推广和普及提升了个体的素质和能力，推动了个体精神需要认知由自发向自觉提升；文化的繁荣和发展为个体提供了丰富的精神食粮和多种选择；全国公共服务体系的建立，如文化设施的建设、公园的免费开放和公共图书管的大量设立等，都为个体精神活动的开展提供了广阔平台，它拓展了人们的交往空间、拓宽了人们的社会关系，丰富了人们的情感生活。概而言之，社会各方面的协调与全面进步体现了个体精神家园各要素协调与全面发展，因为社会的主体是人，同时社会的进步与发展也推动了个体由自发地满足精神需要过渡到自觉去追求高质量的精神生活，促进了人们精神境界的提升。其次，共有精神家园各要素、各层次的协调、全面发展。与前现代共有精神家园建设最大的不同是新时期共有精神家园的要素结构和层次结构，既是一个圆满的体系，又是一个开放的体系。在这个圆满开放的体系中，民族意识和民族情感、民族精神和时代精神以及民族文化不是独立的要素，而是这些要素共同构成了共有精神家园这个有机体。经济全球化和文化的融合趋势并不能从根本上改变各个国家社会结构的民族特性，反而在与其他国家文化的交流、交融和交锋中自觉地加强了本民族精神家园建设，其在新时期我国精神家园建设中表现为：一方面，通过《爱国主义主义教育实施纲要》《公民道德建设实施纲要》以及社会主义核心体系等精神文明理论的建设并开展与之相配套的活动，促进中华民族共有精神家园各个要素的协调全面发展，同时增强人们对中华民族文化的理解和认同；另一方面，新时期我国由于处于社会转型、经济转轨和文化冲突时期，呈现出经济方式多样化、组织形式多样化、利益分配方式多样化和就业方式多样化的格局，人们的精神生活也必然呈现多样化和复杂化的特点。面对这种客观发展实际和人们不同利益的诉求，新时期精神家园建设纠正了"文革"时期思想文化观念建设强调一元主导而忽视甚至抵制多样化的错误思想，提出一元指导思想下文化多样化发展的新局面。即在社会主义核心价值体系的统领下，将精神家园视为一个多元、多层次的精神文化生态，重视和发展各层次的精神文化，且在注重各层次协调和互动的同时，通过将社会主义核心价值体系融入现代化进程的全过程来增强高层次精神文化的辐射性，使其各层次和各要素进入了一个良性循环，精神家园呈现出健康有序、积极向上、欣欣向荣的面貌。

精神家园建设是一个动态的过程，它在社会结构这个有机体中是随着社会经济的发展而不断调整自身要素和层次结构的一个过程。然而经济的发展和社会的进步是一个永无止境的过程，因此反映社会存在的精神家园必将处于不断调整和不断建设的过程中，终极的建设是不存在的。

尤其是处于这个日新月异，瞬息万变的信息社会，精神家园建设更是一个复杂的系统工程，它需要有效地处理好精神家园建设与外在社会结构的协调和互动关系，同时调节好内部各要素、各层次之间的有机联系，才能推动精神家园可持续发展并实现它的功能。正像英国达勒姆大学教授米尔恩所指出的那样，"社会共同体应该建立和维持一种内外部条件，使所有共同体成员能够基于那些确定他的成员身份的条件，尽可能好地生活，这是社会共同体利益所在，也是伙伴关系原则所要求的。"①

二、面向世界与立足民族发展相统一

在当代的全球化背景下，我国精神家园建设呈现出全球性与民族性共存的特点。在 1795 年，德国哲学家康德在《永久和平论》中，以其非凡的睿智预言了不同文化、不同民族、不同国家在一个星球生存的前景。19 世纪 40 年代马克思、恩格斯在《共产党宣言》中描述了自由资本主义时代的全球化现象，论证了它的价值和趋势："资产阶级，由于开拓了世界市场，使一切国家的生产和消费都成为世界性的了。过去那种地方的和民族的自给自足和闭关自守的状态，被各民族的各方面的互相往来和各方面的相互依赖所代替了。"② 我国于 1978 年实行改革开放，正是利用了全球化的高科技以及全球化市场等优势，以较快的速度进入了现代化的历程。经济全球化已经是毋庸置疑的事实并被大家所认可，但是文化全球化的提法目前还有很大的争议。事实上每个国家的经济全球化都伴随着文化的参与。马克思、恩格斯已经明确地指出：全球化背景下"物质的生产是如此，精神的生产也是如此。各民族的精神产品成了公共的财产，民族的片面性和局限性日益成为不可能，于是由许多种民族和地方的文学形成一种世界的文学。"③ 他们所说的世界文学中"文学"包

---

① A. J. M. 米尔恩：《人的权利与人的多样性》，中国大百科全书出版社 1996 年版，第 47 页。
② 《马克思恩格斯选集》（第 1 卷），人民出版社 1995 年版，第 276 页。
③ 《马克思恩格斯选集》（第 1 卷），人民出版社 1995 年版，第 276 页。

括了艺术、哲学、科技等精神文化的所有方面。可以看出，马克思在他那个年代就已察觉到了全球化渐近的足音，并且深刻地意识到全球化现象不仅仅出现在物质生产领域，同样也会降临在与精神生产相联系的社会文化领域。因此，人类共有精神家园的出现不仅是可能的，而且是必然的。然而人类共有精神家园是由许多个民族的精神家园共同组成的，正如中华民族共有精神家园是由每个中国人的精神家园组成。因此，面对全球化的趋势，我国新时期精神家园建设须要立足世界，这是新时期精神家园建设一个不同以往的特点。尤其是当今网络技术所构成的互联网世界，它打破了国与国之间、人与人之间原有的隔阂，在这样一个几乎任何人只要有一台可以联网的电脑就可以进入互联网世界的时代，互联网为人类精神家园的实现提供了一个便捷的途径。正如美国传播学家萨姆瓦所描述的："现代化的电讯技术的发展，似乎在迅速地打破不同文化间的时空关系。由于偶然的和人为的原因，某些曾经显得遥远的，与世隔绝的文化，一下子与我们的关系密切起来。"① 任何作品、信息、思想都可以被广泛地流传，越来越多的人可以直接通过网络了解它、掌握它。现在知识、信息的权利不再是少部分人的特权，人们只要识字、掌握电脑的基本操作，就能及时掌握最新的信息和丰富的文化资源。例如，佛教和道教等宗教，过去的寺庙都是建立在深山老林，人们要想信奉宗教，需去寺庙听法师或道长的传教，如今各宗教派别都在网络中建立了各自的网站，设立了法师讲坛、讲义精解、诵经坛、信徒交流区等专块，信奉者可以不出门便可在家里听法师和道长们的讲经，与信徒们互相交流等。人们可以根据自己的需要，自主地选择加入与自己思想相符合的精神领域。总之，人们的精神家园随着全球化的交流，也日益丰富多彩。各国文化为之添砖加瓦，共享人类精神文明成果，同时也繁荣了人类精神文化成果。随着全球化的进程加快，人类共同的精神家园建设将会实现，但这不是一朝一夕的，它必须经历很漫长的时间。它需要各个国家的精神家园相互融合，相互交流，相互碰撞和冲突，才能繁荣和充实人

---

① 拉里·A·萨姆瓦等著，陈雷、龚光明译：《跨文化传通》，三联书店1988年版，第2—3页。

类共有精神家园建设。正如英国历史学家汤因比在《历史研究》中说到："文明生长的活力在于挑战—应战，其过程是挑战—应战—平衡—新挑战—新应战……文明正是在这种胜利的应战过程中进步的。"①

但是世界性并不意味着同一性和一致性，正如中华民族共有精神家园建设并不意味着中国 56 个民族都是同一个文化，而是尊重各民族的文化并鼓励其文化多样性的发展。人们处在这种文化氛围中，在社会主义核心价值体系的指导下为实现中华民族的共同目标——中华民族的伟大复兴而共同努力。作为人类精神家园建设的一份子，中华民族共有精神家园建设既要站在世界性的视域，体现人类共有精神家园的共性——世界性，同时也要立足于本民族的文化，充分体现中华民族的个性——民族性，从而一如既往地为人类的文明作出贡献。信息通讯的普及化、高速化和全球化，使人类不出门便可知晓外面的世界所发生的事情。随着交往的密切我们会发现不同民族在日常生活、建筑、食物等方面表现出差异。如 2011 年发生在佛山的小悦悦事件，由于网络的便捷引起了国内外的共同关注，国内对 18 名路人漠不关心的冷漠态度给予了严厉地斥责，由此引起了"中国人道德怎么啦？"这样一个话题的一场全民大讨论。而当问及外国人怎么看待这个事件时，他们认为这 18 个路人并没有做错什么，这样的事情如发生在美国，第一反应是孩子的监护人失责并马上会受到法律的起诉。而国内对小悦悦父母有失监管这一事实却在网络上少有人提及。这两种截然不同的态度和思考方式体现了两国的文化差异，产生这种差异主要在于文化的深层——价值观的不同。价值观是一个民族文化的内核，它深深地影响着生活在这个民族的人们的思想和行为，并形成这个民族独有的性格。这种民族性格体现为一个民族的精神，而它的形成是这个民族的人们进行长期生产实践活动的结果，是一种历史的积淀。民族精神也是中华民族共有精神家园的内核，它是区别于其他民族精神家园的一个重要标志。我们如果按照弗洛伊德精神分析法来探讨民族文化，则可发现民族精神就代表着无意识，我们知道弗洛伊德认为无意识是永恒的、无时间的，儿童时代所遭受的各种创伤和欲

---

① 汤因比：《历史的研究》（下），上海出版社 1986 年版，第 456 页。

望都会在今后的生活中以不同途径和形式体现出来。中华民族从野蛮时代进入文明时代，与原始氏族中的注重血缘关系这一脐带并未剪断，并在孔子的思想下得到提炼并形成以仁为核心的伦理道德文化，这一文化为中国两千多年的封建社会提供了一套完备的价值体系。另外，先秦时期（童年）所遭遇的分裂和战乱而渴望团结统一、爱好和平、勤劳勇敢、自强不息的精神，以及中华民族自诞生至今的以家为核心注重伦理的道德精神都已融入中华民族的血液，成为每一个中华民族儿女基因中的 DNA，她深深地影响了中华民族的发展。如果按照弗洛伊德同心圆的说法，那么在中华民族文化的发展中，我们也可以看到这个同心圆的作用。人们的思想方式、价值判断和行为选择是深受这个同心圆的最核心的民族精神影响。

然而民族性格间的种种差异是如何产生的？按照马克思的观点，"物质生活的生产方式制约着整个社会生活、政治生活和精神家园的过程"①，而一个国家的物质生活的生产方式又包含了这个国家以前各种、各阶段生产方式的踪迹。因此每个民族的精神家园建设也包含了这个民族或国家以前各种、各阶段的精神家园的踪迹。黑格尔曾对此有精辟的论述，他认为，"人类的精神文化，无不具有'民族精神的标记'。这种民族精神传统是不断流变、生生不息的。这种传统并不仅仅是一个管家婆，只是把她所接受过来的忠实的保存着，然后毫不改变的保持着并传给后代"，它也"不是一尊不动的石像，而是生命洋溢的，有如一道洪流，离开它的源头愈远，它就膨胀的愈大"②。比如美国民族精神一定来自美国以前的生产方式，它是由英国一些新教徒来到美国后建立起来的。而这些英国新教徒，虽然环境变了，但是他们宗教信仰的改变却很慢，因为宗教已经影响到他们生活的各个方面，影响到他们的语言。由此宗教信仰一直是当代美国精神家园建设的核心。同样的道理，新时期中国精神家园建设也是如此，它不能脱离以前几千年的精神文化而凭空发展，它必须以中华民族文化为根基和土壤，以过去的整个发展为基础。正如

---

① 《马克思恩格斯选集》（第 2 卷），人民出版社 1995 年版，第 32 页。
② 黑格尔：《哲学史讲演录》（第 1 卷），三联书店 1956 年版，第 8 页。

马克思所说："一切划时代的体系的真正内容都是由于产生这些体系的那个时期的需要而形成起来的。所有这些体系都是以本国过去的整个发展为基础的，是以阶级关系的历史形式及其政治的、道德、哲学的以及其他的后果为基础的。"① 正是每个国家物质生产方式的发展决定了每个国家精神家园建设所带有的本民族特征。

因此新时期中华民族共有精神家园建设必须站在世界性的视域中，但同时也要立足于民族性的视野，从而保持中华民族共有精神家园的独立性和民族性。当今全球化背景下的文化交流、碰撞和冲突中，"一个独立的民族文化，与另一不同类型的文化相遇，前途有三种可能：一是孤芳自赏，拒绝交流，其结果是自我封闭，必将陷于衰亡。二是接受同化，放弃自己原有的，专以模仿外邦文化为事，其结果是丧失民族的独立性，将沦为强国的附庸。三是主动吸取外来文化的成果，取其精华，去其糟粕，使民族文化更加壮大。"② 全球化不是一个单向度的流动，而是一个双向互动的交流、交融。改革开放以来，新时期中华民族共有精神家园建设主动参与全球化的文化交流中，自主吸取一切外来的优秀文化成果，增强中华民族文化的吸引力和辐射力。最近党中央不断加强和完善中国特色社会主义文化体制建设，既注重文化进口，同时也注重文化出口，新时期精神家园建设出现了繁荣的景象。正如张岱年所说："对于任何一个民族而言，拥有文化输出与文化接受的健全机制，方能获得文化补偿，赢得空间上的拓展和时间上的延展。"③

三、现实物理空间与网络虚拟领域相结合

互联网迅速连接着千家万户，为我们的交流构架了桥梁，现代人的生活正逐步被纳入互联网之中。虚拟性是网络的主要特征，尽管"虚拟

---

① 《马克思恩格斯全集》（第 3 卷），人民出版社 1960 年版，第 544 页。
② 张岱年：《文化与价值》，新华出版社 2004 年版，第 285 页。
③ 张岱年、方克立：《中国文化概论》，北京师范大学出版社 2004 年版，第 87 页。

贯穿人类文明发展的始终，渗透于生活的方方面面，是我们生活的一部分，是人类独有的文化实践"①，但是过去人类精神生活的虚拟主要体现在科学研究中的假设、假想，文学艺术中的想象、虚拟、幻想、虚构等等，它们不仅是科学研究和文学艺术的重要方法，同时也是人类创造性活动中不可或缺的重要要素，是人类特有的精神活动现象。在前互联网时代，这些精神活动仅为少数"精神贵族"所特有。随着网络文化的大众化、多元化、全球化和个性化，网络世界成为人类除现实物理世界以外第二个生活空间。数字时代的预言家尼葛洛庞帝有句名言："计算机不再只和计算机有关，它决定我们的生存。"② 人类创造了网络，反过来网络也改变了人类的生活。与前互联网时代相比，新时期精神家园建设呈现出人们精神世界的现实领域和虚拟领域相结合的特点。本文着重论述网络给人的精神世界所带来的变化和影响。

首先，虚拟的网络世界为人们超越现实世界，提供了一个精神的栖息地。伴随着网络而诞生的"网络文化是以计算机技术和通信技术相结合为物质基础，以发送和接受信息进行人际交流而形成的一种新文化。它是人、信息、文化三位一体的产物，是人类社会发展到信息时代的产物"③。网络文化并不是一个抽象的概念，人们的工作和生活等日常活动都按照网络的方式进行，自然而然就形成了体现人生存方式的文化。这个文化反映了人类的生存过程的一个境况，正如丹尼尔·贝尔说的："文化本是为人类生命过程提供解释系统，帮助我们对生存困境作出的一种努力。"④ 即我们通过文化来感受生活的意义和价值，也正是有了文化，生活才有了属人的意义。网络文化正是在现代社会生产力高速发展，人们生活节奏加快，人们精神压力倍增的时代背景下应运而生，由于网络具有技术平民化和空间自由化的特点，为现代化社会中的人们提供了一

---

① 朱珊：《作为人类一种存在方式的虚拟》，《哲学研究》2009 年第 12 期。

② ［美］尼葛洛庞帝：《数字化生存》，海南出版社 1998 年版，第 15 页。

③ 江潜：《数字家园——网络传播与文化》，复旦大学出版社 2001 年版，第 52 页。

④ 丹尼尔·贝尔著，赵一凡、蒲隆、任晓晋译：《资本主义文化矛盾》，生活·读书·新知三联书店 1989 年版，第 24 页。

个不同于现实世界的虚拟空间，人们可以在这虚拟空间中，得到心灵的放松和自由。人们的性别、职位、收入、教育背景等因素造成的人与人之间的差异在网络中都被屏蔽。正是网络空间的平等和自由为人们虚拟了一个平等的理想社会，人们可以在这个理想社会中，使精神得到归宿和安宁。在玛格丽特·沃特海姆的《电脑空间与基督教的天堂概念之类比》一文中，显得最为突出："在现在这个社会和环境分裂的时代，正如早期基督徒把天堂当做超越尘世喧嚣和腐朽的理想王国一样（帝国在他们周围崩溃时，这一腐朽衰弱格外明显），今天的那些改变了宗教信仰的人也把他们的电脑空间领地视为超越尘世烦恼的世外桃源。早期的基督徒把天堂鼓吹为人类灵魂可以不受脆弱和无能的肉体羁绊的地方，今天的电脑空间的信徒们也把它吹嘘成一个自我可以从形体中解放出来的圣地。"[1] 在由著名学者郑永廷教授主持的国家教育部重点课题《现代人的精神家园质量和规律研究》[2] 所进行的调查问卷中，其中一个问题是"当你精神不太好时，你会采取何种途径来解决？"被调查的不同层次的五类人群都将"上网"选为最主要的方式之一。可见，网络文化中的自由和平等为人们精神生活的丰富和充实提供了一个空间。但伴随着自由的同时也存在着一些不健康、消极的文化现象，给人们的精神带来污染，如网络犯罪、网络诈骗、网络色情等等。为此，新时期精神家园的建设不仅要注重现实领域加强主导文化的建设，还要注重虚拟领域中加强网上思想文化阵地建设。十七届六中全会中将发展健康向上的网络文化作为社会主义文化建设的迫切任务。通过加强和改进网络文化建设和管理、网上舆论引导、实施网络内容建设工程、支持重点新闻网站的发展和加强网络法制建设等措施来使社会主义先进文化引领网络文化发展，为人们创建一个美好、健康、充实、积极的网络精神家园。

其次，网络虚拟空间改变了人的活动方式和交往方式，丰富了人们

---

① 玛格丽特·沃特海姆：《电脑空间的天堂之门》，载于恐惧的建筑，转引自[英] 齐格蒙特鲍曼：《全球化——人类的后果》，商务印书馆2001年版，第20页。

② 教育部人文社会科学研究基地重大项目"现代人的精神生活质量与规律研究"（07JJD720047）主持人：郑永廷教授。

的精神生活。"据《中国互联网络发展状况统计报告》（2017年1月）显示，截至2016年12月，中国网民规模达到7.31亿，较2015年底增加4299万人；互联网普及率攀升至53.2%，较2015年提高2.9个百分点；我国手机网民规模达6.95亿，较2015年底增加了7550万人；手机网民在总体网民中的比例进一步提高，从2015年末的90.1%提升至95.2%。同时，我国农村网民规模也已达到2.01亿，占整体网民的27.4%。"①自1995年来至今，我国因特网建设虽然时间不长，但是其发展速度是惊人的。这高速的发展意味着我国虚拟生活的对象在不断扩大，区域也逐渐加大，由过去的主要集中在城市发展为如今如一张大网遍布了中国的大部分地区。网络的快速发展和普及消除了生活与工作的局限，也逐渐消除了地区间的界限，从而加强了人际间的交往和文化的交流，由此也极大地促进了人的现实精神生活的发展。目前以计算机为媒介的网络如何影响人们的社会关系这一话题引起了广泛的争论，观点主要有二：一种观点认为在一个工作、娱乐和社会关系都存在于互联网上的信息社会里，人们会完全拒绝在现实世界建立社会关系的需求，而网络上的社会关系没有传统中人与人之间的社会关系那样意味深长。这是目前持高科技给人类带来弊端这一观点的人们尤为强调的。另一种观点认为，存在于网络上的社会关系不仅为过去以血缘和地缘为纽带的传统社会空间提供了一个替代空间，同时还使人们交往摆脱了地域的限制，将人们联合到了一个不受地域限制的有共同兴趣的社团中来，使人们的社会关系逐渐丰富。根据研究人员有关网络对人际关系影响的多年实证调查发现，网络总的来说是拓展了人们的社会关系，增加人与人之间的交流，为工业社会给人所带来的孤离感提供了一个解决的途径。如"学者对互联网的研究，发现以计算机为媒介的交流在保持社会关系中的潜能，通过对人们在联机和脱机时社会关系网的调查，研究者发现网络社会中的社会关系的前途是光明的，人们通过网络认识和联系的人在脱机后也照样联系。并且根据Krant等经过多年研究中发现网络的最初的一些负面影响随

---

① 《中国互联网络发展状况统计报告》（2017年），中央网信办官网 http://www.cac.gov.cn/2017－01/22/c－1120352022.htm.

着时间消失了。Krant 等发现更多用户频繁的使用网络，扩大了他们社会关系网的规模，增加了与家人和朋友之间的面对面地交流，并且更积极地参与社区活动。他们还发现互联网成功地帮助那些以前社会关系很少的人结交了新朋友"[1]。总的说来，因特网生活方式扩大了人们的视域，拓展了人们交往和活动的领域，丰富了人们的精神文化生活，成为人们现实精神生活的有益补充，是社会生活体系的一个不可或缺的重要部分。

任何事物在发展过程中都会呈现其两面性，网络本身并无善恶，关键在于使用网络的人。为此，我们应该提高人的素质，使其具备与高科技相匹配的人文素质，这样才能更好地利用高科技为人类服务。总之，网络虚拟空间不仅全面而深刻地拓展了现实世界，还因其平民化、自由性、平等性等特征独具神秘和魅力，深深吸引着无数的人们，使人们乐于穿梭于现实世界与网络世界之间，"虚拟和真实，有生和无生"之间的界限已经模糊。[2]

---

① ［美］曼纽尔卡斯特主编：《网络社会——跨文化的视角》，社会科学文献出版社 2009 年版，第 246—247 页。

② ［美］曼纽尔卡斯特主编：《网络社会——跨文化的视角》，社会科学文献出版社 2009 年版，第 242 页。

第五章　新时期精神家园建设的时代课题

十一届三中全会召开后，我国进入政治、经济、文化、科技等全面发展的新时期。建立和逐步完善社会主义市场经济体制为新时期我国精神家园建设提供了坚实的物质基础；文化的大发展和大繁荣为我国精神家园建设提供了丰富的精神能源；高科技的运用为精神家园建设提供了多种途径和自由空间；民主和法制的不断完善为人们健康有序地开展精神生活提供了政治保障。这一切都使我国的社会结构与社会面貌、人们的实践方式与思想观念发生了深刻的变化。人们在物质生活条件不断改善、水平不断提高的基础上，精神生活也不断丰富多样、充实发展。但事物总是辩证发展的，市场经济、全球化和科技给人们带来了生活丰富、便利的同时，也带来新课题、新矛盾和新挑战。研究和解决这些矛盾和问题，既是人们提高生活质量的价值诉求，也是增强我国社会的凝聚力、竞争力和软实力的需要。

第一节　市场经济条件下精神家园建设面临的新问题

一、经济快速发展与物质追求强化对精神家园建设的挤压

社会主义改革的主要目的是发展生产力，满足人民群众日益增长的物质和文化生活需要。用哲学的术语来说就是创造价值，即创造物质价值和精神价值。我们进行的物质文明建设，就是要创造物质价值；开展的精神文明建设就是要发挥精神的能动作用，创造精神价值。物质价值是基础，决定和制约精神价值的发展和创造；同时，精神价值为人们创

造物质价值提供动力和指明方向。两者相互制约，相互促进，共同构成了社会主义的价值体系。从党的十一届三中全会开始，党中央果断决定将党的工作中心转移到经济建设上来，恢复了物质价值生产在整个价值体系的决定性地位。改革开放40年的巨大成就，使人们生活得到了显著改善，人们的独立性和自主性增强，国家的国际地位明显提升。但是部分地区和人们在追求物质价值的同时忽视甚至摒弃了价值的另一维——精神价值的追求，从而在精神家园建设进程中出现了一些问题，表现为市场经济中夸大价值规律而刺激人的精神追求，强烈的竞争和功利价值取向影响了精神家园建设的质量。

（一）夸大价值规律而刺激精神价值追求

价值规律是商品生产和商品交换的基本经济规律，即商品的价值量取决于社会必要劳动时间，等价交换是价值规律在市场经济中的一个重要原则。个体的知识、能力和素质构成了一个人的价值，同时也是个体在社会中竞争的资本。一个人要在竞争中实现自己的价值，必须具备符合市场需求的知识、能力和素质，才能在市场竞争中获胜。公平竞争让所有人可以凭借自身的能力，而不是依靠出生地位来决定自己在社会中的位置。因此市场经济最大的功绩就是发现了自我的存在。它使个体通过诚实劳动所获得的利益得以合法化和合理化，并以制度的形式给予了保障。一方面市场经济使人们的主体性、积极性、独立性、创新性等能力得到前所未有的发展，另一方面人们对利益的诉求也推动了社会和经济的快速发展。但是市场经济的盲目性、自发性和趋利性使得部分人在物质利益的驱使下，将市场经济的价值规律泛化到人的精神领域，对人的精神追求造成了巨大的冲击。

价值规律泛化到道德领域，导致终极目的虚无化，具体目标终极化。按照价值规律的等价交换原则，商品的价值量是由社会必要劳动时间决定的，因而那些具有现实性的、即时的、看的见的同时也是可以被衡量的、能进行交换的物质价值，继而成为人们追逐的对象。马克思·韦伯将其称之为工具理性或形式理性。工具理性主要被归结为手段和程序的可计算性，是一种客观的合理性，不含道德的价值判断；那种不具有直接功利性质的、看不见的，并且关乎人们长远利益的价值，属于人的主观意识范畴，不能加以直观衡量，不具备可比性，不可用于客观衡量，因而无法用于市场交换，如理想、信念、道德等价值。韦伯将其称之为价值合理性和实质合理性。一些人将经济领域中价值规律泛化到道德领域，改变了人的思维方式，继而改变了人的行为和生活方式。货币本是实现目的的手段，如今却成为人们崇拜的对象，代表着人们终极目的的理想、信念、道德等内在价值由于缥缈、虚空、无法衡量，被认为不够实在、实用进而被急功近利的人们抛弃。终极目的的虚无化、具体目的终极化导致价值秩序在现代社会中出现倒置，内在价值让位于实用价值：人们对工具理性的认同，使得他们在功利原则的支配下，由过去追求正直、勇敢、奉献、友情、爱情和亲情等内在价值逐渐转为在市场交换中争取获胜的实用价值，如机敏、反应快、适应能力强等，这类价值在交换中具有可比较性，因此被视为有用而成为一种普遍有效的道德价值。正如西美尔所言，"商人和企业家的职业价值，这一类人赖以成功并搞事业的秉性被抬高为普遍有效的道德价值，甚至被抬高为这些价值中的'最高价值'。机敏、快速适应、计算型智力、对保障生命'稳妥'和八面玲珑的意识——确切的说，能够创造这些条件的特有能力，对各种情况的'可测性'、对连续工作和勤奋、对签订和遵守合约的详略等意识，现在都成为基本品德；勇气、英勇、牺牲精神、冒险乐趣、高贵意识、生命力、征服意识、对经济财富的等闲视之的态度、家乡恋情、对家庭与家族的忠心、对领主的忠诚、统治力、恭顺等隶属于上述的基本品德了"[①]。现代社会对实用价值的关注，忽视内在价值追求的这种较低价值已被许多人认同并深深渗入全部的现代道德之中，在我们的生活中已成为一种无意识。"终极价值目的性的缺失，以有用价值凌驾于内在价值，以效益规定一切意义，这可能是功利精神对人类精神世界带来的最深刻、

---

① 马克斯·舍勒著，罗悌伦等译：《价值的颠覆》，生活·读书·新知三联书店出版社 1997 年版，第 142—143 页。

最令人担忧的问题。"① 在这里不再有传统意义上的崇高，或者说，对物质利益的追求成为人们最高目的。然而实用价值最终不过是实现人们内在价值的手段，正如西美尔所说的"金钱只是通向最终价值的桥梁，而人是无法栖居在桥上的。生命的情感若要寄托在这个空洞的世俗之神上，最终的空虚就无从避免。"②

物质价值和精神价值缺一不可，偏向任何一方，都会导致人性发展的单一化、片面化。前现代社会无论东方还是西方，都将欲望看作是破坏人幸福、美德、价值、目的等内在价值的对立物而加以节制和压抑。这种注重精神价值追求的思想无疑是深刻的，值得当今人们借鉴。但是如果把两者绝对对立起来，企图彻底摆脱功利的纠缠去追求道德的高尚性，从而完全拆除道德借以立足的根基，使道德变成一种无根的花朵，显然这是虚妄的。现代社会如果摒弃精神价值的引领，将会使物质利益变成一艘无方向盘的航船，引发人的生存意义危机，是值得当代人反思的。

价值规律泛化到情感领域，导致人际关系疏离。价值规律强调以最少的社会必要劳动时间来获得最大效率，意味着人们要用最少的时间，降低成本来使利润最大化，这样方能在市场中获胜。价值规律泛化到人际交往中，表现为在与他人交往中，物质利益原则成为当下部分人选择与其他人交往的衡量标准。人与人之间以物为媒介，使个体在获取了前所未有的自由的同时，也让人感受到了前所未有的孤离感。这种孤离感是指人们对自身存在的某种孤独、孤离状态的感受。"孤离感既是对人际关系中彼此淡漠、相对封闭状态的主观反映，同时亦是对个人自身存在不完整性、灵肉二元分隔、失去家园状况的感受。"③ 孤离是现代社会的一个普遍问题。只要实行现代化的国家，无论东西方，都出现了人的孤离问题，这种现象在西方尤为普遍。中国作为一个发展中国家，在现代

① 马克斯·舍勒著，罗悌伦等译：《价值的颠覆》，三联书店1997年版，第134—145页。

② 陈戎女：《西美尔与现代性》，上海书店出版社2006年版，第72页。

③ 高兆明：《社会失范论》，江苏人民出版社2000年版，第207页。

化逐渐加深的过程中，也终必遭遇而深有所感。根据中国疾病预防控制中心精神卫生中心在 2009 年公布的数据，我国各类精神疾病患者人数在 1 亿人以上，重性精神病患者人数已超过 1600 万。也就是说，每 13 个人中，就有 1 个是精神疾障碍者，不到 100 个人中，就有 1 个是重性精神病患者。而这个数据在在上世纪 50 年代，我国成年人群精神障碍患病率还仅为 2.7%，到了 2009 年，这个数字则达到 17.5%。造成短短几十年的时间精神疾病患者人数的激增，市场经济中的激烈竞争是造成人际冲突乃至人"精神失常"的主要原因。美国心理学家罗汉森强调，"人与人之间的竞争和冲突是造成'精神失常'现象的主要社会根源"①。现代心理学的研究表明，人对环境变化的适应能力是有限的。过快的社会变化对人的心理乃至社会都会产生巨大的影响。"它使社会上所有的人和组织都窘于应付，因而产生适应能力的危机，给人带来了无所适从的迷惘。现代人的迷惘感比任何一个时代的都要强烈的多。"② 宣称"世界疯了"是对现实世界种种病态现象的谴责，怀疑"自己疯了"是对自身判断能力的怀疑。现代人的迷惘和困惑就是这样一种社会性的"适应能力缺乏症"，他们精神上的困顿一旦外化为异常行为，也就成了所谓的"精神病"。美国精神病学家萨兹认为，"精神病不是疾病，而是生活问题。疾病是人体物理化学机制失调，而'精神病'来源于人与人之间的关系"③。

我们将人与人的关系称之为人际关系，关系的亲疏通过人与人之间的交往体现出来。当代人际交往包含有两方面的内容：一是人与人之间的事物交往，中国社会科学院研究员赵汀阳将此交往称之为事际交往，台湾知名哲学家韦政通称其为行为交往。二是人与人之间的心灵交往，又称情感交往或心际交往。事际交往在现代生活中体现为，人们常常以官员、商人、农民、艺术家等身份出现，此时人表现为角色，而角色代表着某种职能。它表现了现代社会的人纯粹地与事物的职能打交道；而心灵交往是人与人之间情感的交流，它涉及双方的性格、爱好、信仰、

---

① 王晓朝：《裂变的烦虑》，上海文化出版社 1993 年版，第 17 页。
② 王晓朝：《裂变的烦虑》，上海文化出版社 1993 年版，第 17 页。
③ 王晓朝：《裂变的烦虑》，上海文化出版社 1993 年版，第 14 页。

德性等内容。人是社会性的动物，是情感动物。情感是人的一种内在需求，是个体精神家园要素结构中不可或缺的一部分，它也是联系和维系人际交往的动力和依靠。在中国的前现代社会，由于经济方式的单一，人们的生活方式也比较单一，在人际交往中，人们不仅要重视事理，更要注重情理，因此人际交往的两方面是同一的。并且，为了克服人际疏离，儒家思想以仁为核心的家国一体，由家及国的文化设计，都是为了强化人际的情感反应，并且把它制度化。由此一直以来，家庭成员之间的感情，愈能热切地交流，愈能和衷共济，愈代表兴隆和谐之象，这样的家庭，成为社会赞美和羡慕的对象。尽管这种温情脉脉的人际关系是以牺牲个体自由为代价的，但是注重情感的心理需要是人类社会永恒的需要。

现代社会，一方面由于个人生活与社会结构的分歧化与专业化，人际关系的两方面出现了分离。另一方面人际关系表现为个人和个人之间的关系，它抽掉了人与实体的关系这个中介，取而代之的是以物为中介的关系。货币成为人与人之间交换的媒介，经济领域中对效率、速度的注重使得人际关系只剩下了事际交往这一维，它不能触及人的心灵并化解心灵的寂寞与孤独。如师生关系，过去常说一日为师、终身为父，师生关系如同父子关系，可见是非常亲密的关系。现在教师像个制造商，让学生一批一批得到毕业文凭就好。师生关系大多数只限于知识上的交往，他们离开教室，极少往来，犹如陌生人。人际交往的另一个维度情感交往、心际交往被忽略了。一个人代表着某种事物的职能出现，与其代表着自己的个性、美德、修养等出现而造成的交往关系是不一样的。将人的道德、情感、价值、理想等个性排除在外的人际交往的确使现代人交往方式多样化，交往范围扩大化，然而"人却感觉到越来越孤独，呈现一种'寂寞群众'的现象。这种现象的出现是因为维系人与人之间的心灵之桥断了。人际的心灵之桥，是由双方热烈的感情之流架设的，一方的细微振动，都可能波及对方。感情之流把双方紧紧系在一起，在这种情形下，才算取得了他人的情感反应"①。缺乏心际交往的人际交

---

① 韦政通：《中国文化与现代生活》，中国人民大学出版社 2005 年版，第33—35 页。

往，久而久之，会造成人心理疾病和精神萎靡。在著名学者郑永廷教授主持的国家教育部重点课题《现代人的精神家园质量和规律研究》所进行的调查问卷中有这样一个问题：是什么引发各种心理疾病？选择"人际关系紧张与冷漠"这一选项的人数高居第二位，仅次于"社会竞争压力"选项。在问及是什么原因引发自杀问题时，选择"缺乏人际交流"这一项的人数则高居榜首，"缺少关爱"则居第三位。①

概而言之，人际关系的两个维度，对于人性的丰满都是不可或缺的。因为人际关系的两个方面即事际关系和情感关系对于任何人都是同等重要的，前者决定了一个人的生存空间和物质生活，后者决定了他的生活空间和精神生活。人类特有的生活和幸福都发生于人与人的关系中，如亲情、友情、爱情等，离开他人，生活就会失去意义。

(二) 激烈竞争导致功利取向明显影响精神家园建设质量

市场经济的一个重要特征，是激发竞争并依靠竞争推进，因而市场经济也称之为竞争经济。竞争是一种重要的社会现象，社会生活的基础是经济生活，竞争在经济生活特别是在商品经济、市场经济中得到最充分体现。竞争经济中的激励机制，一方面刺激了社会生产力的发展，使社会充满活力；另一方面又以一种难以抗拒的力量将人们的关注力引向自身的物质利益，影响着人们的精神生活质量。

激烈的竞争导致部分人关注个体，忽视集体，消弱对社会共同价值观的认同。90年代中国处于社会转型期，计划经济向市场经济转移，使人们竞相追逐那些看得见、具有直接现实性的，关乎人们切身物质利益的，可用来交换并且作为衡量一个人在市场竞争中身份和地位的价值。正是这种以物来衡量人的价值，使个体摆脱了前现代社会中人与人的依附关系，进入马克思所说的"以物的依赖性为基础的人的独立性时代"，人们对物的依赖成为个体自由和独立的物质基础和必要前提。以货币为等价交换物的市场经济使个体成为了一个独立的个体，个体与集体的关

① 教育部人文社会科学研究基地重大项目"现代人的精神生活质量与规律研究"（07JJD720047）主持人：郑永廷。

系转化为以物为中介的个体与个体的关系。它消解了传统社会为人们提供的具有整体性与确定性的精神文化系统,一方面给个体带来了前所未有的选择自由,人的独立性和自主性得到了空前提高;另一方面又使一部分人陷入一种未曾有的孤独、焦虑、无助的不确定性的状态中。人的这种不确定性,首先,当今人们处于一个瞬息万变、复杂多样、变动不居的现代社会,它不同于小农经济下求稳、安贫乐道的生活,它要求人们创新、变动。然而个体脱离集体,独自面对强大的、复杂多变的社会必然会产生一种巨大的压力。正如齐格蒙特·鲍曼所说的,"个体不得不面对稳定的压力,即不得不凭借个体的力量去解决不断变化的社会条件带来的不可预测性、非连续性与空虚"①。这种空虚让人产生一种无所依靠和无助感。其次,少数个体持利己主义,注重个人私利和个人享受,集体利益和社会责任通通被弃置,这势必导致个体精神生活中的公共性和社会性向度日渐丧失。正如鲍曼所言,"无数分离的个体由于无力解决系统化的矛盾而深陷于危机与恐惧之中,从而丧失了想象力与行动力。它使得个体逐步退回到个人狭小的私人领地中,丧失了参与社会公共事务的热情。"个体公共生活和社会生活的缺乏一方面使个体精神生活处于单调、贫乏、闭锁的状态中,另一方面也使个体难以产生对社会主义核心价值体系的认同。共同价值观形成于人们共同的生活实践中,人们只有积极参与公共事务,社会共同价值观才能被人们所认知、认同并内化为人们的行为。如果人们仅醉身于私人乐趣中,社会共同价值观将难以形成。缺乏一元主导的价值体系必然使个体陷入价值虚无境地,个体面对多元价值选择会呈现出迷茫、困惑、焦虑和不确定性。同时,缺乏一元主导的多元文化思潮将会使整个精神家园处于一种无序、动乱的状态,那么西方资本主义发展过程中所出现的人的生活物化、人际疏离、精神疾病增多等精神危机现象也将会冲击当代中国人的精神生活。为克服社会个体化带来的共同价值观的消解而产生的人的孤独和虚无,西方以麦金太尔(Alasdair MacIntyre)、沈岱尔(Michael Sandel)、泰勒(Charles

---

① 齐格蒙特·鲍曼著,郇建立译:《被围困的社会》,江苏人民出版社 2005 年版,第 16 页。

Taylor）及华尔色（Michael Walzer）等人为代表提出了社群主义哲学理论，尽管意见莫衷一是，但都是强调通过社群建立共同的目标和共同的价值观。

新时期我国共同价值观的建设需要在集体和个人之间保持适度张力，因为个体具有社会性和个性的双重特征。就其社会性一面来说，从社会角色中寻求存在的价值根据、生命意义，这是合理的。然而个体又有其独特的生命存在与功能，应当是有个性的。如何在集体中实现个体的价值，邓小平的一段话能给我们当今中国精神家园建设提供重要的启示："每个人都应该有他一定的物质利益，但是这决不是提倡各人抛开国家、集体和别人，专门为自己的物质利益奋斗，决不是提倡各人都向'钱'看。要是那样，社会主义和资本主义还有什么区别？我们从来主张，在社会主义社会中，国家、集体和个人的利益在根本上是一致的，如果有矛盾，个人的利益要服从国家和集体的利益。"① 简言之，个体的主体意识和独立性只有在集体中才能得到真正实现。即马克思所说的，人的自由必须在集体即自由联合体中才能实现。

激烈的竞争致使精神生活呈现感性化。效率和速度是竞争经济的两个重要特征，人们为了在竞争中取胜，必须追求更快的速度，减少社会必要劳动时间，提高效率，实现价值的最大化。然而这种竞争经济中追求速度和效率的趋势泛化到文化心理层面，使人的心灵秩序呈现感觉化的趋势。前现代社会中的人是生活在过去—现在—未来的三维时空里，过去的经验是人的立足点和出发点，而未来的最高价值目标规定着、指引着人的前进方向，充实而有意义。如中国古代崇拜祖先，祖先的圣言、圣行、圣德是现世的人思考行动的准则，而"内圣外王"是人最高的道德目标，一般老百姓能履行好自己所处地位规定的职责和义务便是功德圆满，实现了人的价值和意义。西方人的原罪意识规定着人现世的生活就是赎罪，天堂的归宿是现世的人不断追求的终极目标。这种稳定的三维空间是与当时的经济发展相匹配的，以牺牲和压抑个体自由为基础，并且是一种单向度的发展。其中人是被动的，人没有选择自己生活方式

---

① 《邓小平文选》（第 2 卷），人民出版社 1994 年版，第 337 页。

的自由，没有选择未来生活的自由，只有按照既定的路线完成和实现人的一生。随着近代社会个体的主体性和独立性得到彰显，实现市场经济的首要条件就是个体必须是独立的利益主体，因此为个体的自由发展提供了经济基础和现实条件。人从传统的束缚中解放出来，人的精神获得了自由，人成为了自己的主人。然而市场经济与农业经济最大的不同就是要竞争，竞争意味着创新，创新意味着要时时革新，打破旧的观念和思想。尤其是信息社会的到来，信息的瞬息万变，更要求人们的思想和观念要发展、运动和变易。"发展""变化"更新"不仅是现代生活的外在状态，也是现代生活的内质，更是现代性的特质。根据波德莱尔的说法："现代性就是过渡、短暂、偶然"。① 即现代性就是变动不居、稍纵即逝的现实偶然存在。现代性的意义就在于时间的短暂、空间的变化和因果的偶然——世界观的全方位逆反。身处于现代社会的人，与传统割裂，又失去了未来对人的超越性目标的指引和支撑，个体必然会趋向关注眼前的快乐和感觉。另外，市场经济本身的逐利性和自发性促使着企业不断生产，企业通过广告竞争刺激消费者的购买欲望。物质消费成为一种价值观，影响着人们的生活方式和行为方式。再加上国外消费主义思潮的涌入以及鼓励人们超前消费的信用卡制度的实行，更加促使感觉至上成为人生的指导原则。这种"短暂的实践体验使现代的时间意义只剩下'现时'一维，过去和将来都在当下即刻的感受中失却了意义。现在取代了永恒"②。"在这种只剩下'现在''瞬间'的体验结构中，当下即是的心态必然以贝尔所描绘的感性的'及时行乐'为归宿。"③ 在感觉至上的情况下，"不仅宗教在劫难逃，一切道德和正义也同样要毁灭"④。

---

① 郭宏安译：《波德莱尔美学论文选》，人民文学出版社 1987 年版，第 484—485 页。

② 陈戎女：《西美尔与现代性》，上海书店出版社 2006 年版，第 86 页。

③ 贝尔著，赵一凡等译：《资本主义文化矛盾》，生活·读书·新知三联书店 1989 年版，第 120 页。

④ ［德］鲁道夫·奥伊肯：《生活的意义与价值》，上海译文出版社 1997 年版，第 21 页。

然而人是社会性和自然性相结合的动物，而且是高级动物，因此满足人的自然性的需要是人的生存和人性完美不可或缺的一部分，这是合理的；但同时人也是社会性和精神性存在，人类文明的进步印证着人有不断完善自己、提升自己似本能的需要，如果将人生的意义和价值完全归结于自然性的满足，实则是消解了人生的意义和价值。因为，人如果完全沉溺于感官世界的满足和快乐，人就不能超越自然的直接性而形成人的意义与价值世界。正如奥伊肯说道："倘若人不能……做到比在感觉经验条件下更充分地实现他自己的话，生活必将失去一切意义与价值。"①

二、造成重视物质发展与忽视精神家园建设的原因

改革开放 40 年，中国经历了经济的高速和超常规发展，一方面给转型期的人们带来了物质生活的极大丰富和提高，另一方面也给人们精神生活造成了巨大的挤压。这其中除了发展现代化进程中所出现的一般原因外，如市场经济本身的自发性和盲目性等弱点以及现代社会工具理性的强势发展等，中国自身现代化发展进程中的其主客观等因素，也是造成当今一部分人重视物质发展，忽视精神家园建设的特殊原因。

（一）历史原因：价值观的突变给人们心理造成强烈冲击

新中国成立后，为了早日实现共产主义目标，以及改变人们日益增长的物质文化需要同落后的社会生产力相矛盾的局面是当时发展经济的动机。有人说十一届三中全会之前，中国没有发展经济的动机，这种说法是违背历史事实的。20 世纪 50 年代"超英赶美"的口号和全民大炼钢铁运动都反映着发展经济的强烈愿望。但是这期间的经济发展没有改变国家经济落后现象，原因大致有二：一是违背了物质决定意识的马克思主义基本原理，脱离中国发展的客观实际，表现的是企图依赖人们精神上的能动性快速进入共产主义社会的主观唯心主义，给中国国民经济

---

① ［德］鲁道夫·奥伊肯：《生活的意义与价值》，上海译文出版社 1997 年版，第 41 页。

造成巨大损失；二是计划经济淹没了个体的利益需求，因此没有调动广大人民的积极性。马克思提出发展计划经济必要前提是要有高度发达的生产力。在当时生产力落后的情况下，绝大部分人须有物质利益的刺激才会勤奋工作，计划经济使得人们意识到干好和干坏一个样，吃"大锅饭"的平均主义思想使经济发展失去了动力。同时政治宣传方面要求像白求恩大夫那样"毫不利己，专门利人"，要时时刻刻"斗私批修""狠斗私字一闪念"等思想强烈压抑着人们发财致富的愿望。这种无视个人利益的计划经济最终将中国的经济推向了崩溃的边缘。

人们的利益是经济发展的动力。马克思说："人们奋斗所争取的一切，都同他们的利益有关。"① 正是注意到了人们有改善生活的迫切需要，以邓小平为领导的党中央果断结束了"文化大革命"并召开了十一届三中全会。这次会议是新中国发展的转折点，思想的解放将人们从对"人欲"的严格压抑到对"人欲"的疏导，在疏导中需要改变过去一直以来禁锢个体发展物质生产的禁令。这种思想观念的转化未免会出现局部的人欲泛滥的现象，但思想观念的疏导和解放为市场经济和改革开放的运行开辟了道路，成为后来经济高速发展的重要力量。"不讲多劳多得，不重视物质利益，对少数先进分子可以，对广大人民群众不行，一段时间可以，长期不行。革命精神是非常宝贵的，没有革命精神就没有革命的行动。但是，革命是在物质利益的基础上产生的，如果只讲牺牲精神，不讲物质利益，那就是唯心论。"② 邓小平的这番话为人们通过劳动而获得的物质利益提供了合法性和合理性的辩护，并且提出"在经济政策上，我认为要允许一部分地区，一部分企业，一部分工人农民，由于辛勤努力成绩大而收入先多一些，生活好起来。一部分人生活先好起来，就必然产生极大的示范力量，影响左邻右舍带动其他地区，其他单位的人们向他们学习。"③ 鼓励大家发财致富，使发财致富不再是一件不光彩的事情，并且还被认为是一件光荣的事情，受到广泛赞扬而大力提

---

① 《马克思恩格斯全集》（第 1 卷），人民出版社 1956 年版，第 82 页。
② 《邓小平文选》（第 3 卷），人民出版社 1993 年版，第 146 页。
③ 《邓小平文选》（第 3 卷），人民出版社 1993 年版，第 142 页。

倡。从过去的耻于谈钱到致富光荣，这种价值观的突变让部分人从一个极端走向了另一极端，陷入了物欲横流中，失却了对精神的追求。此外，邓小平提出的"发展才是硬道理""不管黑猫还是白猫，抓到老鼠就是好猫"，前者是强调物质价值的发展在价值体系中的决定地位，但并不意味着只强调经济的发展，党中央历来都强调物质文明和精神文明平衡发展；后者强调的是中国发展社会主义没有其他国家的经验可照搬，只有靠自己在实践中去摸索，是一种实践理性的积累。但这些思想被一部分地区和人所误解，认为发展就是经济发展，只要发展了经济，不管什么手段都可以，形成了一种唯物质至上的功利主义价值观。这种价值观污染了人们的精神，致使社会风气败坏、人们精神疾病增多、人际关系疏离、终极目标失落等现象开始出现，给社会和人们的生活造成了巨大影响。

改革开放让全国人民充分意识到"贫穷不是社会主义"的道理，充分体会到提高生产力、发展生产力，改变物质生活贫困的紧迫性和必要性。但是人们似乎忽视了相关的另一问题：中国同样存在精神贫困，这种贫困可能比物质贫困更严重地阻碍着我们民族精神的发展，也是改革开放中新的社会矛盾斗争的产物。正是看到物质和精神之间的辩证关系，国家先后提出精神文明建设、依法治国、以德治国、文化大发展大繁荣、构建中华民族共有精神家园、文化强国等发展战略，都是为了加强精神的力量，只有人全面发展了，社会才会和谐、全面进步。

（二）认识原因：对社会主义市场经济存在着片面认识

1. 对经济发展的目标认识不足

十一届三中全会将党的工作重心由政治转移到了经济建设发展上来。党中央对经济体制改革的目的作了明确的概述，即为了满足人们日益增长的物质和文化生活需要。这就意味着中国的经济改革不仅包含了经济的增长来提高人们的物质生活，还包括发展经济来提高人们的文化生活，即提高人们的生活质量。人们不仅要吃、穿、住、行等方面的改善，同时还需要社会风气、道德水平、教育等方面的改进提高。生活质量的提高离不开文化来丰富人们的精神生活，实现人的全面发展。改革开放40

年，生产力获得了很大的发展，人们的生活水平也得到大大提高。但是在改革过程中一些地区和一些人长期存在一种这样的看法，就是认为经济增长本身就是目的。他们只看了发展经济要满足人们的物质需要，却没想到经济体制改革最深层的目的是要真正改变过去忽视人的主体性，对人漠不关心的情况。计划经济体制下，虽然是讲求人们一律平等，但是这种平等是一种低水平的平等，人们都过着仅能维持基本需要的生活，企业生产什么，生产多少，销售多少，怎么销售都不是由企业来决定，而是按照上级的规定。个体也无法按照自己的能力和需要来自由选择单位，而是被分配，一旦被分配到某工作单位后，大多数人就注定了其一生都将留在那个单位，人的能力和活动范围大受限制。此外，由于强调一元文化，文化的多样性被遏制，人们的精神生活更是单一、贫乏。这种方式仍然是过去小农经济生活方式的延续。人们的各种欲望受到压抑，思维方式也遭到禁锢，这与马克思提出的人的全面发展理论是相悖的。人获得全面的发展是人将以一种全面的方式，不仅在物质经济上，而且也在精神上，展现自己的全面本质，成为一个完整的人。因此经济体制改革就是要发挥人的积极性、主体性和能动性，激发人的自主性和创造性，提高人们的竞争精神、创新精神、开放精神、敢闯精神等，使人不仅是生产的主人、消费的主人，而且是具有自我意识的个体。一言以蔽之，经济发展的最终目的是为了人的全面发展，人才是经济发展的目的，经济是实现人全面发展的手段。

2. 对社会主义市场经济中的义和利之间的关系缺乏正确的认识

"义利之辨"是中国从古至今都存在的话题，前现代社会，重义轻利一直是儒家思想的核心，也是中国传统社会意识形态的主要内容，它通过教化的方式渗透到人们的价值观念、行为、习俗和思维方式与情感中。这种德性论传统，将道德看作衡量一切事物的最高标准，使得社会价值标准呈现泛道德倾向。如"饿死事小，失节事大""杀生成仁，舍生取义"等。不可否认，少数人可以抑制物质的基本需要甚至抛弃生命去追求一种道德上的自我实现，这种高尚的精神值得我们学习，但是作为一个群体、一个民族、一个国家则不可能普遍实现这种超越性的需要，否则这个道德就成了说教的道德，只具有形式上的作用，而无实质性的效果。利益是道德的基础，"一个忽视经济条件的道德体系只能是一个遥远空洞的道德体系。"①

现代社会是一个以市场为基础的社会。改革开放实行市场经济，它实现了价值取向的实利化、世俗化转变。劳动致富肯定了老百姓实现物质利益的活动，人们创造世界、改造世界的生产活动被赋予了价值合理性。然而有部分人却将追求"利"提高到了终极目的，人的发展却成了手段，目的和手段的颠覆使人处于一种异化状态。为此，现代社会如何看待利和义的关系成了大家所共同关注的问题。学术界对此也展开了激烈的争论。各种观点莫衷一是，大致说来，主要有："划界论"和"结合论"。"划界论"（又称"对立论"）认为，"以功利为目标的市场竞争和商业行为'处在道德范围之外'，所以必须为它们严格划界，以便防止二者相互'僭越'。讲道德就不能讲功利，讲功利就不配讲道德。坚决反对把功利问题纳入伦理道德领域。当你最大限度地追求功利目标时，就不可能同时充分地追求道德上的善。"② 义利"结合论"则认为义和利不可分离，义就是利的实现，并将获取功利看成是判断道德的标准。客观地讲，义利"划界论"和义利"结合论"都有一定合理的成分，但也存在明显的片面性。义利"划界论"看到了义利的区别和矛盾，并反对将道德作为手段，把功利作为目的的观点，这无疑是深刻的；但是它把道德和功利的对立绝对化，这无疑又会使道德失去根基，陷入无根的状态，从而成为一种说教。义利"结合论"看到了义和利之间的相关性，反对脱离功利去追求不切实际的道德"乌托邦"，这应该说是非常合理的；但是它没看到道德和功利之间的差异和矛盾，并将收益作为评判个人主观幸福的尺度，简单将功利与道德的德性等同起来，显然这是肤浅的。这两种关于义和利关系的观点，在中国发展进程中都曾出现过并给社会和个人带来灾难，"文革"时期的义利"对立论"将国民经济推向了灾难的边缘，人们生活贫困；而当今中国出现的一些道德滑坡、精神疾病的增多，精神生活物化等现象就是持义利"结合论"观点的后果。

---

① 周辅成：《西方伦理学民著选辑》（下），商务印书馆 1987 年版，第 717 页。
② 何中华：《试论市场经济与道德的关系问题》，《哲学研究》1994 年第 4 期。

我们进行的是具有中国特色的社会主义市场经济，因此，在现代化进程中，一方面，既不能认为道德无所不能、重蹈精神万能论的覆辙；另一方面，更不应走向另一个极端，认为道德既是个人主观的感受，利益的大小作为判断道德的标准，导致精神上的虚无主义。① 如何看待社会主义市场经济中义和利的关系呢？恩格斯曾说："人们自觉地或不自觉地，归根到底总是从他们阶级地位所依据的实际关系中——从他们进行生产和交换的经济关系中，吸取自己的道德观念。"② 而每一个社会的经济关系首先是作为利益表现出来的，我国社会主义市场经济是以公有制为主体，代表着最广大人民的共同利益，因此利益关系体现为以集体为本位，在市场经济的运作中以追求集体功利为根本的价值目标。但这并不是说社会主义市场经济是超功利的，它的优越性在于它是以广大人民的利益为目标的，是超私利性、超狭隘的功利性。毛泽东曾经十分正确地指出："唯物主义者并不一般地反对功利主义，但是反对封建阶级的、资产阶级的、小资产阶级的功利主义，反对那种口头上反对功利主义，实际上抱着最自私最短视的功利主义伪善者。世界上没有什么超功利主义，在阶级社会里，不是这一阶级的功利主义，就是那一阶级的功利主义。我们是无产阶级的革命的功利主义者，我们是以占全人口百分之九十以上的最广大群众的目前利益和将来利益的统一为出发点的，所以我们是以最广和最远为目标的革命的功利主义者，而不是只看到局部和目前的狭隘的功利主义者。"③ 因此社会主义市场经济尽管具有功利性特点，但是市场经济行为并不"处在道德的范围之外"，相反倒可以认为市场经济与社会道德有着相当密切的关联。这种关联实质上是以人为主体的物质生活和精神生活的辩证统一关系。

3. 对完善的市场经济的认识也不够全面深刻

现代社会是以市场经济为基础的社会，这只是说明经济领域里是以

① 中国人民大学社会主义研究会编：《论社会主义精神文明》，北京出版社1983年版，第31页。

② 《马克思恩格斯全集》（第20卷），人民出版社1971年版，第102页。

③ 《毛泽东选集》（第3卷），人民出版社1991年版，第864页。

市场为主导来对社会资源进行配置，是社会资源实现最优最合理化的分配。市场经济在整个社会体系中处于基础地位，但市场经济的完善离不开与之相匹配的上层建筑。十一届三中全会指出："实现四个现代化，要求大幅度的提高生产力，也就必然要求多方面的改变同生产力发展不适应的生产关系和上层建筑，改变一切不适应的管理方式、活动方式和思维方式，因而是一场广泛、深刻的革命。"然而部分地区认为社会主义市场经济就是加大、快速发展经济，忽视了与其配套的政治、文化、道德等上层建筑的建设，因而出现了精神文明建设滞后经济建设的现象。他们对市场经济全面发展缺乏深刻的认识，他们没看到市场经济是一个有机体，它的良好运转离不开社会其他方面的有机配合，如完善的法律体制来规范人们的行为，民主公正是市场经济长久运行的政治保障，精神文明建设是引领市场经济实现广大人民利益的方向盘，健康积极向上的文化建设是丰富人们精神生活的精神食粮。这些对成熟完善的市场经济缺乏深刻认识的人，主要原因就是人的思想观念跟不上现代化的发展进程，也就是人的素质还没有现代化。恩格斯曾经说过："用整个社会的力量来共同经营生产和由此而引起的生产的新发展，也需要一种全新的人，并将创造出这种新人来。"① 在市场经济的发展过程中，市场经济会逐渐变得规范化、文明化，而这个规范化、文明化的内在根据就是人们在生活实践中的理性学习。"以市场经济为基础的社会的规范化、文明化的过程，原来是人的自律之过程，这个自律过程是人为了适应新的生活环境的自我调适过程。"② 而这种自我调适的过程是塑造与现代化发展进程相匹配的新人的过程，即人的素质逐渐现代化的过程。

---

① 《马克思恩格斯选集》（第 1 卷），人民出版社 1995 年版，第 242 页。
② 高兆明：《社会变革中的伦理秩序——当代中国伦理剖视》，中国矿业大学出版社 1994 年版，第 28 页。

第二节　多元文化背景下精神家园建设面临的新挑战

随着信息全球化以及市场经济体制的运行，精神家园建设处在一个多元文化背景下，文化的多样性给精神家园建设带来了丰富的精神文化资源，使人们的精神生活异彩纷呈。多样丰富的文化生活使人们的能力和素质得到了全面的发展，但多元文化浪潮中也夹杂着一些消极的、不健康的、落后的文化以及西方打着文化的旗号所实行的文化侵略等等，这些都是我们精神家园建设过程中所需要研究和思考的问题。

一、多元文化交流、交融与交锋的矛盾

当前处于一个社会转型时期，政治、经济、文化等领域都发生了深刻、激烈的变化，这些变化有时会让人瞠目结舌。相比之下，社会精神文化领域中的变化虽然没有经济、政治等领域那么轰轰烈烈，但激烈、深刻程度不亚于后者。尤其是在全球化的境遇中，面对着西方文化的霸权主义及其所盛行的个人主义、享乐主义、自由主义和功利主义等思潮的涌入，再加上传统社会两千年的封建残余和市场经济本身所固有的局限性所引发的物欲崇拜等思想都给我国社会民众的思想、观念、心态形成了强烈的冲击，产生了极为巨大的影响。这种情况具体表现在以下几个方面：

（一）有些人受西方价值观影响出现理想信念动摇的倾向

随着市场经济的实行和改革开放的深入，过去计划经济时代的单一、封闭的文化格局被多元、开放的格局所打破。多种文化的相互碰撞出现了文化的交流和融合，同时也伴随着文化的冲突和对抗。在多元文化冲突中，各种社会思潮为中国民众提供了观念截然不同甚至完全对立的信仰选择，具体表现在：部分人经受不住西方价值观念的诱惑而放弃了一直指导我们前行的马克思主义信仰，表现出怀疑甚至是抵制情绪。如有

些共产党员失去了马克思主义信仰，陷入了金钱崇拜中，沉浸在物欲横流中而迷失了自己，钱权交易、贪污腐败，给国家和人民带来了巨大的损失；一部分人甚至是一些高学历的人受西方提倡的所谓普世价值观的影响，主张全球化就是价值观多元化，否定或取消马克思主义指导思想"一元化"，他们没有看到这些国家的真正目的是企图通过价值观的灌输来动摇我们共同的理想和精神支柱，力图改变我国社会的性质，重走东欧剧变、苏联瓦解的道路。以上对马克思主义科学信仰的怀疑，是在多元文化冲击和交锋的转型时期，我们所面临的严重信仰危机。这种危机一方面会使我们党面临着严重考验，另一方面也会给我们国家的发展带来深重的影响。如当前的贪污腐败，就是某些党员的信仰缺失所造成的。代表着政府形象以及作为引领社会前进的先进分子的失职使人们对政府产生了怀疑，政府将面临严重的信任危机。

（二）在多元文化辨别、选择、认同过程中的迷茫困惑倾向

近代以前，中国人世世代代生活在一个相对封闭和固定的环境中，传统社会中家、国、天下所构成的由家及国、天下合一的文化系统为生活在其中的人们提供了安身立命的精神家园，因此人们很少会对自己的身份和地位问题产生疑问，国家和民族也很少考虑国家和民族的身份问题。近代以来，伴随西方国家侵略而来的文化冲击了中国几千年的封建文化，并以其强势的姿态给传统文化予以重重的打击。面对"他者"的文化，中国文化处于与西方文化的紧张关系之中，是全盘接收还是坚守传统，成为近代以来中国文化理智和情感上的一个两难抉择。改革开放和市场经济实行以后，多种文化蜂拥而入，当今面对着多元文化选择，人们心态上呈现出一种文化焦虑，折射出当代中国人的文化认同危机，这既是中国近代以来文化认同危机的延续，又是中国当前空前复杂的文化冲突和文化矛盾的外在体现。随着全球化进程的推进，这种矛盾和冲突更加突出，以致产生了"我是谁"的疑问。大致说来表现为以下几个方面：

1. 东西文化的冲突

近代以来，东西文化的冲突是我国精神家园建设过程中面临的一个

主要问题，尤其是经济全球化伴随而来的文化全球化，使得东西文化的对抗和合作同时并存。全球化和信息技术的飞速发展，打破了地域对文化交流的限制，为人们的生活和文化方式提供了新的经验和新的视域。作为后起发展的工业化国家，中国于90年代也深深地卷入这一全球化进程，它给了中国一个向"他者"学习先进技术和管理经验的捷径，但也使中国在与"他者"交流的关系中产生了一种文化认同危机。由于西方文化挟政治、经济的巨大威力，在全球范围内横冲直撞，根源于西方的现代性规范作为统一的标准越来越规范着世界各个国家的政治、经济和文化。反映在文化方面即美国希翼全球文化以其为标准的同质化的过程。以美国为首的西方文化凭借着经济的强势占据着文化市场上规则的制定和话语的霸主权，实现了"文化倾销"。全球文化存在着走向"一体化"的危险，这"一体化"是以西方文化为中心的，它使得发展中国家无法与西方文化进行平等的交流和沟通。这种不平等的"单向文化倾销"如同资本主义的工业入侵压抑了民族工业生长一样，不仅使发展中国家的文化创造遭到了压抑，同时亦可能使发展中国家在模仿外来文化产品的过程中失掉了本土文化的特点。语言是文化的载体，是思维的外在表现形式，目前国际通用语言为英语，在互联网上，英语内容约占90%，法语占5%，其他世界上众多的不同语言只占5%，这意味着如法国前总统希拉克所说的："当今世界正面临着单一文化的威胁。这是一种'新形式的殖民主义'，尤其是对相对落后的发展中国家，他们只能被迫接受信息的群体，其唯一的选择是无奈地面对发达国家的文化侵略。语言是文化的载体，发达国家通过网络向受众连续不断地传递文化信息，将其意识形态、价值理念强加于人，不可抗拒地影响着受众对它的感受和价值判断。"①

　　这种文化殖民侵略对中国的影响是随着改革开放以后加剧的，西方的花花世界是那样充满着诱惑，吸引着成千上万的中国人如飞蛾扑火般涌向西方，以敞开的胸怀紧紧拥抱西方的一切文化。人们看到西方世界里的一切都是那么新鲜惬意，都想试一试，尝一尝，看一看，于是中国

---

① 江潜：《数字家园网络传播与文化》，复旦大学出版社2001年版，第69页。

文化走向西方中心论，对西方文化强烈认同。这使得当代中国文化存在着严重"失语症"，即所有的概念、术语、思维方式、价值观念都来自西方，连中国哲学也主张用西方话语和理论阐释才符合传统文化的现代转化。然而文化资源内源的积累和增长才是文化真正的发展，它是衡量一个文化是否独立、是否有竞争力的标识。"一种文化只有当它是可发展的，这才是有生命的。只有当它增长的成果不仅是可以影响一国一民族的文化性格和精神世界的塑造，而且还给予人类社会的历史进程以巨大的影响，它才是有力量的，也才具有资源和遗产的意义。"① 一味地模仿和跟随其他国家的文化，这个民族是没有竞争力的，难怪当年英国首相撒切尔夫人在谈到西方所担心"中国威胁论"时，她说中国没有什么可怕的，一个没有文化的民族是没有什么可担心的。尽管撒切尔的话让一个有着千年文明的中国人听后感觉到刺耳，但她的话给我们当今中国文化的发展提出了警醒。即文化的发展既体现在外源的拓展上，更在于文化自身的提升，即内源的积累和增长。完整的文化资源积累与社会资本增加的统一应当成为 21 世纪中国发展与增长方式的基本思想。对此著名马克思主义哲学家叶汝贤讲到："中国文化在未来 21 世纪的发展应当吸取一个多世纪以来中国文化发展的成果与教训，更理智地以自身所拥有的文化资源为立足点，以文化的'内源发展'作为自己的根本增长方式和发展道路选择。"②

2. 传统文化与现代文化的冲突

与"中西"问题相联系的，还有一个"传统"与"现代化"的"新旧"问题，这是新时期中国精神家园建设过程中所需要处理的一个问题，也是所有现代化后起国家所共同面对的一个问题。美国学者 G·罗兹曼等人有一个颇另人玩味的比喻："对于现代化后起国家，传统性与现代性之间的对抗常常更加带有激烈性和戏剧性。对抗采取的形式包括

① 叶汝贤、王征国：《中国改革的价值选择》，中山大学出版社 2001 年版，第334 页。

② 叶汝贤、王征国：《中国改革的价值选择》，中山大学出版社 2001 年版，第335 页。

抵制现代性或西方现代化国家，或走到另一极端，丢弃自己传统的思想和行为方式。"① 由于现代化肇始于西方，一直以来不少学者和民众将现代化等同于西方化，认为传统文化是现代化发展的阻力，发展现代化就是彻底丢弃传统文化。"五四运动"以及"文化大革命"中，并不是主张对自己文化作彻底了解后，再把这些文化传承给丢弃掉。他们主张的是与传统的彻底决裂，尤其是"文化大革命"，认为儒家思想是代表封建主义而将其全盘否定，就如同将小孩子和洗澡水一同倒掉。铲除传统文化思想，注入社会主义新思想，这种想法之不可行可以从中国现代化道路之多灾多难中得到印证。改革开放后，经过20世纪80年代对传统文化的激烈批判和对代表现代化西学的盲目崇拜，随着民族国家对以西方为首的全球文化的抵制，90年代中国民族文化开始抬头，出现了国学热。国学热主要是新儒学热，尽管儒家思想重视精神价值的追求，重和谐、重人际之间的情感交流，重人格修养的内在价值的提升，这对当今市场经济中工具理性泛化、人际疏离、人感觉生活无意义等具有制衡作用，但儒学在外王的开发上如制度、科学和民主等内容明显是与现代化不相适应，甚至是对立的。因此，儒学只能是作为精神文化资源的一元。但是有些人打着国学的旗号，实则是为了获取经济利益的需要，对传统文化中的一些腐朽思想、文化糟粕也进行继承和推广，"有的人甚至打着以民族文化为主导的旗帜，主张我国要以儒学为主导，排斥马克思主义在我国的指导地位。这些人混淆了时代与社会的性质差异，看不到古代传统文化结构是建立在血缘、地缘等自然伦理纲常范畴之中，束缚了个体自主性、独立性和创造性的发展，对社会主义高度自觉的主体精神和创新精神起着排斥和制约作用。"② 所以，"过分强调古代传统文化而拒斥现代性、批判现代主义的文化保守主义思潮，对中国现代文化精神与社会主义意识形态的发展构成了阻滞力。"③ 如何摆正儒学的位置，以及

---

① 转引自高克力：《历史与价值的张力》，贵州人民出版社1992年版，第273页。

② 衣俊卿：《现代化与文化阻滞力》，人民出版社2005年版，第242—260页。

③ 衣俊卿：《文化哲学——理论理性和实践理性交汇处的文化批判》，云南人民出版社2005年版，第296—299页。

如何利用文化的各种资源来开发与中国特色现代化发展道路相适应的文化，是当今中国文化建设的一个最为根本的问题。

3. 主流文化与大众文化的冲突

在多元文化格局下，中国精神家园建设既面临着外来西方文化的入侵，又受着传统文化的强烈影响，同时还存在着由市场经济孕育而成的大众文化与以马克思主义为指导的主流文化的冲突。大众文化作为主流文化的有益补充得到了迅速发展。"大众文化是以大众媒介为手段、按商品规律运作、旨在使普通市民获得日常感性愉悦的体验过程，包括通俗诗、通俗报刊、畅销书、流行音乐、电视剧、电影和广告等形态。"① 它的发展满足了广大民众精神生活多样性的需要，丰富了我国社会的文化内容，其积极面应当给予肯定。但同时要看到，大众文化是在市场经济条件下产生和发展起来的，要按商品规律运作，因此大众文化具有商业性、世俗性、娱乐性、消费性的特点。它倡导人们关注当下的感受，直接面向现存的生活境遇。这种大众文化，能够满足大众的休闲、娱乐需要，应当肯定其价值及其发展。但仅限于这种文化层次是不行的，因为在一定程度上，它忽视了远大理想和崇高精神的追求，这种追求关涉着人生的意义和价值。因此大众文化必须要由较高层次的主导文化对其引导。我国的主导文化是以马克思主义为指导的，其根本精神是以远大理想为追求指向，弘扬积极向上的精神，号召人们树立正确的世界观、人生观和价值观，在全社会形成一种奋发进取的良好氛围，激励社会大众为共同理想而努力奋斗。主导文化的这种超越性、理想性的价值取向和大众文化的世俗性、消费性取向之间存在着冲突。这种冲突在社会转型期尤为激烈，20 世纪 90 年代以来，整个社会处于转型期，一方面新的价值观、人生观正处于逐渐形成的过程中，还未完全得到确立，另一方面由于我国还在市场经济的初始阶段，人们对物质生活提高的欲望和世俗生活享乐的向往，成为不可逆转的潮流，不仅是普通老百姓对此充满了期待，连代表主流文化的部分国家公职人员的贪污腐败、挥霍无度的

---

① 童世骏：《当代中国人精神生活研究》，经济科学出版社 2009 年版，第 208—209 页。

倾向同样以"示范"的方式对社会产生了巨大的影响。这种影响也深深地反映在大众文化上，以致大众文化过分强调经济效益，为了获得利润，不顾及任何伦理道德的约束，想尽办法哗众取宠，提供和生产一些不需任何理性思考的娱乐方式来满足个人的感官直接愉悦，从而使文化呈现感官化和低俗化。这种以注重满足感官快乐的大众文化对原有的主流文化提供的是非观念、荣辱观念产生冲击，对社会主流的价值观、人生观产生了严重的影响。有些人"甚至打着传播大众文化的旗帜，迎合社会文化转型期一些社会大众不稳定、不成型的价值态度、文化品味、审美趣味，忽视社会主义文化的价值目标与规范，嘲弄和戏谑历史英雄和先进人物，冲击人们对社会主义文化的向往心理，在一些大众中造成不良影响"[1]。这些不良影响动摇了社会主义核心价值体系的引领地位，一元指导思想受到了挑战，权威失去了威严，主导文化为人们提供的超越性的道德理想被大众文化所消减，但世俗的大众文化并不能为现代社会提供一个终极价值关怀，无法整合现代社会。正如丹尼尔·贝尔所描述的人们通过启蒙运动使人从彼岸世界回到了此岸世界，人获得了自由，但"真正的问题都出现在'革命的第二天'。那时世俗世界将重新侵犯人的意识。"大众文化使得人们的感性需求得到认可和满足，但真正的问题正是在大众文化出现的第二天，即感性和感觉欲望满足后，人们心理出现失落、空虚，它让人觉得生活毫无价值和意义，产生一种价值虚无感。

二、多元文化条件下影响我国精神家园建设的几种思潮

任何一种思潮的产生都有其特定的历史文化背景，它的"普遍意义"只有同具体的历史处境相关才会产生。改革开放后人们处于一种精神"饥渴"状态，饥不择食地追求精神生活使一些人失去了分析和批判力。对文化资源的盲目和过分的吞食导致了一部分人精神混乱、情感隔阂和消极被动。在各种"新潮思想"的袭击下，国家加大了精神文明建设的力度来应对多元文化的挑战，取得了很大的成效。文化发展的趋势

---

① 罗姗：《当代中国社会人的精神生活研究》，中山大学博士论文，2010年。

总体来说是积极的、进步的,这可通过广大人民生活的丰富多彩和质量提升以及我国文化的影响力增强得到见证,如 2008 年北京奥运会和 2010 年上海世博会的成功举办,孔子学院的兴起和国外汉语学习的热潮等。但在多元文化思潮中涌现出的个人主义、超前消费、享乐主义和自由主义等思潮,对当代精神家园建设造成了消极的影响,需引起我们的警惕。

（一）个人主义思想影响的扩大

个人主义作为西方价值观的核心,与整个资本主义体系——包括市场经济模式与资产阶级民主政治——是内在一致的。个人主义价值观是随着西方社会生活的逐渐世俗化而日渐取得其主导地位。中世纪信仰上帝是人们一生的追求,而文艺复兴和启蒙运动使人的主体性提升到至高无上的地位,人生的意义由过去信仰彼岸的上帝转变为追求此岸现世的享乐。个人主义强调人们自强不息,立身处事只能依靠自己。个人主义者相信每个人都可以发展为独立自主的个人,个人主义鞭策人们勤奋劳作,努力依靠自己的创造力以跃居人前。在个人主义看来,自我依靠是"自己价值系统中最高贵的品格之一,摆在每个人面前的硬邦邦的现实要么依靠自己,要么被逐出人类"。① 在这样一种价值观的指导下,西方资本主义创造了生产力飞速发展的奇迹。但是个人主义价值观的盛行并非只带来福祉,同时也会招致祸害。

早在 19 世纪法国历史学家托克维尔在其《论美国的民主》一书中评点过个人主义这把双刃剑,认为一方面个人主义是民主和平等不可避免的结果,另一方面个人主义使得个人只顾自己而不顾他人,人与人之间关系冷漠。虽然托克维尔此话是对资产阶级统治的维护,因为个人主义并不是民主和平等不可避免的结果,但是他所说的个人主义关注自我而使人际关系疏离,即个人只关注自己的利益和成功,对公益漠不关心,对竞争的落伍者也漠不关心等现象正值得当下加快现代化进程的中国关注。另外,个人主义者过于珍视自由就"意味着最终不让别人理会、不

---

① ［美］罗伯特·贝拉等著,张来举译:《美国透视——个人主义的困境》,社会科学文献出版社 1992 年版,第 21 页。

让别人的价值、观念以及生活方式强加于自己头上，在工作、家庭、政治生活中不受专断权威的约束"。这种自由观让他们认为幸福是个人自己选择的问题，人生的幸福和意义就在于事业的成功，而在市场经济中追求利润的目的渗透到生活中，使得经济上的成功与失败，决定着人们的社会地位。这种"以经济为标准的衡量幸福的定义标志着不存在固定的标示地位的标准，可以标示地位的、唯一的经过清楚定义的文化标准是收入、消费。"① 这样个人幸福的衡量标准除了其他人的收入与消费可供参照之外，没有其他标准可供衡量他们的成就。所以，随着西方社会日益世俗化，货币成为衡量个人成就的最根本的尺度。这种衡量尺度使得人不断追求对物的占有，人与人的关系也物化了，这样彻底世俗化的生活方式使人失去了崇高的意义，降低了人的尊严，使人成为工作和消费的机器。个人主义强调的个人极端的独立性和自主性使它本身成了离散社会的毒剂，它使个人陷入孤立无援的绝望之中。宣扬以人的独立、自由为最高价值的个人主义，却让人们普遍觉得自己无所归依，无家可归。随着 20 世纪 80 年代市场经济运行程度的推进，市场经济本身所滋生的利益至上的倾向以及个人主义思潮的涌入，致使产生于西方的个人主义思潮对我国各类群体生活造成了较大的影响，开始削弱社会主义核心价值体系的凝聚、引导和整合作用。西方社会所普遍存在的人的孤离、孤独、生活无意义等现象也逐渐在中国出现并有扩展之势。

（二）自由主义观念的影响

自由主义与个人主义是一块硬币的两面。自由主义始于经济自由主义思潮，它发轫于资本主义的古典经济学，为了反对重商主义经济思潮和国家干预主义的经济政策提出，由亚当·斯密奠定其思想基础。自由主义思潮理论派系很多，观点各异，但他们认为自由主义包含以下几个方面的内容：一是主张自由化，宣言个人自由；二是主张私有化，反对公有制，认为只有推行私有制经济才能为经济发展提供永恒的动力；三

---

① ［美］罗伯特·贝拉等著，张来举译：《美国透视——个人主义的困境》，社会科学文献出版社 1992 年版，第 187 页。

是主张市场化，推崇"市场万能"论，认为政府对经济干预越少越好，通过自由市场供求机制的自我调节即可实现资源的有效利用，实现经济的均衡发展；四是反映在文化上，认为"人不能获得关于绝对好的和绝对正确的真正知识，因此必须对所有关于'好或对'的意见给予宽容，承认所有的偏好和所有的文明都是同样好同样值得尊重的。"① 这种文化相对主义是自由主义思潮在文化上必然引致的结果。

当前，伴随着我国社会主义市场经济体制改革的深入，自由主义思潮的影响也日益凸显。一些人鼓吹"市场万能论"，妄图取消社会主义公有制，提倡私有化，否定马克思主义政治经济学、否定国有制经济、否定中央政府对经济的宏观调控，提倡将市场原则应用于整个社会。这种经济自由主义思潮冲击了精神家园建设的基础。取消公有制，实行私有化将会动摇中国特色社会主义的主导地位。文化相对主义的泛滥，致使个体精神家园建设缺乏主心骨，人们面对价值观的多样化，使得价值选择出现虚无化，人生没有了目标引领，失去了人生的意义和价值。共有精神家园建设受到自由主义思潮的挑战和影响，社会主义核心价值体系的作用被弱化，意识的统一性在一定程度上被离散，引起社会失序，发生动乱，阻碍社会发展。20 世纪 80 年代末发生的政治风波过程中，资产阶级自由化泛滥，社会主义核心价值体系虽然也起着主导作用，但因主导的力度不够而使多样性冲突起来，导致社会动荡。可见，"文化相对主义导致主导性与多样性脱节的实质，就是对理论联系实际这一社会发展基本原则的背离。"②

（三）超前消费倾向的侵蚀

"消费主义，是一种崇尚和追求过度占有和消费作为满足自我和人生目标的价值取向，以及在这种价值观念支配下的行为实践。"③ 这股思潮

---

① ［美］列奥·施特劳斯著，彭刚译：《自然权利与历史》，生活·读书·新知三联出版社 2003 年版，第 49 页。

② 郑永廷：《高校德育主导性与多样性发展的失衡与成因》，《思想政治教育研究》2008 年第 1 期。

③ 卢家瑞：《"'消费主义'浅析"》，《光明日报》2005 年 7 月 12 日。

开始于 19 世纪末的西方社会，"二战"后逐渐成为社会的主流意识形态和重要的价值取向。资本主义初期，人们工作上兢兢业业，生活上受宗教道德的束缚勤俭节约，随着生产力的发展，尤其是鼓励超前消费的分期付款制度的实行，制约和束缚经济发展的宗教冲动力被消解，经济冲动力成了资本主义发展的唯一动力，超前消费逐渐成为人们的一种生活方式。"消费主义是指这样一种生活方式：消费的目的不是为了实际需求的满足，而是不断追求被制造出来、被刺激起来的欲望的满足。换句话说，人们所消费的，不是商品和服务的使用价值，而是它们符号的象征意义。"[①] 消费主义不仅改变了人们的生活方式，并且也成为一种价值观念，正逐渐侵蚀人们的精神领域。它通过美妙美幻的广告和宣传向消费者灌输着享乐主义、个人主义、自由主义和消费至上的价值观念。在消费主义的语境中，个人成功是身份的象征，成功的标准就是财富的多寡；如何显示自己的身份和地位，就是以炫耀式的消费来购买商品体现的。这些标有价格的商品，价格越高，所拥有的人越少，显示的地位越高，人们的对地位的心理竞争正是奢侈品风靡全球的驱动力。

当前，随着经济全球化和信息网络化的迅速发展，西方的消费主义意识形态正在向全世界蔓延。西方的科技、文化正占领着全球市场，同时以各种形式如广告、商品、电影、大众媒体、网络等大肆宣扬发达国家天堂式的生活方式，使人们认为拥有了这些就是过上了标志着现代化的生活方式，并认为这种占有物质的生活方式是人追求的目标。古巴政治家卡斯特罗对此曾一针见血的指出："在我们这些国家的任何一个首都的大街上，叫花子也看这种杂志，它向他们展示豪华的小汽车，伴有女郎，甚至还展示游艇或诸如此类的东西，不是吗？他们就用这些宣传使人们慢慢中毒，以至于连叫花子都残酷地受影响，让他们做他们达不到的资本主义天上的梦。"[②] 以美国为代表的西方发达国家就是以文化的方

---

① 黄平文：《生活方式与消费文化》，见陈昕：《救赎与消费——当代中国日常生活中的消费主义》，江苏人民出版社 2003 年版，第 7 页。

② ［古巴］卡斯特罗：《全球化与现代资本主义》，社会科学文献出版社 2000 年版，第 39—40 页。

式向发展中国家进行价值观的灌输，让正在成长中的青年人接受这种生活方式，实质就是要其接受并认同资本主义的个人主义、享乐主义、自由主义的价值观，进而解构本国共同价值观。西方发达国家的真实目的就是通过文化渗透来瓦解与其价值观相异的国家。

20 世纪 80 年代以来，随着我国改革开放的不断推进，西方的广告、商品、电影等源源不断地涌入中国，冲击着中国民众的生活方式，尤其是年轻人深受影响。"在他们看来，是否拥有某些奢侈品甚至成为能否进入某个高消费群体的标志，处于从众、攀比和身份，逐渐从接受、购买到养成习惯，导致大量年轻的奢侈品消费群体骤增。"① 西方的消费主义生活方式已开始渐入人们的日常生活，中国已是世界上最大奢侈品消费国。一方面，这表明人们的生活水平得到了明显的提高，但另一方面，要抵制毫无节制的消费以及把超前消费当做人生准则的倾向。因为消费主义所倡导的生活方式由于其虚幻性、刺激性能给人们的身体和感官带来短暂、即时的快乐，使人们在不知不觉中把消费主义的意识形态塑造为至高无上的价值观念和生活准则，但它所提供的文化消费不能解决生存难题，无法解答一时的快乐之后随之而来的精神焦虑问题。一言以蔽之，它不能为你提供一个意义世界和价值世界。对此，我们决不能因其日常生活化而掉以轻心。

（四）享乐主义思想的滋生

享乐主义源于古希腊哲学中昔勒尼学派，该学派的主要思想是人生的目的就是追求快乐。并且认为肉体上的快乐是人生的目的，"肉体的快乐远远胜于灵魂的快乐，肉体的痛苦远远比灵魂的痛苦难受。"② 中世纪政教统一，为了维护封建统治地位，再加上生产力不发达，广大民众的物质生活享乐一直处于被压抑的状态。文艺复兴和启蒙运动恢复了人的

---

① 余闻：《警惕消费主义侵蚀 京沪家庭整体负债率高于欧美》，《国际金融报》2005 年 5 月 12 日。

② 转引自苗力田主编：《古希腊哲学》，中国人民大学出版社 1989 年版，第229 页。

主体性，一直被压抑的肉体的需要也得到了释放。随着资本主义生产力的发展，享乐主义思想也不断滋生，人们的欲望得到了认可并以制度的形式给予了保障。在理论上，享乐主义作为一种道德学说，经过18、19世纪边沁、密尔等人的精心发挥，形成了一套符合资本主义社会发展的道德学说——功利主义。它的主要思想就是以最大幸福原则作为最根本的道德原则，并提出了幸福（或快乐）的量化和计算问题，最大幸福只能是经过数量计算而得到的结果。功利主义作为一种道德理论，为资本主义的发展提供了合理的理论支持，并且深刻地改变了人们的思维方式和生活方式。过去一直以来，德性的获得是人最大的幸福。而功利主义则将人的幸福量化，这样一来，那种看得见、可以衡量的、关乎人们切身利益的东西被视为幸福的标准。而人的内在品质的提升，人性的完善因为无法衡量和计算而被人摒弃。注重以数量和感觉来判定一个人是不是幸福的功利主义思潮伴随着工业文明的发展而深深地影响着人们的人生观，并积淀于现代西方文化之中，甚至是工业文明不可缺少的文化成分。尽管功利主义的不少哲人强调高质量的精神快乐对人生的重要性，然而尽最大努力去追求快乐的理念在注重物质利益的资本主义社会中更容易被人们当作实践的行为准则。

近代以前，中国一直将义至于利之上，"君子喻于义，小人喻于利"①，利的获取必须在义的范围之内。面对物欲，孔子强调要克己复礼，即要克制自己的过多欲望，以礼的要求来规范自己的行为。重义轻利、以义非利的儒家道德主义，到了宋明理学进而发展为"存天理，灭人欲"的极端的道德主义。这种极端的道德主义不仅压抑了人们的物质欲望，甚至连基本的生存需求都无法满足，人们生活在水深火热之中，连生存都得不到保障，更谈不上精神生活的追求了。享乐本身是许多人或大多数人追求的生活方式，适度的享乐可以促进经济的发展和生产力的提高，同时也促进人类文明的进步，因为高雅的享受是人们精神生活质量提高不可或缺的一部分。只有生产力水平较高的情况下，才有欣赏艺术、旅游、看书等精神活动。因此在改革开放的过程中，我国的生产

---

① 《论语·里仁》。

力水平迅速提高，物质财富的积累，使多数人的享乐成为可能，并使过去只有少数人享受的精神生活也走进了普通老百姓的日常生活。但部分人把享乐当作人生的目的而缺乏义的引领和约束，这就成了西方的享乐主义。与此同时，当今享乐主义思潮正伴随着经济全球化和信息网络化悄然走进中国。我们在从发达国家引进先进的科学技术和外资的过程中，也引进了享乐主义。人们认为享乐就是满足感官的享乐，将纸醉金迷、花天酒地等生活当作人生的意义所在，现代化生活的标准。注重对物质数量的占有，轻视对幸福质量的追求，成为当今部分人的生活写照。然而"倘若没有对某种崇高理想信念为我们的一切活动注入热情与欢乐，我们便不可能获得生活的最大成功"[①]，也不会体会到真正的幸福，这也就是当今许多人虽然物质丰富了，但却感觉不到幸福的原因所在了。

第三节　现代科技发展进程中精神家园建设面临的新课题

随着全球化和信息化的进一步推入，我们不仅要用科技来提高物质生活，同时也要充分利用科技来提升精神生活，最终实现人的全面发展。但是在现代科技发展进程中，精神家园面临着科技与人文精神的矛盾值得我们注意。

一、科技快速发展与作用强化引发科技与人文的矛盾

改革开放掀开了中国现代化的新篇章，使当代中国社会发生了翻天覆地的变化。在这一变化中，科学技术的现代化发挥了重要作用。高科技的发展极大地改变了人们的物质生活条件、开阔了人们的视野、解放

---

① ［德］鲁道夫·奥伊肯著，万以译：《生活的意义与价值》，上海译文出版1997 年版，第 1 页。

了人们的思想，它改变了过去"物质匮乏"的条件下，精神生活只属于上层人士所享有的特权的情况，它使丰富多彩的精神文化生活走进广大民众的日常生活。正是科学技术的这一无比威力及其给人类带来的福祉，使相当多的人把它当作一种全知、全能的救世主，以为生活中的一切难题，包括精神、价值、自由等都能够通过科学技术获得圆满的解决，从而形成对科学技术自觉不自觉的顶礼膜拜，结果给社会人文带来流弊。主要表现在：

（一）片面追求科技价值造成人文精神式微

对于生产力水平落后的中国来说，发展生产力、增强综合国力和提高人民生活水平的需要是迫切的，先进的科学技术是当今任何一个发展现代化的国家所不可避免采用的手段和工具。中国于 1978 年实行改革开放后，提出科学技术是第一生产力，正是看到了科学技术对生产力发展的根本决定作用。然而部分人却盲目崇信科技所带来的实际效果，将科学技术的作用推高至至高无上、无以复加的地步。因而使相当多的人对科学的理解关注，仅仅局限于对科学的技术和经济价值的了解，而忽视了科学在精神方面的作用。"确实，大多数的文人，而且我也要遗憾地说还有不少的科学家，都只是通过科学的物质成就来理解科学，却不去思考科学的精神，既看不到它内在的美，也看不到它不断地从自然的内部提取出来的美。"[①] 这种美就是科学的精神，是一种崭新的思想意识，它具有实事求是的求真精神，远大执著的追求精神、敢于探索的开拓精神、顽强坚毅的拼搏精神、不承认任何万古不变教条的批判精神和不求名利的奉献精神。这种科学所蕴含的精神比科技的物质成就更可贵。被誉为"科学史之父"的美国著名科学史家乔治·萨顿对此作出了精辟地论述："无论科学的成果多么宝贵，尽管它是在各种生活中——从功利主义直到最高的情操——都证明是无限宝贵的，但比起揭示这些

---

① ［美］乔治·萨顿著，江晓原、刘兵译：《科学史和新人文主义》，上海交通大学出版社 2007 年版，第 4 页。

成果的精神，它们就不足称道了。"① 这些精神是科学最可贵的价值，是人类精神文明中最宝贵的一部分。它促使人类排除万难追求真理，目的就是去更深刻更全面地理解这个自然界，包括我们自身以及我们同自然的关系。"客观真理发现的历史，人的心智逐步征服自然的历史；它描述漫长而无止境的为思想自由，为思想免于暴力、专横、错误和迷信而斗争的历史。"② 这就是科学作为一种文化给人提供的精神生活的意义和价值。

由于科技的技术价值和经济价值可以为人类带来显而易见的实际效果和丰厚的物质利益，因此它在当今注重效用、高速、便捷、利益的气候中，像热带植物一样快速地蔓延起来。科技的精神价值是关乎人类长远的、深层的利益和发展，需要人类坚持不懈、勇于探索、不计名利地去追求，在片面追求科技实效作用的同时，科技的人文精神逐渐式微而被边缘化。人们为了获得科技所带来的物质利益，弄虚造假、篡改数据，不注重创新，随意复制，为了自己的私利不求奉献等等，这些都与科技的人文精神背道而驰。然而这种只注重科技的物质成就已给人类的社会生活带来深重的灾难，两次世界大战以及核武器的研发和使用已经是对人类片面追求科技发展所提出的警示。有些人看到了科技给人类带来的危害，便从对科技的盲目崇拜走向了另一极端，即憎恨科技，反科技。但是现代人离不开科技，现代科技的错误——"不在科学的伟大发现——有知识总比无知识好些，不论是什么知识或什么无知，错误在于知识背后的信念，即认为知识将改变世界。那是不可能的。知识没有人的理解，就像一个答案没有它的问题一样———是无意义的"③。科技本身并无对错，关键在于人们对科技的态度发生了变化，过去对真理、知识孜孜以求的态度，如今已为科技可以决定一切，知识唾手可得的观念所取代。人们对自然世界的敬畏精神、进取精神、探究精神和批判精神已

---

① ［美］乔治·萨顿著，江晓原、刘兵译：《科学史和新人文主义》，上海交通大学出版社2007年版，第101页。

② ［美］乔治·萨顿著，江晓原、刘兵译：《科学史和新人文主义》，上海交通大学出版社2007年版，第2页。

③ 转引自张一兵：《西方人学第五代》，学林出版社1991年版，第29页。

经被科技所带来的实际功效所消解。这种对科技的人文价值的忽视，不仅不能使科学得到真正的发展，而且不再能为人类提供精神的价值和意义，进而阻碍人的生存、发展、自由和解放，使人成为科技的奴隶，成为科技人、机械人。

（二）对科技的片面追求导致人的生存方式的异化

马克思曾经指出："对工业和技术不能仅仅从其表面效用方面来理解；相反，只因为它们是人的本质力量的展示，它们才获得其价值。它们'创造着具有丰富的全面而深刻感觉的人'，'是人的一切感觉和特性的彻底解放'"。① 现代社会中人们对科技的理解仅仅看到的是科技所带来的表面效用，对脱离人文精神指引的科技的盲目迷信，使得人的本质力量不仅没有得到展示，反而在过度追求经济利益的推动下，被科技束缚，成为一个失去创造的机械人。科技是人创造出来的一种工具，是人的本质力量的外在体现。然而，现代人对科技的盲目崇拜，使科技成为奴役人的神，人被异化为一种"重占有"的生存方式。在这种生存方式中，人们将科技作为目的，表现在人们对更多、更新物品的无止境占有，对更快、更高的经济发展的盲目追求。人被异化成服务经济和技术的工具，在以机器为轴心的劳动生产方式中，人必须服从机器运转的需要，除了疲劳，一无所获。主体的人与客体的科技对象之间，不再是一种活的、创造性的过程，这种"重占有"的生存方式使主体和客体都成为物，人的心灵生活单调、情感生活贫乏、失去了对科技追求的激情，两者之间的关系缺乏生命力，是死的。这种关系一方面不仅没有实现人的感性和感觉的彻底解放，反而使人又陷入了科技异化的沼泽中；另一方面人被科技奴役成物，失去创造性，阻碍了科技的进一步地发展。

然而人并不是一个纯粹的物质存在——那样，人就没有超越动物世界——人是一个具有自由意志能力的理性存在。自然存在的实质是 to be，生物存在的实质也还是 to be，当然他表现为生存（to survive），而人

---

① 《马克思恩格斯全集》（第 42 卷），人民出版社 1979 年版，第 124—127 页。

的存在的实质则表现为作为 to do 或 to create 的 to be，显然创造是人的存在实质中具有唯一性特色的目的。马克思在《1844 年经济学哲学手稿》中写道："人是有意识的存在物"是人类的性格特征，也是人和动物的最大区别，动物和它的生命活动是直接同一的。动物不把自己同自己的生命活动区别开来，而"人则使自己的生命活动本身变成自己的意志和意识的对象。他的生命活动是有意识的……有意识的生命活动，把人跟动物的生命活动直接区别开来。"① 人的这种有别于动物的创造性活动正是在于人的精神生存，创造是人的精神核心。缺少了它，人就失去了人之为人生活的价值和意义，人就会得病，灵魂深处得病并成为一个没有灵魂的肉体。由此，尽管物质文明更发达了，物质生活更丰富了，但是人的精神危机却在加重，人的精神本能使人开始反思人对科技理性的盲目崇信，产生了反机械控制、反现代化，要求自由，要求过有丰富感情的自然生活的情绪。

（三）人文价值缺失导致精神家园贫乏

恩格斯早在《自然辨证法》一书中就深刻的指出，科学是一把双刃剑，在给人类带来光明的时候，也投下了可怕的阴影。科技究竟能为人们造福还是给人们带来危害，并不取决于科技本身，众所周知，科技都是由人来研究、发明并加以应用的，一旦人性中恶的倾向得不到遏制，科学技术就完全可以蜕变为作恶的工具，从而使人类走向毁灭。因此人类的发展要求人们以人文关切为出发点来正确对待科技，使科技为人类来服务。然而由于现代一些人沉迷于科技所带来的实际效用和社会作用，陷入了对科学片面理解的科学主义的泥潭中，认为科学（此处讲的主要是自然科学知识）可以解决人类面临的所有问题。自然科学的方法可以应用到任何一切学科，如哲学、人文学科和社会学科，并且认为这些领域只有用自然科学的方法追求的知识才是有用的、实效的。这种观点的理论前提就是科技决定一切、科技主导一切，它完全抛弃了人文精神的指引，后果是科技理性压倒人文关怀的思考，强烈的物质占有使人们为

---

① 《马克思恩格斯选集》（第 1 卷），人民出版社 1995 年版，第 46 页。

所欲为。丹尼尔·贝尔在批评资本主义社会的"科技神"崇拜时就说过："资产阶级社会与众不同的特征是，它所满足的不是需要，而是欲求。欲求超过了生理本能，进入心理层次，它因而是无限的要求。"① 心理的欲求是永远无法满足的。正是在这种无止境的心理欲求的驱使下，科学技术脱离人文精神的指引犹如一匹脱了缰的野马肆意横行。为了满足人类无止境的物质欲望，科技以高昂的姿态掠夺自然，占有自然，自然资源被过度开发和利用，生态平衡遭到了前所未有的破坏，自然已经超过了它的承受范围而开始向人类发动了反击，以抗击和报复人类对它残酷的剥削。早在资本主义发展初期，马克思、恩格斯对人类过度开发自然时向人们发出了警告："我们不要过分陶醉于我们人类对自然界的胜利。对于每一次这样的胜利，自然界都对我们进行报复。我们必须在每一步都记住：我们统治自然界，决不像征服统治异民族那样，决不同于站在自然界以外的某一个人，——相反，我们连同肉、血和脑都是属于自然界并存在于其中的。"②

现代社会，人类对物质利益的疯狂追逐和占有，让人类与赖以生存的家园疏离了，现代人对家园的破坏首次让人类感觉到无家可归，如今与日俱进的制假造假技术，不断增多的高科技犯罪、自杀式炸弹爆炸、生化武器的不当运用等等都是科学技术抛弃人文精神的指引的事例。这种对科学技术灭绝人性的运用，让人类对自己的生存命运备感焦虑。人对自然的控制逐渐演变为通过科技创建的"第二自然"对人的控制，德国哲学家雅斯贝尔斯对此论述道："一旦设备出了故障，舒适的生活立即回到前所未有的极端匮乏之中。这时，人们受环境的支配的程度，胜于处于自然存在中的农民。他比面对不驯服的自然进行永恒的生存斗争，还要更不自由。"为此，脱离人文精神的科技在这一意义上，向人们警示着：人类能否维持肉体上的生存取决于人能否从根本上改变自己的心灵。人类必须从科学决定一切的泥沼中走出来，改变唯科学至上的科技决定

① ［美］丹尼尔·贝尔著，赵一凡等译：《资本主义文化矛盾》，生活·读书·新知三联书店 1989 年版，第 68 页。

② 《马克思恩格斯选集》（第 4 卷），人民出版社 1995 年版，第 383 页。

论的观念，把科学技术放置在人的生存和生活的基础上对待，必须意识到科技始终只是服务于人类的工具和手段。

二、造成科技与人文矛盾的原因探析

（一）西方科学主义思潮的影响

关于科技对人类造成的危害一直以来都被人文主义者加以指责和批判。统治者对科学技术的发展加以遏制，如科学技术在中国近代以前被视为"奇技淫巧"而长期遭到排斥和抑制。无独有偶，在西方漫长的中世纪，科技都被视为宗教的对立面遭到贬斥。随着现代化进程的推进，科学技术的作用日益凸显，科学技术的发展可谓日新月异。人文主义学者对科技的评价也陷入了一个巨大的悖论之中，科学在人类历史的行进过程中不可或缺，自近代以来却又是引发人异化的根源，尤其是在现代社会历史发展过程中科学成为"第一生产力"的情境下，人们对此愈来愈困惑不解。许多学者对此都进行了分析，虽然观点各异，但都认为科学本身并无过错，造成科技与人文矛盾的原因是受西方科学主义思潮的影响。"科学主义"主要有三种涵义："科学主义Ⅰ：自然科学知识是人类知识的典范，它不仅是必然正确的，而且可以推广用以解决人类面临的所有问题。科学主义Ⅱ：自然科学的方法应该被应用于包括哲学、人文学科和社会科学在内的一切研究领域，只有这样的方法才能富有成效地被用来追求知识。这种理解正是韦氏词典着重强调的。科学主义Ⅲ：科学精神是一切研究领域都应遵循的。"① 表面看来，学界对科学主义内涵阐述是各异的，但其本质上是一致的，即科学主义就是唯科学主义，即科技决定论。这种科技决定论滥觞于19世纪的欧洲，在20世纪和21世纪初形成了广泛的社会影响，在中国对马克思的历史唯物主义阐释中，科学不知不觉地上升为主导性的理论话语。如"科技是第一生产力"

① 李正风：《科学主义辨析》，《哲学研究》1993年第1期。

"科技兴国"和"科教兴国"。①

尽管科学主义包含着科学精神和科学态度，充分肯定了科学技术对社会发展的根本决定作用，具有合理性，但过分夸大了科学知识、科学方法和技术的作用（这里的科学主要指自然科学），认为科学知识和方法适用于一切领域，可以解决一切社会问题，即科学万能，这是不恰当的。正是因为受科学主义思潮的影响，使得自然科学的知识和方法应用于一切领域，造成了科技与人文的分离，科技非人性化。

马斯洛指出当今科学主义病症的重要问题就是方法中心论。首先，这种科学观把科学与科学方法等同起来，科学由手段置换为目的。科学本是人类对真理问题的探求、疑难问题的解答，目的是为人类文明更好地服务。但在以科学方法为中心的科学观中，科学方法置于问题之上，科学的本质转变为仪器、程序、设备以及方法。这样的结果是人们将技师、设备操纵者，而不是"提问者"和解决问题的"人"推到科学的统治地位，使自己的问题适用于自己的技术。其次，科学方法论的两大基础还原主义和客观主义导致科学非人性化。英国物理化学家波兰尼在《个人知识》一书中深刻地批判了科学方法论中的还原主义。还原主义指的是用运动中的原子式认知代替一切科学的认知。波兰尼称之为机械式的"化约主义"。这种机械的还原主义是把任何现象复杂的结构简化为可以实证的要素，用失去整体机制的构件来说明系统的性质，从根本上歪曲了科学研究的真实性。而人被化简为一架没有知觉、没有情性的机器，或干脆被变成了一堆支离破碎的欲望和仇恨。由于属人的个人因素的情感和追求被排除在科学认知过程之外，科学中也就不再有人作为主体所应该承担的责任。主体的人从科学中消失了，人变成了物，科学变成了反人的理论。客观主义是唯科学观的第二块基石。"客观主义"是指把可以用实证证实的经验事实作为科学的标准，不能证实的都被排

---

① 所谓"科技兴国"和"科教兴国"中的"科"字，指的都是自然科学。在大学里，"重理轻文"的倾向长期以来得不到纠正。此外，理工科设院士，而人文社会科学不设院士的现象也蕴含着"学科歧视"的错误倾向。总之，自然科学始终处于"唯我独尊"的位置上。

斥在科学以外。科学本身并无善恶，是中性的，它为人类造福还是带来灾难，取决于使用科学技术的人的态度。态度关乎人的价值判断，属于人的主观范畴。科学的"客观主义"排除了科学中人的道德、情感、价值判断和评价性认知，造成了主体与客体、事实与价值、知识与人的存在的对立，从而导致科学对人的否定以及科学非人化，造成了人的本质异化。

乔治·萨顿对科学方法中心论提出质疑，他认为"自然科学的方法如果能很好地被应用，那它是至高无上的，然而它的使用范围是有限度的，像对于艺术、宗教、道德这些思想领域，自然科学的方法也许永远不适合于这些领域"①，并指出"真理无论多么宝贵，它并不是生活的全部，而必须用美和仁爱来使生活完美。"② 即科技必须与人文相结合才能实现科技的目的——为人类服务。波兰尼对此表示认同，他对科学批判就是要向自然科学本身索要人性。他认为理智只是人性中的一部分，对人的理解不能仅靠经验的因果关系，还要靠来自人心灵内部的精神进行理解。

（二）高科技与高人文的失衡

培根当年希望建立一个"人的王国"，以代替"上帝的王国"，他绝对想象不到三百年后，人并没有生活在人的王国里，而是生活在一个"技术王国"里，正遭受技术的奴役，陷入无力回天的命运。培根另外有句名言："知识就是力量"。他也绝对没有想到，在知识力量的重压下，受到打击最大的，就是人类自己。科学知识一再打击着人类原有的尊严，人类之所以感到尊严受到打击，在于旧自我无法适应科技形成的新世界。至于技术社会对人类自我的改变，心理学家费洛姆说，"自18世纪、19世纪以来，自我概念的公式已不复是'我认为我自己怎么样，

---

① ［美］乔治·萨顿著，江晓原、刘兵译：《科学史和新人文主义》，上海交通大学出版社2007年版，第90—91页。

② ［美］乔治·萨顿著，江晓原、刘兵译：《科学史和新人文主义》，上海交通大学出版社2007年版，第92页。

我就是怎么样'而变成'我有什么，我便是什么。'近年来，由于市场的变化，自我概念又转变为'你要我怎么样，我就怎么样。'"① 这种转变，正说明人的自信心逐渐被削弱，人把自己变作一件"商品"。人之所以把自己变成一个商品，是因为旧自我在新世界里失去了他的功能，他的能力和素质不能胜任新世界的要求，而与高科技相匹配的高素质和高情感在新的自我中还未形成。因此所谓科学打击人类尊严，真正的意义不是反科技，而是将科技看作是人类需要应对的一种挑战，警告人类也需要和科技一样不断更新自己，以便使人类和科学世界获得一种平衡及和谐的关系，否则人类只能陷入物化的境遇。

无论是东西方，在前工业社会以前，圣哲们曾做过长期的自我重塑的努力，他们曾创下了一个一个完美的典型。只是以往圣哲们因受到"匮乏经济"的限制，他们重塑自己的过程只限于从自我出发最终仍归于自我。就社会、文化的意义来说，它是凝缩的，不是展开的，他们创建了一种圣化的社会，使人生活在信仰中。这种社会不但不能使人生活丰裕，而且人们为了维护圣化的社会，甚至不得不排斥人性的欲求。随着近代以来恢复了人的主体性，人的理性精神得到了张扬，自然科学得到了快速发展，这一切把人类引致另外一个趋向：尽量满足对生活丰裕的欲求，排斥一切神圣化的事物。然而脱离人文精神指引的科技，给人类带来的危害已经被人们所认知。因此我们要正确处理好科技和人文的关系，不要将科技与人文对立起来，要改变过去二元对立的思想，以一种新的、开放的、发展的眼光重塑自己，把"抵制科技"与"科技决定一切"的思想偏向改正过来，因为前者将会把我们带回物质匮乏、精神贫瘠的生存境遇中，后者将会使人类只把满足欲求当作最大的目标，人的"物化"现象就在所难免。现代的生活方式必须加以改变，现代人必须革新自己，但也不是恢复圣化的社会，经过几百年的科学洗礼之后再妄想恢复文化社会是永不可能的。回头所做的任何努力，都将使我们的问题恶化，延误拯救的时间。

① 转引自韦政通：《中国文化与现代生活》，中国人民大学出版社 2005 年版，第 15—16 页。

因此将人文主义与科学融合起来的理论意向是当今新人文主义发展进程中一条新的逻辑线索。并展现出新的特征：科技与人性的相互融合。当代新的人文主义在批判科学主义基础上，将科学置于以人为本的框架中。如德国哲学家狄尔泰在他的生命哲学中抨击自然科学的非人性时，不自觉地使科学研究方法本身映透出人的主体性来。当代弗洛伊德的心理学、人类学和生态学中的人本主义使人性从科学中生长起来。如果说上述的科学人性化的学说还是无意识的，那么波兰尼和马斯洛则是自觉地建构以人为本的科学人本主义框架。将当代人类总体思想中的科学与价值、理性与情感、理想与现实规定在人本主义基础重新缝合起的现实的、整体的科学人本主义中。这种新的人文主义必将产生一种新的文化，即建立在人性化的科学之上的文化。在这种文化的指引下，我们人类必须重塑自己，革新自己的观念，建立人类新的自我形象，使人不但能适应新世界，而且能做新世界的主人，和往昔圣哲们能做自己的主人一样。

第六章　新时期精神家园建设的思路与对策

　　丰富的精神生活内容和较高的精神生活质量是新时期我国精神家园建设的目标。要实现这个目标，首先要对精神家园建设的当代价值有充分的认识，特别是在当今信息化和全球化进程中，面对日益激烈的竞争、瞬息万变的信息以及鼓励创新的当代社会条件下，既存在忽视精神文化发展价值的倾向，同时又需要彰显精神文化价值。解决这一矛盾的途径只能首先通过认识精神家园建设的当代价值，其次掌握好精神家园建设的正确原则，并通过分析精神家园建设三个相互联系的环节，探索出我国新时期精神家园建设的途径。

第一节　充分认识精神家园建设的当代价值

　　改革开放以后，中国经济取得了举世瞩目的成就，相对于经济的发展，精神文化的发展显得明显滞后。但在现实的另一面，随着社会经济的迅速发展，物质生活资料的匮乏状态将逐步解除，人们的精神生活需要将日益凸显，人的精神生活价值正在现代社会不断呈现张扬和彰显的趋势。这一趋势要求我们必须树立精神资源意识，高度重视精神价值的发展。否则，在对待精神价值发展发面，人们依然会以数量代替质量，即以物质价值代替精神价值的发展，精神价值滞后于物质价值的发展，这将会成为社会和人的进一步发展的阻碍。

一、当代精神家园建设的价值彰显

（一）共有精神家园建设的价值彰显对国家发展的影响

第一，共有精神家园建设有利于增强国家软实力。一国的文化，是这个国家精神家园建设的根基，它连结着人和社会的关系，成为这个国家民众的精神寄托，为人们提供生活的意义。文化是一种软实力，"软力量系吸引人的力量。"① 即它的作用不是通过武力或金钱来使人们服从，而是文化所蕴含的共同价值观产生吸引力以得到认同。德国《时代杂志》主编约瑟夫·杰弗认为美国在国际影响力中软力量大于其硬力量："美国文化，不管是阳春白雪还是下里巴人，其传播的力度与当时的罗马帝国不相上下——且颇有新意。罗马及前苏联的文化影响止于其军事力量的尽头。但美国的软力量统治着一个日不落帝国。"② 随着信息化和全球化进程的推进，文化作为一种软力量日益与以军事和经济为代表的硬力量抗衡，并在信息化不断推进的过程中，文化力量的比重将会越来越大。"自冷战以来，核心价值观不断被抽象化、符号化，逐渐成为生存方式的图腾，阵营间对抗的利器，乃至民族兴衰的原因。"③ 苏联的瓦解就是其佐证。"苏联不是被经济挫败的，不是被科技创新打败的，也不是被陆海空军的武器打败的。苏联是被观念打败的，是被符号打败的，是在解构和建构核心价值观的混战中采取鸵鸟政策而失败。"④ "当受到西方价值观影响的年轻一代成为领导人之后，他们的行动和政策对苏联的自

① 约翰夫·奈著，吴晓辉、钱程译：《软力量——世界政坛成功之道》，东方出版社 2005 年版，第 6 页。

② 转引自约翰夫·奈著，吴晓辉、钱程译：《软力量——世界政坛成功之道》，东方出版社 2005 年版，第 11 页。

③ 潘维、玛雅主编：《聚焦当代中国价值观》，生活·读书·新知三联书店出版社 2008 年版，第 4 页。

④ 潘维、玛雅主编：《聚焦当代中国价值观》，生活·读书·新知三联书店出版社 2008 年版，第 4 页。

信心和意识形态的腐蚀变得十分清楚。"① 苏联瓦解的教训警示我们，要在当今世界体系中求生存，求发展，求独立自主，必须在除了经济、军事实力强大以外，中国必须主动、自觉加强以文化为核心的软实力的建设。江泽民对此指出："有没有高昂的民族精神，是衡量一个国家综合国力强弱的重要尺度。"② 胡锦涛同志在党的十七大提出"弘扬中华文化，建设中华民族共有精神家园"。中华民族共有精神家园建设的核心就是加大社会主义核心价值体系的建设，增强其吸引力和凝聚力，这是为了应对当今国际竞争中的文化较量，维护民族独立和民族自主所采取的积极策略。

第二，共有精神家园建设有利于提高民众生活和谐、幸福。共有精神家园建设将是今后中国政府工作的一项重要内容，它将成为各级政府工作的价值目标。目前国际上衡量一国的竞争力以及确定一国的影响力仍然以其财富总量作为参考系，然而以经济发展为衡量标准的形势在悄悄发生变化。20 世纪 70 年代，南亚不丹王国的国王日热米·辛耶·旺查克基于本国文化历史传统建立了一套评估"国民幸福总值"（Gross National Happiness，GNH）的指标体系。该体系提出了一套与众不同的价值观，认为政府的施政目标及考核标准必须要将人们的幸福指数、文化教育的发展、消费和自然环境的保护等纳入到指标体系中，而非仅仅追求"国内生产总值"（GDP）增长。GNH 在不丹不仅是一种社会价值，还是一套国家日常管理的工具，更是一个社会的终极价值目标。不丹的GNH 理论和实践，影响了包括法国、美国、加拿大在内的西方国家。2008 年 2 月，时任法国总统萨科齐成立经济运行与社会发展评估委员会，试图提出一套新的标准来衡量社会和经济发展的状况。萨科齐主张以"国民幸福指数"（GNH）取代"国内生产总值"（GDP）；日本提出了以强调文化因素为主的"国民幸福总值"（GNC）；美国总统奥巴马于

① 约翰夫·奈著，吴晓辉、钱程译：《软力量——世界政坛成功之道》，东方出版社 2005 年版，第 49—51 页。

② 《十一届三中全会以来党的历次全国代表大会中央全会重要文件选编》（下册），中央文献出版社 1997 年版，第 424 页。

2010 年签署的医疗改革法案第 562 页亦有一个条款，要求国会资助并监督一个新的国家关键指标体系（the key national indicators system）的创制；甚至联合国也开始采用 GNH 来统计和评价经济价值。"相比较 GDP 指标体系，GNH 核算体系则不仅涵盖了物质性内容，而且包含精神性内容"①，它体现了一国的综合发展水平。通过以上论述，我们可以发现各国都试图在经济与政治、文化、环境、卫生、医疗等方面之间建构一种有机的联系，从过去唯经济增长的生活方式日渐转移到强调以人的物质生活和精神生活有机结合的生活方式，这一趋势在中国也悄然兴起。从邓小平同志提出的"发展就是硬道理"到"科学发展观"再到"和谐社会"以及 2011 年十七届六中全会"文化强国"等观念的提出，都折射出中国的发展越来越注重以人为本，如何提高国民幸福指数和提升国民精神生活质量日渐成为今后中国各级政府工作的重点。"过去三十年是 GDP 竞赛，随后由于政府的不断转型，就变为公共服务竞赛。最明显的例子，就是五年规划的指标发生了巨大的变化，'六五'时期的经济指标超过了 60%，现在已经降到了 22%，'十二五'将下降到 20% 以下。非经济指标，主要是公共服务指标从不到 40%，提高到现在的将近 80%。因此我国各地已经从 GDP 增长竞赛发展到公共服务竞赛，这就是为什么我们的基本医疗服务，不论是农村的还是城市的，这几年发展很快。几年以前，很多地区都已经百分之百的实现了卫生基本公共服务。这就是向公共服务竞赛的转型。"② 在今后的公共服务体系建设中，满足人们基本需要的卫生、医疗等服务将逐渐拓展为满足人们高层次的精神文化需求，如文化设施、文化产品、教育等。随着物质条件的改善和提高，这些文化发展成果逐渐会惠及人民。

发展文化建设来满足国民精神需求，并不是要停止经济的发展，幸福本身也包含经济的发展，加快精神文化建设，只是改变一直以来精神

---

① ［不丹］卡玛尤拉、沈颢主编：《国民幸福——一个国家发展的指标体系》，北京大学出版社 2011 年版，第 173 页。

② ［不丹］卡玛尤拉、沈颢主编：《国民幸福——一个国家发展的指标体系》，北京大学出版社 2011 年版，第 177 页。

文化发展滞后经济发展的局面，做到精神文明的发展与经济发展之间保持适度张力，共同促进人们精神生活和物质生活质量的全面提升，从而提高人们的生活幸福质量。

（二）个体精神家园价值彰显对人的生存与发展影响

第一，积极健康的个体精神家园建设是社会发展的需要。恩格斯曾经说过："用整个社会的力量来共同经营生产和由此而引起的生产的新发展，也需要一种全新的人，并将创造出这种新人来。"①"未来共产主义社会一方面需要高度发展的生产力，一方面需要全面发展的新人，是建设社会主义、共产主义的两个条件。"② 上文中所指的新人是指全面发展的人，即发展与所处时代经济、文化、科技相适应的高素质、高情感的新人。第五章中所提到了精神生活物化、人际关系的疏离、多元文化的冲击、高科技带来人的异化等问题，产生这些问题的一个重要原因就是人的素质和能力还未跟上现代化的发展，即人的精神价值缺失致使人的动力不足，反过来陷入经济、科技的窠臼中而不能自拔。因此精神家园建设的当代价值就在于精神价值、审美价值、道德价值成为每一个社会成员所追求的价值目标，成为一个思想品质、知识和实践才能、审美价值能力的全面发展的人，它使人心灵生活丰富，内心强大，不被自己所创造的物所奴役，扬弃人的异化，成为物质发展的主体。

第二，个体精神家园建设的积极、健康与否决定了一个人的发展状态。现代社会，精神将逐渐成为一种重要资源，它不仅能够转化为物质力量创造物质财富，而且它本身的丰富多样是个人幸福的源泉。但不是所有的精神文化都是有益、积极、健康的资源。那些腐朽的、消极的、有害的精神文化产品不仅不能给人带来幸福和动力，反而会给人带来巨大的危害。而个体精神家园是否健康，与个体对精神需要认知有密切关系。如果一个人没有认识到精神的价值，不积极主动地去发现和创造精神文化资源，积极主动建设精神家园，那么个体的发展将会呈现出自发

---

① 《马克思恩格斯选集》（第1卷），人民出版社1995年版，第242页。
② 《列宁选集》（第4卷），人民出版社1972年版，第688页。

的、片面的、发展动力不足等状态，这种状态的产生即出于人的发展达不到高度物质文明发展对人的素质和能力的要求，又因为个体无法享受高度物质文明发展所带来的丰富成果，只能过着一种安于现状、浑浑噩噩的毫无意义的生活。与此相反，如果个体能主动认识到精神需要的认知发展过程，并积极主动地去提高，就能实现精神需要由自发到自觉、感性到理性、低层次到高层次的迈进从而使人的精神境界不断提升，精神生活质量得到提高。积极健康的精神家园建设对个体的价值彰显表现为：能在物质与精神需要之间保持恰当张力，在享受物质生活的同时，能以精神价值为引领，使人成为物质生活的主人而不被其所奴役；在面对多种价值选择时，能坚定自己的信念并运用正确的价值观去辨别并选择能为自己所用的有价值的文化资源，使自己的人生价值在现代社会发展中获得最充分的体现，不会在繁杂的文化资源中迷失方向。

总之，积极健康的精神家园在人的发展中将会体现出巨大的价值，即作为人的精神支柱、精神动力，指引人的发展方向，提供人的发展动力和源泉，帮助人逐渐由自发进入自觉状态，进入较高层次的人生境界，实现人之为人的价值。

二、当代社会人们对精神生活的迫切追求

经过改革开放40年，一方面，经济的大力发展为人们精神生活的丰富提供了物质条件；另一方面，社会的转型以及经济高速前进给人们的心理和心灵生活造成压迫，这种压力也增加了人们对精神生活的迫切追求。

（一）经济的发展和社会环境的稳定为人们追求精神生活提供了社会基础

"'思想一旦离开'利益'就一定会出丑"，而"每一个社会的经济关系首先是作为利益表现出来的"，这种通过利益表现出来的"经济条件归根到底制约着历史的发展"①。经济条件同时也制约着精神生活的发

①《马克思恩格斯全集》（第2卷），人民出版社1957年版，第103页。

展。改革开放 40 年，我国的经济发展取得举世瞩目的巨大成就，人们的物质生活得到了明显改善，国家的竞争力也显著增强，这为人们精神生活质量的提高创造了有利的社会基础。

首先，生产力的大力发展使中国大多数人摆脱了生存危机，中国总体进入了小康水平，这为人们精神生活的追求提供了可能。在古代，大多数人耕作于农田，日出而作，日入而息，终其一生就是为了活下去，人均寿命比较低。人的精神生活仅限于人的一些基本情感的满足，这种精神需要按照马斯洛需要层次理论是属于比较低层次的需求。一个人如果成天为着生存而忙碌奔波，要想具有高质量的精神生活简直是天方夜谭。生活贫困的人，能活下去是他生活最大的目标，人只有满足了基本的生活需要，才有精力和时间去追求更高一层的生活。人们对生活的追求是根据物质条件的变化而变化的，马克思说："物质生活的这样或那样的形式，每次都取决于已经发达的需求，而这些需求的产生，也像他们的满足一样，本身是一个历史过程。"[1] 人们精神生活的发展和质量的提高随着物质条件的发展而不断提高，是一个历史的过程。小康社会的实现标志着人们的基本生活需要得到了满足，这为过去只有少数人所享受和追求的精神生活的实现提供了可能。自中小学实行义务教育以来，全国已基本扫除了文盲，初中教育毛入学率达 98%，全国小学净入学率达到 99.5%．我国教育普及率程度已经接近中等收入国家的平均水平。[2] 2015 年，社会医疗保障基本覆盖了全国，千年来老有所养的愿望已基本实现，2011 年，中国的人均寿命已达 76 岁。教育、医疗卫生、养老保险等制度不断完善和发展，为人们追求高质量的生活提供了坚实的基础和条件。

其次，一个社会的生产力要得到大力发展，必须有良好的社会秩序和制度措施作保障。从中国的历史发展可以看出，凡是分裂和动乱的时

---

① 《马克思恩格斯选集》（第 1 卷），人民出版社 1995 年版，第 123 页。

② 国家统计局综合司：《大改革　大开放　大发展——改革开放 30 年我国经济社会发展成就系列报告之一》中央政府门户网站（统计局网站）www. gov. cn2008 年 10 月 27 日。

候，老百姓的日子是最艰难的，中国在世界范围内最有影响力的时期都是中华民族处于和平发展时期。近代以来，中国遭受西方列强的入侵，根源就在于中国经济落后，并且处于长期的动乱和战争。新中国成立后，本是中国发展的大好时期，"文化大革命"十年延误了中国发展的有利时机，"四人帮"等人认为不要高度的生产力也能建设社会主义的唯心主义主张把中国的经济推进了崩溃的边缘。"文革"结束后，邓小平提出"中国人这么多，底子这么薄，没有安定团结的政治环境，没有稳定的社会秩序，什么事也干不成。稳定压倒一切。"① "中国要摆脱贫困，实现四个现代化，最关键的问题是需要稳定。"② 稳定的社会环境为经济的发展创造了条件，同时经济的发展又进一步创造了稳定的社会秩序，这一切都为人们提高和改善精神生活提供了社会基础。

（二）经济的快速发展加大了人们精神生活的迫切需求

经济的大力发展为人们的精神生活追求创造了物质条件，同时物质生产的快速发展也加大了人们精神生活的需求。

首先，市场经济激起了人们较高层次的精神生活追求。市场经济是一种竞争经济，它促使人形成了一种强烈的竞争意识，它使人的能力和素质得到了最大的激发。竞争意味着要不断地创新，才能在市场占据领先地位，因此要在市场经济中取得优势地位，人必须发展创新精神、科学精神、竞争精神、开放精神等，这些精神是物质生产发展的动力，是物质生产进一步发展扩大的基本条件。因此，激烈的经济竞争、科技竞争，都迫切需要人们发展较高层次的精神文化，因为创新、创造、追求真理的精神，都是属于精神需要的较高层次，满足较高层次的精神需要既要有远大的、超越性的理想提供前进的精神动力，也要有坚定的信念、顽强的意志去抵制和克服现实生活中无数的诱惑，还要有不怕困难、不怕失败的敢闯精神去面对创造过程中的各种风险和困难。总之，越是竞争激烈的领域，越需要较高层次的精神文化，同时在激烈的竞争环境中，

①　《邓小平文选》（第3卷），人民出版社1993年版，第331页。
②　《邓小平文选》（第3卷），人民出版社1993年版，第348页。

精神文化发展也越快，它的功能也就越能得到最大限度的发挥。因此，改革开放以来，经济的高速发展给人们的心理和心灵造成了压迫，但人的精神需要是人的一种类似本能的冲动，因此精神压力加大也增强了人们的精神生活需求，推动了人精神生活质量的提升。最近几年，各种培训班、继续教育、网上教育增多，高等教育大众化等都印证了人们较高层次精神文化需求的扩大。

其次，经济的快速发展催生了大众文化的产生、发展和繁荣。改革开放40年来，伴随市场经济的发展和完善，精英文化在世俗化进程中被大众文化所代替。大众文化就是按市场经济规律运作，以大众媒介为手段，目的是广大民众获得日常感性愉悦的体验过程。简言之，大众文化的特点就是世俗化、平民化和感性化，它是民主和自由发展的必然结果，是历史的必然。但是中国作为一个后起的现代化国家，承受着巨大的加速发展和超常规发展的压力。巨大的压力增加了人们对精神生活的迫切需求，精神上"饥不择食"的人们，也促成了落后、低俗和伪劣的精神产品的广阔市场，大众文化中也充斥着糜烂的、腐朽的、落后的文化产品。但不能就此否定大众文化作用，而对此加以排斥。事物总是辩证发展的，对待大众文化我们应该一分为二地加以分析：一方面，大众文化为普通老百姓带来的丰富多样的精神文化资源，使普通大众能享受文化的成果，参与其中，丰富和改变了人们的生活方式。另一方面，大众文化应该不断自我审视，扬弃自身的低俗化一面，在随着普通民众受教育程度和素质提高的进程中，提高大众文化的品味，使得其内涵是精英的，而普及率是大众的。这样大多数人精神生活质量的提高才能成为可能，社会才能进步，人类才能不断走向文明。在纪念中国共产党成立80周年的讲话中，江泽民强调要不断满足人民物质文化需要，实现人民物质文化生活的高质量、高水平的发展，这是人的外在发展要求；同时又"要努力提供全民族思想道德素质和科学文化素质，实现人们思想和精神生活的全面发展"[①]，即注重人们的内在发展。因此，我们要大力发展先进文化，牢牢把握先进文化的前进方向，使大众文化在马克思主义理论的

① 《江泽民文选》（第3卷），人民出版社2006年版，第295页。

指导下发展，这样才能为人们的精神生活发展提供一个健康、充实、科学、积极的空间，从而使人身心和谐、美好健康。

第二节　坚持精神家园建设的正确原则

当今时代的全球化、信息化、市场化和价值观多元化都给现代化进程中的中国民众带来观念的冲击，同时也给新时期精神家园建设带来了机遇和挑战。面对着时代的新发展和新特征，新时期精神家园建设应该具有新的内涵和新的目标，在建设的过程中我们一定要把握好物质与精神相协调、多元文化中的主导性和多样性相统一、继承和创新相结合以及自信心和自省心相一致等原则。

一、坚持物质生产的发展与精神家园建设相协调

关于物质生活与精神生活之间的关系，北宋哲学家张载对此有精辟的论述：“精义入神，事豫吾内，求利吾外也；利用安身，素利吾外，致养吾内也。穷神知化，乃养盛自致，非思勉之能强，故崇德而外，君子来或致知也。”[1] 这里“内”指心，“外”指身。“内”指精神生活，“外”指物质生活。“豫”指准备，“利”指顺利。精研义理，至于神化，精神上作了充分准备，物质生活就可以顺利了。物质生活顺利，就更可以提高精神生活。张载认为：“内”“外”是相辅相成的，辩证统一的。新时期精神家园建设必须把握好物质生产发展与精神家园建设的恰当关系，使两者达到一种平衡状态。

第一，物质生产的发展是提高精神生活质量的前提和基础。马克思在《〈政治经济学批判〉序言》中说：“物质生活的生产方式制约着整个社会生活、政治生活和精神生活的过程。”[2] 恩格斯在评价马克思这句话

---

① 《正蒙·神化》。
② 《马克思恩格斯选集》（第2卷），人民出版社1995年版，第32页。

时指出："这个原理，不仅对于经济学，而且对于一切历史科学（凡不是自然科学的科学都是历史科学）都是一个具有革命意义的发现……在历史上出现的一切社会关系和国家关系，一切宗教制度和法律制度，一切理论观点，只有理解了每一个与之相应的时代的物质生活条件，并且从这些物质条件中被引申出来的时候，才能理解。"① 因此要发展丰富、健康的精神家园，首先是必须发展生产力，改善人们的物质生活条件，提高人们的物质生活水平，满足了人们基本的物质生活需要，人们才会产生较高的精神生活的需要，同时也使精神的追求成为可能。其次，从丰裕的物质生活中获取满足精神生活需要的活力和动力。由于高科技的运用，人们可用较少的时间创造较大的财富，高科技将人从繁重的体力劳动束缚中解放出来，人的休闲时间增多，为从事精神文化活动提供了充裕的时间。随着物质生活的改善，人们对精神文化的需要会日益增多。通讯的发达和交通的便利也为人们的交往空间与时间的扩展及延伸提供了物质条件。正是在此意义上，江泽民曾指出："推动人的全面发展，同推进经济、文化的发展和改善人民物质文化生活，是互为前提和基础的。人越全面发展，社会的物质文化财富就会创造得越多，人民的生活就越能得到改善，而物质文化条件越充分，越能推进人的全面发展。"②

第二，精神亦有自己相对独立的发展逻辑，具有相对独立性，会反过来作用于物质生产的发展。"我们承认总的历史发展中是物质的东西决定精神的东西，是社会存在决定社会的意识；但是同时又承认而且必须承认精神的东西的反作用，社会意识对于社会存在的反作用，上层建筑对于经济基础的反作用。"③ 一定的物质文明必然要求有与之相应的精神文明。这里，物质文明的决定作用，并不在于仅仅要求有消极反映它和追随它发展的精神文明，而在于要求有在它基础上建立起来相对独立的、能积极促进它发展的精神文明。持续发展的精神文明正是由于具有相对

---

① 《马克思恩格斯选集》（第2卷），人民出版社1995年版，第38页。
② 江泽民：《在庆祝中国共产党成立八十周年大会上的讲话》，人民出版社2001年版，第44页。
③ 《毛泽东著作选读》（下册），人民出版社1986年版，第167页。

独立性和能动的反作用，因而，才能够同一定的物质文明状况相适应。在一定的社会物质条件允许的范围内，精神文明的发展程度愈高，就愈符合物质文明发展的要求；而且对于社会主义建设来说，具有高度的社会主义精神文明，正是它所要达到的一个目标。"如果没有物质文明发展对精神文明发展所提出的客观必然要求，没有精神文明对物质文明的相对独立性和能动的反作用，如果不把高度的社会主义精神文明看作是社会主义社会的一个重要特征，那么精神文明就会成为可有可无的陪衬，充其量不过是跟在物质文明后面亦步亦趋、如影随形的尾巴。"①

二、坚持精神家园建设的主导性与多样性相统一

新时期中华民族精神家园建设坚持主导性和多样性相结合。所谓精神家园建设的主导性原则，即精神家园建设在主要方向、理论基础、共同理想目标等方面必须坚持社会主义核心价值体系的统领。主导性是相对应于多样性而言的，两者是辩证统一的关系。主导性是对多样性的主导，没有多样性就无所谓主导性。而在过去计划经济时代，精神产品单一且人们生活范围狭小封闭，精神家园建设注重内容的主导性而忽视了多样性，强调了人们思想的统一性，而忽视了人们的思想差异性。"文革"期间更是一刀切，在思想上对人们灵魂深处进行革命，妄图使人们的思想都达到社会主义的较高境界，这种脱离实际的客观唯心主义给中国的文化、精神带来了巨大的创伤。随着改革开放和市场经济的运行，人们的生活方式、经济活动方式、分配方式、交往方式、思维方式和价值观念都发生了多样化的改变，精神文化也必然走向多样化。市场经济和对外开放政策的实行，以及国家对文化建设的注重都为人们提供了多种多样的文化选择。有传统文化、外来文化，有大众文化、精英文化，有藏族文化、有回族文化等少数民族文化，有佛教、基督教、道教等宗教文化等等，其中大众文化和网络文化的发展令人瞩目。人们的社会生

---

① 中国人民大学社会主义研究会编：《论社会主义精神文明》，北京出版社1983年版，第38—39页。

活和精神家园呈现出千姿百态、绚丽多彩的景象，这是中国精神文明进步的生动反映和具体体现。这些多样化的精神文化资源同时也充实和完善了中华民族共有精神家园的建设内容。

面对市场经济时代以及全球化的进程，精神资源多样化且人们生活在一个开放多样的环境中，当前精神家园建设的内容呈现出多样化喧宾夺主而主导性式微的趋势。"文革"期间注重主导性而忽视甚至消灭文化多样性，已给我们新时期精神家园建设提供了一个深刻的教训。当代我们需要警惕因过于注重文化的多样性而忽视其主导性，最终引起文化相对主义而不利于社会发展等现象。为此须加强社会主义核心价值体系的主导，原因有二：其一，当今任何一个民主、法制社会都存在着不同层次的价值体系。通常这类价值体系具有松散的非系统性。然而社会形成源于人类一些共同的需要，因此不同层次的价值体系中必须有来自其中同时又居于其上的核心价值观统领着整个价值体系，并将其纳入宪法，构成一套体系以动员社会成员，维护社会稳定，整合各种意识形式，为人们提供一套精神文化系统，否则缺乏核心价值观的诸多价值将如同一盘散沙，最终陷入虚无主义。正如张岱年所说："每一个民族的每一时代的文化，都构成一个体系。在每一个时代的文化体系中，必然有一个主导思想成为占统治地位的思想。而在这主导思想之中，又有多种支流思想。如果对于那些与主导思想不同的各种支流思想采取压抑的态度，必然引起文化发展的停滞。如果各种支流思想杂然并陈，纷纭错综，而没有一个占统治地位的主导思想，则不利于社会秩序的稳定。从世界文化史来看，每一民族每一时代的文化，既须确立一个主导思想，又须容许不同流派的存在，才能促进文化的健康发展。"① 其二，我国正处于社会社会转型期，原有的价值观念和道德规范已逐渐瓦解，与市场经济相匹配的价值体系和道德规范还没完全建立起来，因此人们思想观念上产生迷茫和困惑，价值观存在着多元化的局面。尽管国家法律法规允许宗教信仰的存在，但是宗教本质上是虚幻的、不科学的，民间信仰等其他形式的信仰则往往是以图腾崇拜、祖先崇拜等为核心的一些自然风俗，其

---

① 张岱年：《文化与价值》，新华出版社 2004 年版，第 75 页。

往往掺杂着迷信色彩。再加上传统的、现代的、本土的、外来的各种文化思潮的涌入，冲击着人们的思想观念，抢占着人们的精神领域。如果没有一个占主导地位的科学信仰居于价值体系的核心地位，则很容易被邪教、迷信、金钱等非理性信仰所侵蚀。为此，坚持以马克思主义为指导的社会主义核心价值体系领全体人们的精神生活，形成一个在核心价值体系引领下满足不同人精神需求的多层次、多样化的精神文化系统，这既体现了以此为核心的精神家园对民众现实生活和人类发展的终极关怀，同时也为不同阶层的人们提供了一个展现自我的精神领域，从而使精神家园丰富、美好、健康、欣欣向荣。

因此新时期精神家园建设要将建设内容的多样性和主导性相结合，在主导性下，我们应尊重个体的差异、地区的差异、群体的差异、民族的差异，对内容建设的多样性实行和而不同的原则，既要充分发展建设内容的多样性，满足人们的多样化的需要，同时也要发挥社会主义核心价值体系对内容多样性进行引导，进而为中华民族伟大复兴提供精神动力和智力支持。

三、坚持精神家园建设的继承、借鉴与创新相结合

新时期精神家园建设面临着文化资源的多样性，如传统文化、外来文化、革命文化、大众文化等，面对建设内容的多样性，我们采取的是"和而不同"的原则。然而多样性的文化资源中不仅包括积极的、优秀的文化资源同时还包括一些消极的、低俗的不良文化，我们采取何种方式对其进行辨别、选择是当今精神家园建设的一个重要问题。简单地发出"全盘西化论""文化保守主义论"和"中体西用论"等口号是肤浅的。可喜的是，1978年思想解放，重新确立马克思主义理论的指导地位，为我们精神家园建设提供了正确的原则，这个原则就是继承、借鉴与创新相结合。因为马克思主义哲学本身就是继承、借鉴与创新相结合的成果。1999年英国广播公司（BBC）进行了一次千年思想家的评选活动，结果马克思高居榜首。原因在于正如达尔文在自然界发现了自然界的进化规律一样，马克思在人类社会发现了人类社会发展规律，并向人

们提出了一个高于日常生活的终极关怀——共产主义的理想社会。马克思主义发现人类社会发展规律在于其运用了科学的批判武器辩证唯物主义历史观。它的产生正是基于马克思对以往哲学家如黑格尔、康德等批判继承的基础上产生的,为全世界广大无产阶级提供了精神武器,指导他们推翻了殖民主义和封建主义的统治,建立了社会主义国家。"哲学把无产阶级当作自己的物质武器,同样的,无产阶级也把哲学当作自己的精神武器。"① 新中国把马克思主义哲学当做自己的精神武器,不仅领导中国人民夺取了革命的胜利,并且在其指导下,党中央在 1978 年顺乎民意发动的、以经济体制改革为切入点所带动的市场经济改革,虽然在本质上是一场革命,但是在实践中不但未表现出情感多于理智的激情冲动的行为方式,反而更多地表现为理性、建设性,表现为一种继承、借鉴基础上的创新性。这正是马克思主义哲学在实践中的运用。这种在经济、政治、文化体制改革中所体现的党中央准确把握继承、借鉴与创新相结合的原则,在社会稳定基础上促进社会变革,从而避免了人类历史上社会结构性转变造成的社会大动荡,避免了动荡给历史变革可能造成的延误,进而才取得了新时期中国政治、经济、文化等各方面有序的整体的进步和发展。

批判意识是马克思主义哲学的精髓,它除了对历史和现实局限性的否定意向外,马克思主义哲学的批判意识本身还蕴含着超越局限、积极进取的建设性、创新性意向。对社会现有的问题和缺陷进行批判并不是最重要的,最重要的是如何在批判的基础上有效地克服这种缺陷和不足,并建设适合当前现实境遇的观念。因此有没有建设性、创新性意向,是同反社会否定一切、怀疑一切、推翻一切的破坏情绪的根本差别,鲁迅在这方面是我们的榜样。他在许多作品中,怀着哀其不幸、怒其不争的忧思,不遗余力地解剖由封建文化滋生出来的"国民的坏根性"。但鲁迅不是为了骂倒自己的民族,尽管我们的民族从总体上来说"其实是伟大的",但我们还要揭发自己的缺点,这是"意在复兴,在改善。"② 因

---

① 《马克思恩格斯选集》(第 1 卷),人民出版社 1995 年版,第 15 页。
② 鲁迅:《致尤炳圻》,《鲁迅书信集》(下卷),第 1064 页。

此对待传统文化我们要批判其封建腐朽的不合理的思想，吸取其对当代中国精神家园建设有益的思想精华。在对待外来文化方面，毛泽东并不主张全盘西化，但也不主张保守主义，而是要对外来文化进行理性谨慎地批判与借鉴，取其精华，去其糟粕，这样才能充实和发展我国精神文明的建设。对此毛泽东说到："一切外国的东西，如同我们对于食物一样，必须经过自己的口腔咀嚼和胃肠运动，送进唾液胃液肠液，把他分解为精华和糟粕两部分，然后排泄其糟粕，吸收其精华，才能对我们的身体有益，决不能生吞活剥的毫无批判的吸收。"①

面对全球化，我们可以采取借鉴和创新的原则，利用"他者"尤其是西方先进的科学方法和思维方法来对我国的文化、科学、哲学、政治和法律等方面进行比较和反思，以便对自我的民族文化和民族性格有个更深刻的了解，并在此基础上创新以实现超越。就一个人而言，自我了解是超越自己的不可或缺的条件。同样的，对于一个民族而言，要自我超越也必须对自己的传统有了解才能办得到。而利用"他者"理性地与传统进行比较有助于我们更加了解自己。正如黑格尔所说："在对立中，相异者，不是任一别物，而是与它正相反的别物，这就是说，每一个方面只由于与一方面有了关系方得到自己的性格，此一方面只有从另一方面反映出来得到自己的性格，此一方面，只有从另一方面反映出来方能自己映照自己。"②

新时期中华民族共有精神家园建设担负着为中华民族伟大复兴提供精神动力和智力支持的重大使命，对待多样化的精神资源，我们不应该停留在是"全盘西化"还是"回归传统"的非此即彼的选择中，而是在建设过程中对文化的多样性采取批判继承—批判借鉴—建设创新三位一体的原则。台湾人类学家李亦园说："站在人类学的观点上看，一个振兴运动，不但要将自己原来的东西保持或恢复，同时要借用外来新的东西，不但要借用外来新的东西，同时要不断的创新，这种运动才是能够往前

---

① 《毛泽东选集》（第 2 卷），人民出版社 1991 年版，第 707 页。
② 黑格尔：《小逻辑》，商务印书馆 1981 年版，第 259 页。

走的运动。"① 为此，面对文化的交融交流交锋，我们不仅要继承和发扬自己的民族文化，也不仅要比较借鉴接受外来的文化，而更要在此基础上创造出新的观念让其适用于新的环境、新的变迁。新时期"科学发展观""三个代表""和谐社会"等观念的提出在马克思主义哲学的指导下，对传统和现实批判继承借鉴的基础上，创造出的新观念，从而适用于指导中国新的环境和新的变迁。

四、坚持精神家园建设的自省和自信相一致

近代以前一向以老大自居的中国人认为中国是地球之中心、宇宙之中心，为此对本民族的华夏文化持有非常强烈的优越感，这种优越感使得唐宋以后，中国文化开始走向一种向内的封闭趋势，宋明理学的"存天理，灭人欲"更是加速了中国文化的衰落。中国明清统治者不顾时势，顽固坚持闭关锁国的策略。1792 年，乾隆皇帝就以"天朝物产丰盈，无所不有"为由，拒绝了英国使团的通商要求。这种文化上的优越感导致其文化与世界的隔离，给中国带来落后、愚昧和屈辱。历史的经验教训告诉我们新时期中华民族精神家园建设必须对自己的文化有一种自省心，也就是自觉心。"'文化自觉'就是生活在一定文化中的人对其文化有'自知之明'并且对其发展历程和未来要有充分的认识。"② 为此，我们对自己本民族的失误、困境和不足要有清醒的认识并面对出现的新问题、新矛盾要及时认识、及时发现、及时解决。如果没有这种自省心、自觉心，民族的精神状态会趋向盲目乐观。历届党中央根据时代发展，结合中国的现实，与时俱进地提出了精神文明建设理论，就是对问题、矛盾、冲突深刻认识、客观分析的一种自省的体现。如面对以文化为核心的软实力的较量，党的十七大提出了"弘扬中华文化，共建中华民族共有精

---

① 韦政通：《中国文化与现代生活》，中国人民大学出版社 2005 年版，第 23 页。

② 高昌：《中华文化，情牵四海——新世纪第二届中华文化世界论坛回眸》，《中国文化报》2002 年 12 月 27 日。

神家园"；面对多元价值观的冲突，党中央提出了社会主义核心价值体系的建设；最近面对目前中国所出现的道德事件、腐败等问题，党中央深刻地认识到这些问题的根源在于价值观，而文化的核心就是价值观。基于对现实情况的分析和判断，十七届六中全会提出"文化强国"的发展策略。概而言之，一个民族文化只有人们对历史、传统、现实时时保持着一种自省心，才能不断发展和进步。"在生活中具有学习能力、控制能力与自我反思能力的民族、社会，才有可能是一个有传统走向现代社会化的民族、社会。"① 因此中华民族共有精神家园建设不是现成的，不是一成不变的，它是一个在实践中不断认识、不断完善和不断建设的有机体。

除了对新时期中华民族共有精神家园建设有一种自省，即对自己建设过程中出现的问题、矛盾要有清楚的认识、客观的判断、深刻的反思之外，同时还必须具有战胜困难和弥补不足的自信。中国自近代以来由于自己的经济落后而陷入一种对本国文化的自卑情结。而这种自卑情结，中国历史上出现过两次，第一次是1840年面对西方的坚船利炮，"夷夏之大防"全面崩溃，传统的精神家园开始逐渐瓦解。中国人开始踏上了救亡图存的道路，由器物层面到制度层面学习西方，最后中国人开始关注自己的文字、文化的品格、性格特征……最终认为是文化导致自己"失败"。于是一部分人开始主张全盘西化，认为中国什么东西都是旧的，是阻碍社会发展的，中国的一切都不如西方，文化自卑感开始产生。文化体现着一个国家深层次的精神理念，文化的自卑影响了人们的生活方式和思维方式。第二次是1978年改革开放以及日益为中国人所感知的经济全球化浪潮，并借助信息网络化的技术支持而转变为更加隐秘和微妙的文化心理。面对西方纷至沓来的科技、管理、知识等的涌入，中国人意识到自己与西方的差距，加上国外社会思潮的疯狂涌入，各种价值观的冲突使一部分人感觉到西方的月亮比中国的月亮圆，西方的一切都优于中国，中国的文化、历史等等都是没有价值的，这种崇洋媚外的思

① 沃尔夫冈·查普夫：《现代化与社会转型》，社会科学文献出版社1989年版，第69页。

想使其产生了自卑感。这种自卑心理引发了文化上虚无主义思潮。一个民族如果不具有自己的文化，那么这个民族也就溃灭于其他民族中而不复存在。民族文化是一个民族精神家园的根。作为世界四大文明古国之一的中华民族至今仍能屹立于世界民族之林，关键就在于中华儿女对中华民族文化始终有一种强烈的文化认同感。为此在建设新时期中华民族共有精神家园过程中，面对出现的文化虚无主义、历史虚无主义思潮，我们要有一种民族自信心，这种自信心是一个民族积极的、肯定的自我认识和自我评价。然而要恢复和增强民族自信心和对民族文化的认同，包含着两个方面：一方面，必须要实现国家的富强和民主即中国的现代化，这是增强民族自强和自信的物质基础。这个物质基础代表着中华民族的各阶层人民的共同利益。惟有民族的整体利益得到提升，才能保障这个民族各阶层人民利益的实现，才能形成这个民族的凝聚力。为此，十一届三中全会果断提出要发展经济，将实现中国四个现代化放在发展的首位。改革开放40年，中国的经济得到了快速发展，国家的竞争力和影响力也得到了空前的提升，人们的民族自信心大大增强。另一方面，民族自信心的增强还需有精神基础，亦即思想基础，是能维系人心、增强民族团结的思想意识，就中国而论，这也是中国的民族文化。新时期我们共建中华民族共有精神家园，发展"文化强国"等不能凭空出发，最佳的借鉴，仍是要靠传统的基础作起点，因为人们对待传统以及民族文化不像一件穿在身上的衣服那样，可以随时把它脱下来，再换上一件新的衣服。传统是一组内蕴于我们心里并且构成自我的观念的东西。一个民族的传统和认同，事实上就是构成这个民族的要素。[1] 正如美国学者希尔斯所言，传统"它就是现在的过去，但它又是与任何新事物一样，是现在的一部分"。

　　总之，我们建设新时期中华民族共有精神家园既要对自己的历史的、当今的、文化的、传统的、国外的等资源持有一种自省心，即反思"自我"，它是超越"自我"不可或缺的条件。但是反思之后，面对的困难

---

① 石元康：《从中国文化到现代性典范转移?》，生活·读书·新知三联书店2000年版，第272页。

和不足同时要具有一种自信心，树立一种积极的民族精神状态，才能成为一个国家和民族、个人的凝聚力、精神动力。

第三节　当代社会精神家园建设的途径与方式

精神家园建设说到底就是精神文化建设，它旨在使全体国民形成社会主义的理想信念，建立大家所认可的共同思想基础，形成有利于改革开放和社会主义市场经济健康发展的价值观念、行为规范、思想道德素质以及良好的社会风气，从而在全社会形成勤勉工作、奋发向上、自强不息、团结奋进、积极健康的精神风貌。一直以来党中央对精神文化建设的内容、指导思想、目标等都作了具体的部署。如"注重文化建设的社会效益和经济效益的有机结合""以科学的理论武装人、以优秀的作品鼓舞人、以正确的舆论引导人、以高尚的精神塑造人"等方针，为精神文化建设提供了基本要求。一般说来，精神家园建设大致包含三个相互联系的环节：一是社会主义核心价值体系的建构，它是精神家园建设的核心；二是人们的科学和教育素质的普遍提升，关乎广大民众精神生活质量的提升；三是通过实践活动使社会主义核心价值体系内化为人们的素质，外化为人们的行为，最终形成良好、和谐和幸福的精神状态。

一、树立马克思主义科学信仰，把社会主义核心价值体系教育融入现代化建设全过程

信仰问题是精神家园建设的核心和灵魂。"人是不可能没有信仰的，他必须有一个精神家园，并不停地走在返回这一家园的路途之中。"[①] 人的信仰一旦丧失，就会失去追求生活意义的动力，陷入空虚、无聊和迷茫中，过着一种无所适从、无价值的生活，长此以往，人的精神就会患病。因而信仰建设事实上是人对生活的一种态度，是人精神上对自我的

---

① 黄盛华：《信仰缺失：世纪之交无法挥去的一种迷茫》，《新华文摘》1993年第5期。

肯定，是人类掌握世界的一种方式，表征着人之为人的特征及对社会和人生的终极关怀。人一旦确立了信仰，必会自觉地遵循，并调动一切生理、心理和文化的因素以保持信仰长期持有。正如弗洛姆所说："信仰是一个人的基本态度，是渗透在他全部体验中的性格特征，信仰能使人毫无幻想地面对现实，并依靠信仰而生活。很难想象，信仰首先不是相信某些东西，但如果把信仰看做一种内心的态度，那么信仰的特定对象就是第二位重要的事了。"① 信仰建设包含两个方面的内容，一是信仰什么，即信仰的内容，二是如何信。

（一）确立马克思主义为信仰的内容

弗洛姆曾说过："人不能毫无信仰而生活。摆在我们这一代和今后几代人面临的严肃问题是，这种信仰究竟是对领导者、机器、成功的非理性信仰，还是基于对我们自身生产性活动之体验的理性信仰。"② 因此选择以科技、金钱等为对象的非理性信仰，还是基于主体和客体的统一，以人的方式对人本质占有的理性信仰，成为各个国家文化建设中的一个重要的战略问题。随着人类认识能力的不断发展，我们需要建立在理性基础之上的科学信仰。因此当代信仰的选择必须是科学的信仰，在由这个科学信仰所塑造的精神世界里，主体与客体的统一，是一种真正的人以人的方式对人的本质的全面占用，是人依靠自身的力量而不是借助外物来展现和实现人的全面个性。这种科学信仰是顺应时代的发展，是正向的。这种正向统一的精神世界是一种真善美统一的世界。中国在革命实践活动中选择了马克思主义科学信仰，它是经中国实践所检验的。它与西方一时盛行的加尔文主义、清教主义等违背和压抑人性的信仰不同的是，这种正向的价值形态所包含的价值体系是一个整合性的、充分和全面发展人的人性的价值体系。

---

① ［美］埃里希·弗洛姆：《为自己的人》，生活·读书·新知三联书店1988年版，第184页。

② ［美］埃里希·弗洛姆：《为自己的人》，生活·读书·新知三联书店1988年版，第193页。

然而由于我国生产力发展水平还不高且不平衡，人的素质存在着差异，因此人们对马克思主义这一科学信仰还存在认识上的差异。再加上全球化和信息化浪潮中人们发现西方发达国家与中国发展现状之间的巨大差距，以及各种文化思潮对人们观念的冲击和当前一些腐败现象，致使一部分人对马克思主义信仰产生了动摇。我们对此要保持清醒，要认识到尽管当前的社会和个人的生存条件都发生了很大的变化，但我们的国家性质和社会制度性质不会改变，因此我们信仰的对象也决不能改变。对此邓小平反复强调："我们多次重申，要坚持马克思主义，坚持走社会主义道路。"[①] 只有坚定不移地坚持马克思主义的科学信仰，并与时俱进地不断加以发展，我们才能建立中华民族精神家园的坚实根基。当然，在坚持马克思主义科学信仰的同时，还要考虑到中国发展的现实状况，人口众多、发展极度不平衡，生产方式的多样性、就业方式的多样化、分配方式的多样性和教育水平的差异性等都决定了人有不同的利益诉求，不同的利益产生于人们不同的需求，为此我们要承认一部分人在遵守国家宪法和法律范围内的信仰自由如信仰佛教、道教等。我国是一个由56个民族组成的13亿人口的大国，不同的民族有不同的风俗习惯、文化传统，决定了人们不同的生活方式和信仰方式，这是一种客观现象。由此要对不同层次人的精神需求给予尊重和理解。此外，由于马克思主义信仰是一种科学信仰，是超越现实对社会和人类的一种终极关怀，关乎着人类未来的发展和长远利益，与那些直接的、看得见的、即时的物质利益相比，它的形成具有反复性、曲折性、长期性的特点，在价值体系中处于劣势地位，因此不太容易立刻被人接受，并且信仰。

（二）实现社会主义核心价值体系的途径和方式

坚持中国化的马克思主义，既要有远大理想，又要结合现阶段国情，分层次进行。在弄清楚了"信仰什么"这个问题后，接着就是"如何信"的问题。面对中国当前的现实境遇，承认和尊重人们不同的信仰，并不意味着放任自流。一切宗教信仰、民间信仰和其他一切信仰必须在

---

① 《邓小平文选》（第3卷），人民出版社1993年版，第63页。

中国宪法和法律允许的范围，同时必须都在以马克思主义为指导的社会主义核心价值体系的主导下进行活动。

然而由于马克思主义科学信仰的形成是一个有机的过程，不能靠行政命令就能使人们信仰之，为此它主要通过两个方面的途径：其一就是教育，其二就是社会实践，这两者的关系不是截然对立而是相互联系的。马克思在《关于费尔巴哈的提纲》一文中曾指出："有一种唯物主义学说，认为人是环境和教育的产物，因而认为改变了的人是另一种环境和改变了的教育的产物——这种学说忘记了：环境正是由人来改变的，而教育者本人一定是受教育的。"[①] 这段话则表明了教育与实践关系，其一，教育或教化是普遍的，是每一个进入社会的人必须经过的"炼狱"，教育者和受教育者之间的关系是相对的，即使是受教育者也是通过教育的途径才成为教育者的。其二，人们在环境和教育面前并不是束手无策的，他们能以实践的活动去改变环境和教育。这告诉我们人出生以后，不仅呼吸物质空气，而且也呼吸着精神的空气，这种精神的空气就是通过教育或教化而接受该社会居于主流的核心价值体系。因此人的实践活动不是脱离人的意识进行的活动，它是在人的意识指导下行动的。这就是为什么东西方人在实践对象上并无二异，却在实践方式、实践途径等方面存在很大的差异，原因就在于人们所接受的教育不同，教育不同本质是价值体系的差异所致。价值体系的形成不是人们凭空设想出来的，而是在人们长期从事的社会实践活动中形成、发展而来的。马克思在谈到由情感、幻想、思想方式和人生观构成的上层建筑时指出："通过传统和教育承受了这些情感和观点的个人，会以为这些情感和观点就是他的行为的真实动机和出发点。"[②] 这也就是说，个人是通过教育或教化的方式来接受指导他们行为的价值体系，而被接受的价值体系则表现为一种具有实践倾向的精神动力，它成了个人思考和行动的出发点。

精神家园建设是人类社会生活发展的需要，不同时代的精神家园建设反映了不同时代一定阶级、集团、社会的根本利益，建设的内容包含

---

① 《马克思恩格斯选集》（第1卷），人民出版社1995年版，第55页。
② 《马克思恩格斯选集》（第1卷），人民出版社1995年版，第611页。

着所处时代国家和执政党的价值观念、道德准则和政治要求，并且通过教育和实践使这些内容为广大人民所理解、接受、认同、最后予以践行。其中教育主要是依靠"思想政治教育来提高人的思想道德素质，帮助人们认识和选择正确的价值取向，树立科学的理想信念，从而提高人的精神生活质量，最终促进人的全面发展。因此，首先各级各类学校的学生是教育的重点对象，学生不仅要接受系统的知识教育，同时还要接受系统的马克思主义理论教育与思想道德教育。提升学生的需要层次，实现思想政治教育的价值。学校除了加强学生专业知识的学习以外，还要有层次、系统性的对学生加强社会主义核心价值体系教育，加强中华民族优秀传统文化教育，既是丰富、充实学生精神生活，建设精神家园的需要，也是增强民族凝聚力、提高国家软实力的需要。"① 其次，充分发挥企事业单位各级党组织，加强企事业单位党员的思想政治教育，积极开展党员理论学习和工作实践相结合，使党员在工作和生活中发挥示范作用，成为人们的精神领袖。但由于价值体系生长的土壤是经验，而经验来源于人们的实践，因此以马克思主义为指导的社会主义核心价值体系是基于人们自身生产性活动之体验，这种体验是人的主观认知和客体人的实践活动对象的统一，是人以人的方式对人的本质的占有，促成了人的全面发展的实现。为此精神家园的核心——社会主义核心价值体系教育必须融入现代化建设的全过程，即通过教育或教化将社会主义核心价值体系纳入政治、经济、文化、教育等各个方面，从而使之内化为人们的信念，外化为行为，使人心系之、情系之、行系之。而将社会主义核心价值体系教育纳入现代化进程的，实现全民的科学文化素质和思想道德素质的普遍提升，除了通过学校教育这一渠道以外，主要还通过人们所生长和生活的土壤——文化教化这一渠道来实现。

---

① 郑永廷、曾萍：《当代大学生的成长需要与高校思想政治教育的价值实现》，《思想理论教育导刊》2010 年第 12 期。

二、加强和改进文化建设，丰富和提升人们的精神生活质量

提高国民的幸福指数关键在于提高人们的精神生活质量。精神生活质量的提高不仅要以物质条件为基础，还必须提供丰富的社会精神文化资源。自改革开放以来加强文化建设和开展文化活动一直都是精神文明建设的重中之重。树立马克思主义信仰是属于精神家园建设的较高层次，广泛地提升国民的科学素质和思想道德素质是精神家园建设的主要内容。

（一）以先进文化为建设重点，引领人们精神生活的方向

改革开放以来，在国家大力支持精神文明建设的政策下，文化出现了大发展、大繁荣景象，为人们的精神生活提供了多种多样和丰富多彩的内容。如"为了总结、推广精神文明创建的成果，发挥成果对社会的强化效应，我国开展了'五个一工程'评选与奖励活动，推进精神文明建设。'五个一'工程即组织生产、推荐申报的精神产品中五个方面的精品佳作：一部好的戏剧作品、一部好的电视剧（或电影）作品、一部好的图书（限社会科学方面）、一部好的理论文章（限社会科学方面），一首好歌，1995 年起将一首好歌和一部好的广播剧列入评选范围，对获奖单位与入选作品，颁发获奖证书和奖金。共有电影 122 部，电视剧 291部、戏剧 243 部、歌曲 193 部、广播剧 159 部获得'五个一工程'奖。这些精神文化的精品力作，潜移默化的影响着人们的思想观念、价值判断、道德情操、对丰富社会文化生活活动和广大人民的精神生活具有激励、导向、示范、精品、育才的独特作用；以科学的理论武装人，以正确的舆论引导人、以高尚的精神塑造人、以优秀的作品鼓舞人的多样化方式落到了实处；对弘扬主旋律，鼓励积极向上的共同精神追求，孕育富有鲜明时代精神和浓郁生活气息并为广大人民群众喜闻乐见的文化精品，发挥了有力的推动作用，在构筑社会主义先进文化精神大厦，提高人们精神境界方面意义深远。"①

---

① 罗姗：《当代中国社会人的精神生活研究》，中山大学博士学位论文，2010 年。

但在文化建设的过程中也出现了一些问题。由于注重文化的经济效益，致使文化渐渐出现了"文化过剩"的苗头。当然这种过剩是一种相对的过剩，即文化中的有益的、积极的、健康向上的文化所占比重太少，而低俗的、庸俗的、粗略的文化大有泛滥之势。这种势头如不加以正确疏导和适时引导，不仅瓦解和离散社会主义核心价值体系，破坏社会风气，阻碍经济发展，而且也影响人们精神生活品味的提升。因此，要使人们对社会主义核心价值体系有更好的理解和认同，我们必须以先进文化的全面建设为重点，丰富和净化社会精神文化资源，引领人们精神生活的发展方向。全面建设先进文化。首先，要始终把握文化建设的前进方向。江泽民对此曾讲道："坚持什么样的文化方向，推动建设什么样的文化，是一个政党在思想上、精神上的一面旗帜。"① 市场经济的运行孕育着各种各样的文化，改革开放政策的实行为国外各种文化思潮的涌入打开了大门，其中既有先进积极的文化、又有落后消极的文化。面对多元文化的交融、交流和交锋，具有中国特色的社会主义先进文化秉持的是"面向世界、面向未来、面向现代化的，民族的科学的大众的社会主义文化"②。而要实现先进文化对文化方向的引领，就必须始终坚持用马克思主义理论占领我国意识形态的阵地，用毛泽东思想、邓小平理论和江泽民"三个代表"重要思想以及"科学发展观"的中国化的马克思主义理论来统领社会主义文化建设。对此，江泽民指出："我们党要始终代表中国先进文化的前进方向，就是党的理论、路线、纲领、方针、政策和各项工作，必须努力体现发展面向现代化、面向世界、面向未来的，民族的科学的大众的社会主义文化的要求，促进全民族思想道德素质和科学文化素质的不断提高，为我国经济发展和社会进步提供精神动力和智力支持。"③

---

① 《学习江泽民同志"七一"重要讲话系列谈（5）》，《人民日报》2001 年 8 月 6 日。

② 江泽民：《论"三个代表"》，中央文献出版社 2001 年版，第 157—158 页。

③ 江泽民：《论"三个代表"》，中央文献出版社 2001 年版，第 157 页。

（二）以社会效益为先，加强基层文化建设，为人们精神文化生活的开展提供广阔领域

为了更好地提高国民的科学文化素质，拓展民众生活的空间，以及提高国民的精神生活质量，使大多数民众都能享受改革开放以来物质和精神生活发展所带来的成果，为了真正实现文化成果普及惠民，首先，国务院办公厅转发的文化部、国家计委、财政部《关于进一步加强基层文化建设的指导意见》指出："基层文化建设是中国先进文化建设的重要方面，是推动先进生产力发展的重要因素，也是实现广大人民群众根本利益的重要方面。搞好基层文化工作，对于宣传党和国家的方针政策，加强党和政府与人民群众之间的血肉关系，在全社会培养健康、文明的生活方式，提高广大人民群众的思想道德和科学文化素质，具有重要作用。"

各地政府在党中央的指导下，近年来加快了文化基础设施建设、发展加快形成了可以覆盖全国的公共文化服务体系。截至 2007 年末，全国共有公共图书馆 2799 个，是 1978 年的 2.3 倍。博物馆 1722 个，是 1978 年的 4.9 倍。共有广播电台 263 座，电视台 287 座。有限电视用户 15325 万户，数字电视用户 2688 万户。广播综合人口覆盖率为 95.4%，电视综合人口覆盖率为 96.6%。2007 年生产故事影片 402 部，而 1978 年仅生产故事片 4 部。出版各类报纸 438 亿份，各类期刊 30 亿册，图书 43 亿册，分别是 1978 年的 3.4 倍、4.0 倍和 1.7 倍。共有档案馆 3987 个，已开放各类档案 5876 卷，分别是 1991 年的 1.1 倍和 2.8 倍。[①] 这些文化基础设施的建设为广大群众提供了文化生活的平台以及丰富的精神生活食粮，拓展了人们精神活动的领域。2012 年国家政策提出要继续完善全国公共文化服务体系建设，并将其逐渐以免费的形式对全国民众开放。这无疑是丰富和提高民众精神文化生活的一个惠民措施。

其次，国家还提出要创造和提供丰富健康的文化产品，在此过程中

---

① 国家统计局综合司：《大改革 大开放 大发展——改革开放 30 年我国经济社会发展成就系列报告之一》，中央政府门户网站（统计局网站），2008 年 10 月 27 日。

要将社会效益和经济效益有机地结合起来，在两者相冲突的情况下，以社会效益为先。文化产品首先是一种精神产品。高质量、高品位的精神产品在满足人们求真、求善、求美的过程中，将潜移默化地起到陶冶人们的高尚情操、塑造人们的良好品格、净化人们的心灵和优化社会风气的作用，这是精神产品不同于物质产品的独特作用。然而当今市场上，一些人为了牟取暴利，忽视文化产品的社会功能，大量低俗、粗略的文化产品充斥着市场；一些媒体为了提高收视率，播出一些低俗不堪的节目；等等。这种种现象扰乱了市场，破坏了社会风气。对此，邓小平曾提出过"思想文化教育卫生部门，都要以社会效益为一切活动的唯一原则，它们所属的企业也要以社会效益为最高原则。思想文化界要多出好的精神产品，要坚决制止坏产品的生产、进口和流传"①。为此我们在创造和生产文化产品时，应该既要考虑文化产品的商品属性，使其符合市场经济的发展规律，但同时也要认识到精神产品的特殊属性，即要充分考虑文化事业所具有鲜明的意识形态特性，因此不能消极、被动地完全由市场支配；我们要始终把广大人民的利益放在首位，生产和创造出高质量、高品味的精神产品以满足广大民众的需求，而不能仅仅为了经济效益迎合少数人的低级趣味。由此"对人民负责的文艺工作者，要始终不渝的面向广大群众，在艺术上精益求精，力戒粗制滥造，认真严肃地考虑自己作品的社会效果，力求把最好的精神食粮贡献给人民。"②

（三）积极营造良好的舆论文化氛围，为人们精神生活质量的提高创建条件

新时期精神家园建设的过程中，一方面要加强先进文化建设的引领作用，同时也必须从外部优化精神家园建设的社会舆论氛围。所谓"舆论"，就是"群众对国家的政治、政府政策、公共问题和对负责处理这些政策和问题的人所公开表示的意见。"③舆论既然是群众公开表达意见的方式，那必将形成一定渠道来公开表达群众意见，如广播、电视、报

---

① 《邓小平文选》（第3卷），人民出版社1993年版，第145页。

② 《邓小平文选》（第1卷），人民出版社1994年版，第211页。

③ 李道揆：《美国政府和美国政治》（上），商务印书馆1999年版，第73页。

纸、刊物等大众传媒以及电子网络等。大众传媒以现代科技为依托，具有传播速度快、覆盖面广，渗透力强的特点，可以使大量信息以最快的速度传递到千家万户，同时它还可反复持久地进行宣传和灌输来加深人们对信息的的了解和接收。大众媒介是代表社会主义方向的先进文化实现其引领作用的主要宣传和灌输渠道。因为"意识形态主要通过语言和符号，通过文化的形式来表达和传播，其中媒体的作用是最重要的。我们对于意识形态的关注，应该在语言、媒体、娱乐等领域，尤其是从传播的角度来考虑价值观的表达和交流。"① 此外，除了大众媒介，人们对代表社会主流方向的先进文化的认同还需要通过学校、社会共同体及公共活动场所来进行宣传和教育，因为它们既是道德规范形成之地，也是人们形成共同价值观的重要场所。学校作为一种正规的制度化组织结构，一直都是主流意识形态最系统化的宣传教育基地。社会共同体和公共场所是人们参与公共生活的主要场所，也是人们对共同理性和共同目标接受、认同的主要领地。

然而大众传媒以及网络、学校、社会共同体等舆论阵地不仅是主流意识形态传播的重要平台，同时也是非主流意识形态传播的重要途径。江泽民说过："思想宣传阵地，社会主义思想不去占领，资本主义思想就必然会去占领。"② 所以，一方面，我们应该整合舆论阵地，牢牢掌握舆论的主导权，坚持正确的舆论导向，强化正面宣传教育，论述主导文化的合理性，批判各种错误思潮的不合理性，引导民众明辨是非，接受和认同社会主义核心价值体系，摆脱错误思想意识的影响，营造积极的健康向上的舆论氛围，避免人们误入歧途。正如毛泽东所说："毫无疑问，我们应该批评各种各样的错误思想，不加批评，看看错误思想到处泛滥，任凭它们去占领市场，当然不行。"另一方面，大力加强电影、电视剧、戏曲、音乐、舞蹈、美术、小说、诗歌等各类文艺作品的创造，通过这

---

① 李希光、刘康等：《妖魔化与媒体轰炸》，江苏人民出版社 1999 年版，第 41 页。

② 江泽民：《在庆祝中国共产党成立七十周年大会上的讲话》，《人民日报》1991 年 7 月 2 日。

些健康向上、有益的文化产品的出版、播映、演出等来加强对人们审美观念的引导，提倡高雅、健康的审美情趣；坚决抵制那些低俗、反动、淫秽、非法等产品，让健康的文化产品来占领思想文化阵地；大力组织各种形式的社会活动，鼓励人们积极参与，进而激发人们对共同价值观的认同感。

三、大力开展群众性的精神文明创建活动

精神文化建设不能仅仅停留在内在的观念、品格的塑造上，也不能仅仅止于外在的教育与引导，精神文化建设的最终目的是促进整个社会精神文明程度的提高，促进社会风气的好转，倡导文明、健康的高质量的生活方式。由此，精神文化建设的落脚点最终要落实到具体的社会实践活动中。这正是党中央提出在文化建设中要深入持久地开展群众性精神文明创建活动的意义所在。江泽民同志在党的十五大报告中指出："营造良好的文化环境，是提高社会文明程度、推进改革开放和现代化建设的重要条件。要深入持久的开展群众性精神文明创建活动，大力倡导社会公德、职业道德和家庭美德。……提倡健康文明的生活方式，不断提高群众性精神文化生活的质量。"

（一）注重人们家庭、社区等活动的开展，增强人们对共同体的归属感

前工业社会以家为核心的儒家伦理道德为中国古代人们提供了一套安身立命的文化。人们生活在这种家国一体的精神家园中有一种安全感、归属感，人们对生活的意义不存在质疑。尽管这种归属感是一种人的低层次精神需要的满足，它漠视了个体精神需求的特殊性和差异性。然而传统精神家园建设中人们注重情感如安全、亲情、友情的需要值得当今的人们借鉴。在现代化的进程中，人的主体性和独立性得到了解放和发展，但是同时在现代化的冲击下，传统的家庭已经解组，在物质和技术的过度追求下，人际关系出现了疏离，人与人的关系只剩下了纯粹的事物关系，人们之间心灵之桥被物质和技术所切断，人类陷入了史无前例的孤独中，人感觉到生活的空虚和无意义。"人生的意义既不在自然界

中，也不在上帝之中，生活的意义只能存在于人自身。但是，这个人是孤独的个体吗？不，绝对不是的，而是民族、社会、人类所从事的共同事业之中。离开了人类的共同事业，孤独的个人只能找到虚无，也只能体会到孤寂、恐惧、厌烦和绝望。"①

美国人类学家林顿（R. Linton）提出人类有三种共同的心理需要：取得他人情感反应的需要、长远安全的需要、追求新奇经验的需要。②根据由著名学者郑永廷主持的国家教育部重点课题《现代人的精神家园质量和规律研究》所进行的调查可发现，家庭美满和身体健康是不同群体共同认为最幸福的要素。③因此新时期精神家园建设首先必须注重人们家庭生活的建设，虽然新旧家庭在价值观念方面是异质的，但是在心理需要方面是同质的。继承传统文化中注重人的情感、安全、爱的因素，并结合时代发展的需要增加平等、自主、社会责任意识等内容的培养。其次，应该融入文化的因素，尤其是中国传统文化的宝贵资源。任何一个客观物质只要与文化相融合，所呈现的效果不尽相同。比如住房，中国人买商品房，然而中国的传统文化决定了中国人注重与家人住在一起，因此偏向买大房子然后与父母同住，这比较符合中国的国情。因此政府在考虑住房建设问题时，不仅仅要考虑人们有没有住，或住得起的问题，同时还应考虑房子的社会功能，应该使注重家庭、亲情关系的传统得以传承，为此政府需要在制定决策时融入文化，将住房建设的社会功能纳入城市建设的规划中，从而既满足了人们的物质需要，同时也实现了人们的精神生活需求。这一点新加坡政府的做法值得我们借鉴和参考。再次，还应加强人们所居住的社区文化建设，开展丰富的文化活动，为人们的交往提供互动的平台，增强人们的集体归属感。传统社会，以家为核心的精神家园建设就是从理论和实践两个方面促进人们的集体归属感，儒家文化的亲亲、尊尊原则为此提供了理论上的支持，通过对共同祖先

① 曹锦清：《现代西方人生哲学》，学林出版社出版1988年版，第171页。

② 转引自韦政通：《中国文化与现代生活》，中国人民大学出版社2005年版，第37页。

③ 教育部人文社会科学研究基地重大项目"现代人的精神生活质量与规律研究"（07JJD720047）主持人：郑永廷教授。

的尊崇以及由此衍生的习俗、仪式等将人们连结在一起。当今社区文化建设可以从传统文化资源吸取其养料，根据时代的发展和人们的需要从理论和实践两方面来推动社区文化建设。理论上，以诚信、团结、平等、民主、友爱原则作为人们之间交往的基本原则；实践上，开展以"社区是我家，我爱我家"为主题的一些列活动，如关注社区文明、卫生、安全、教育等多种多样的活动，建立老人活动室、阅览室、活动中心等场所，为众多互不相识的人提供了交往的场所，这不仅有利于拓展个体交往范围，同时也有利于增强人们对集体的归属感、增进人们之间的相互信任，而这种友情、安全感等情感需求正是个体幸福感的重要来源。

（二）加大网络家园建设，拓展人们精神领域空间

信息时代网络的发展，将形成各种文化资源的共享，极大丰富人们的精神文化生活，尽可能多地满足人们日益增长的精神需求。如今利用网络欣赏全世界的优秀文化艺术节目，足不出户就可以游遍世界一流的图书馆、展览室、歌剧院，使全球的艺术资源共享，已经成为事实。网络丰富了人们的文化生活，网民大受其益。21世纪人们的消费注意力将从物质需求转移到精神需求。人类对文化的需求将增加，网络的发展为不断满足这种需求提供了捷径。"二十一世纪，科学技术的进一步，特别是信息技术和生命科学的不断突破，将对世界政治、经济、文化生活产生更加深刻的影响。"① 因此，中国特色社会主义先进文化必须研究和解决网络文化问题，大力开展网络文化资源建设，有效地将虚拟与现实精神生活领域有机结合起来，加大网络文化的建设，拓展人们精神活动空间。其中网络图书馆建设就是网络文化建设的一个重要举措，由于其具有共享性、便捷性、低碳性、容量大等特点而被各国纳入精神文化建设的议程中。国外的数字图书馆启动于20世纪90年代，发展极为迅速。1994年9月，美国国家科学基金会、国家宇航局和国防部高级研究计划局正式决定投资2440万美元，在斯坦福大学等6所大学进行名为"数字图书馆创始"计划研究。1998年又

---

① 江泽民：《论科学技术》，中央文献出版社2001年版，第220页。

启动了该项目的二期工程；美国国会图书馆也开始实施"美国记忆"项目，投资 1200 万美元，在 2000 年其 200 周年馆庆时将 500 万件历史馆藏的数字化转化；据了解，"美国迄今投入到数字图书馆研究的经费已经超过 8 亿美元；俄罗斯政府在其经济尚未全面恢复的情况下，计划从 1999—2004 年每年出资两亿卢布支持数字图书馆研究；日本不仅投入了 15 亿日元开发日文文献馆数据库，而且还以建设国会图书馆分馆——关系电子图书馆为契机，拟投入 4 亿美元，将其建设为亚洲文献中心；法国国家图书馆正在努力致力于图书数字化，目前国立图书馆拥有 2.4 亿页数字化舱室"。① 中国在网络文化建设方面也不甘落伍。2000 年 4 月 5 日，文化部在国家图书馆主持召开"中国数字图书馆工程建设工程第一次联席会议"，标志着筹备多年的数字图书馆工程已经正式启动，进入了实质性操作阶段。② 中国科学院前计算机所所长、国家"863"计划 306 战略组首席专家高文教授这样评价数字图书馆："中国数字图书馆不仅仅是数字化图书馆，它应该是中华文化的传播媒体，是文化产品的网络商务平台，是国家数字资源组织、开发和利用的基础，是网络文化中心和网络文化的集散地。"③

网络为人们提供了充裕的文化资源和空间领域，但同时也造成了许多新的社会文化问题，对人们的精神生活的发展造成消极的影响。如青少年网络成瘾问题、网络文化安全问题、网络犯罪以及有些国家通过网络实行的文化殖民主义策略等。为此，在网络家园建设中，我们必须做好以下几个方面：首先，坚持高科技与高人文相结合，我们应该充分发挥科技的人文关怀，提升人的主体性，合理使用网络，使之为我们服务，防止和克服第五章所论述的缺乏人性的科技所带给人类的种种问题；其次，加强网络技术的安全系统，确保网络的安全性，同时主动加强对网络文化的建设，确保我国意识形态工作的主动权，抵制不法分子利用网

---

① 江潜：《数字家园网络传播与文化》，复旦大学出版社 2001 年版，第 93 页。

② 江潜：《数字家园网络传播与文化》，复旦大学出版社 2001 年版，第 93 页。

③ 陈玲：《信息时代的知识英雄》，《光明日报》2000 年 5 月 10 日。

络进行违法犯罪的活动，为人们提供一个积极向上、健康的网络文化环境；最后，提高人的现代化的观念意识，使人认识到科技的迅速发展，必须有高速度、高情感的人与之相适应，否则人们反被科技异化。同时具备高素质、高能力的人，发挥创造性对网络不断加以更新和开发，使之更好地为人类服务。概而言之，要开发和丰富网络文化建设以满足人不断增长的精神需要，体现人的本质，实现人的全面发展为宗旨。

（三）创建民主法制、伦理道德、科学艺术相互统一，协调一致的精神生活

自五四运动以来，建立在以儒家为基础上的一整套价值规范开始解体。改革开放至今，维持社会秩序、调节人们行为、逐渐起主导地位的是法律。中国在市场经济不断发展的过程中，逐渐加强国家的法制建设，人们由过去按习俗或道德来规范的行为，逐渐按法律来规范。这样，法律因其灵活、明确、强制等特点而上升为社会行为的有效规范。而道德规范失去了昔日的光辉而下降为个人的内心信念，它至多在社会公共礼仪中保留着它的残余形态。法律作为规范人们行为的最低标准，能把利益和意愿不同的人们维系在同一秩序之内，使人们能在有序的社会中工作和生活，但是却不能沟通人们的心灵。然而人是一种社会动物，人不能离群索居，必须在社会中才能生存和发展。因此人的社会性迫切需要人与人之间的友谊、信任、同情和谅解，还迫切需要一种意义以便统帅自己的行为。为此在过分拥挤，匆忙而冷漠的现代社会中，要求重建道德信念的呼声越来越高，正如叔本华早就指出，"人如豪猪，因寒冷而拥挤一处相互取暖，然而因挤压而被对方的刺触痛，于是又相互排斥，但分离后又感寒冷。现代人感到孤独和寒冷，急需友谊和温暖了"。[①] 因此一个社会不仅需要一套完备的法律，还需要一套为人们提供生活意义和价值的精神文化系统。孔子云："道之以政，齐之以刑，民免而无耻；道之以德，齐之以礼，有耻且格"[②]。我们要建立一种有耻无违的社会生活秩序状况。有耻无违，是法规与德规、他律与自律的现实统一。在一个

---

① 曹锦清：《现代西方人生哲学》，学林出版社出版 1988 年版，第 246 页。
② 《论语·为政》。

多元民主的公正社会中，既应法制无违，又应有耻自律。一个社会的持久生动，健康有序，正存在于这种有耻无违之中。因此，精神家园建设必须既要注重对人们进行民主法制观念的建设，即人人守纪守法，在纪律、法律许可的范围内，追求个人价值的实现。同时也要不断开发传统文化中的道德文化资源，结合时代发展的需要，发展和创新适合现代社会的伦理道德文化，达到既维护了社会层面的稳定和形成良好的社会风气，同时也是个体自我完善，人性丰满的实现。道德是一种资源，并且是一种重要资源，属于文化资源的内源性发展，一个国家只有不断加强文化内在资源的积累，才能使这个民族拥有不断的活力和动力，更好的立足于民族之林。由此，当今精神家园建设要把握好法律和道德建设之间的适度张力，将两者有机地统一起来，使法律和道德成为社会发展的两个轮子，调节人们的行为规范和价值追求，共同促进精神家园朝着健康、有序的方向发展。

于此同时，前文所说的追求新奇经验的需要是人类三种共同的心理需要之一。前工业社会，为了维护封建社会的统治，人们将艺术当作追求新奇经验的寄托，而科技则被压抑。如古时候启蒙的学童所习诵的一首诗就是："云淡风轻近午天，傍花随柳过前川，时人不识余心乐，将谓偷闲学少年。"林语堂认为这首诗不仅表现了诗的情感，它同时抒发了绽放着异彩的淳朴的人生理想，可以看出中国人追求不是知识的经验而是美感的经验。古代倡导通过对艺术的追求来实现人的精神境界的提升和养成高雅的生活情趣和生活态度等，这为当今单调、片面、机械化的生活提供了非常有价值的解决途径。随着现代化进程的推进，科技日益成为发展现代化不可或缺的工具，对知识的探求成为人们追求新奇经验的方式，然而对科技的过度追求和崇拜引发了一些了问题，引起了人们深深的反思。艺术和科技分别代表着人类对美和真的追求，单一地发展任何一方都都会导致人的片面发展，因此只有将两者有效地结合起来，共同构成人类精神世界的最高目的，才能促进人的全面发展。一个社会若能够使民主法制、伦理道德规范和科学艺术相互统一、协调一致，将真、善、美的统一作为精神家园的最高目的，则完全可以说是一个高度文明的社会，是一个精神文化繁荣发达的社会。

社会主义精神家园建设是个系统工程，最高层次是确立理想、信念、培养高尚的精神品质，马克思主义科学信仰位于社会主义核心价值体系"顶层"，它是价值体系的核心或决定性的部分，因为它是人们追求的最高价值目标，是真善美的统一，是各种实践追求的方向和生活的意义的动力性观念。由于社会主义核心价值体系是针对行为规范的，因此只有动力性的观念才是带动行为趋向更好的表现和生活的决定性观念。中间层次是党中央对精神家园建设的目标，即通过人们对其核心内容社会主义核心价值体系的认知，通过丰富精神食粮的供给来提升国民的素质，使核心价值体系渗透至人们的日常生活和行为中。最后一层是通过开展群众性的精神文明创建活动来实现人们素质的提升、精神生活质量的提高这样一个良性循环的精神文化系统，最终形成一个良好、稳定、健康、积极、团结的精神文明生态。

结束语：精神家园是一个不断建设的过程

自人类进入文明时代，就一直在不停地寻找、建设、维护和发展自己的精神家园。人的精神性存在决定了只要人类存在，就会为自己寻找和建设一个有价值的意义世界。从这层意义上说，人的精神家园建设实则体现了人的本质存在。那么精神家园建设的合理性标准是什么？显然，精神家园的建设是一个不断调适的过程，因为精神家园与物质生活的关系决定了它永远不可能一劳永逸地完成自己的建设，精神家园就存在于不断建设的过程之中，终极的建设是不存在的。即使在同一社会形态中，精神家园建设也表现为不断更新的历史过程。当今我国处在日新月异、瞬息万变的信息社会，精神家园建设更是一个复杂的系统工程，它的存在性和价值合理性一方面有赖于它与所处社会结构的其他领域有机的协调，另一方面，也需要内部各要素、各层次之间的协调全面发展。

新时期中国现代化进程中建设精神家园是多样的，"建设"的依据就是它所对应的社会存在。当前中国的社会存在是公有制经济为主，多种经济成分并存的经济形态。经济方式的复杂性和多样性决定了每个人利益诉求的差异性，因此中华民族共有精神家园建设是一个一元思想主导的多层次、复杂、多样的精神文化有机体。在这个有机体中，每个人都可根据自己的利益、需要和特点选择建设自身的精神家园，同时也充实和丰富着共有精神家园建设。改革开放40年，经济、文化、政治、科技和教育等全面发展一方面体现了我国综合国力的显著提高，另一方面也向全世界人们展现了中国人们自强不息、艰苦奋斗、团结统一、爱好和平、欣欣向荣的精神面貌，显证了新时期精神家园建设的现实性和价值合理性。

当然新时期我国正处于经济转轨、社会转型、文化冲突交错复杂的阶段，在精神家园建设的过程中遇到了一些问题，如经济领域中的钱权交易、学术领域中的钱学交易、假冒伪劣、腐败等等，于是一些学者对改革开放以来经济发展引发的问题，提出了精神家园"重建论"、精神家园"回归论"等，削弱甚至否定精神家园建设中的马克思主义指导地位，这需要我们在精神家园建设过程中引起注意。我们要正视现代化进程中出现的一系列问题，对这些问题要进行理性的分析和判断，因为任何事物的发展都是辩证的，既有利也有弊，利和弊是相对的。如经济转轨、社会转型、文化冲突所必然产生一些也是可以接受的弊，我们不应盲目夸大，并以此否定事物发展本身。正如德国伦理学家彼得·科斯洛夫斯基认为"副作用就是行为人在行为前视其为目的的主作用以外的可以容忍的作用。"[1] 但这并不是意味着对事物所带来的弊端或副作用视而不见、放任不管，而是要充分发挥精神家园的功能和价值，最大限度地扬弃克服经济发展、科技等过程中"弊"的发展。

一言以蔽之，精神家园建设是一个不断调适、不断建设永无止境的一个过程！正如伯格森所说："对于有意识的生命来说，要存在就是要变化，要变化就是要成熟，而要成熟，就是要连续不断地进行无尽的自我创造。"[2] 精神家园是人的一种创造性的活动，因此本论题的研究是没有终点的，它需要本人、他人以及一代代的人坚持不懈的努力！

---

① 彼得·科斯洛夫斯基：《伦理经济学原理》，中国社会科学出版社 1997 年版，第 6 页。

② ［法］昂利·柏格森著，肖聿译：《创造进化论》，华夏出版社 2000 年版，第 13 页。

参考文献

一、主要著作

1. 《马克思恩格斯选集》（第1－4卷），人民出版社1995年版。

2. 《马克思恩格斯全集》（第1、2、3、4、9、19、20、21、26、31、36、42、46卷），人民出版社。

3. 《资本论》（第1卷），人民出版社1979年版。

4. 《费尔巴哈哲学著作选读》（上），商务印书馆1984年版。

5. 尼古拉·巴尔本：《新币轻铸论》，《答洛克先生关于提高货币价值的意见》，1696年伦敦版。

6. 《列宁文稿》（第3卷），人民出版社1978年版。

7. 《列宁全集》（第32卷），人民出版社1958年版。

8. 《列宁选集》（第4卷），人民出版社1972年版。

9. 《列宁全集》（第55卷），人民出版社1990年版。

10. 《毛泽东选集》（第1－4卷），人民出版社1991年版。

11. 《毛泽东著作选读》（下册），人民出版社1986年版。

12. 《邓小平文选》（第1－2卷），人民出版社1994年版。

13. 《邓小平文选》（第3卷），人民出版社1993年版。

14. 江泽民：《论科学技术》，中央文献出版社2001年版。

15. 江泽民：《论"三个代表"》，中央文献出版社2001年版。

16. 《江泽民文选》（第3卷），人民出版社2006年版。

17. 江泽民：《在庆祝中国共产党成立八十周年大会上的讲话》，人民出版社2001年版。

18. 《中共中央关于建立社会主义市场经济体制若干问题的决定》

（中国共产党第十四届中央委员会第三次全体会议 1993 年 11 月 14 日通过）

19. 胡锦涛：《高举中国特色社会主义伟大旗帜　为夺取全面建设小康社会新胜利而奋斗》，人民出版社 2007 年版。

20. 胡锦涛：《在在纪念改革开放 30 周年大会上的讲话》，《人民日报》2008 年 12 月 18 日。

21. 胡锦涛：《以创新的精神加强网络文化建设和管理》，《人民日报》2007 年 1 月 24 日。

22. 《毛泽东邓小平江泽民论思想政治工作》，学习出版社 2000 年版。

23. 中共中央宣传部：《毛泽东邓小平江泽民论弘扬和培育民族精神》，学习出版社 2003 年版。

24. 《中共中央关于深化文化体制改革　推动社会主义文化大发展大繁荣若干重大问题的决定》，2011 年 10 月 8 日中国共产党第十七届中央委员会第六次全体会议。

25. 《中国共产党第十七次全国代表大会文件汇编》，人民出版社 2007 年版。

26. 《中国信息年鉴 2009》，中国信息年鉴期刊社。

27. 《十一届三中全会以来党的历次全国代表大会中央全会重要文件选编》（下册），中央文献出版社 1997 年版。

28. 杨伯峻译注：《论语译注》，中华书局 1980 年版。

29. 楼宇烈校译：《老子道德经注校释》，中华书局 2008 年版。

30. 张京华：《庄子注解》，岳麓书社 2008 年版。

31. 张觉校注：《荀子校注》，岳麓书社 2006 年版。

32. 钟哲点校：《陆九渊集》，中华书局 1980 年版。

33. 韩兆琦编著：《史记笺证》，江西人民出版社 2015 年版。

34. 郭朋校释：《坛经校释》，中华书局 1983 年版。

35. 郑永廷等：《社会主义意识形态发展研究》，人民出版社 2002 年版。

36. 郑永廷等：《人的现代化理论与实践》，人民出版社 2006 年版。

37．王岩：《整合超越：市场经济视域中的集体主义》，中国人民大学出版社 2003 年版。

38．荆学民：《人类信仰论》，上海文化出版社 1992 年版。

39．叶汝贤、王征国：《中国改革的价值选择》，中山大学出版社 2001 年版，第 334 页。

40．曹锦清：《现代西方人生哲学》，学林出版社出版 1988 年版。

41．陈钦庄：《基督教简史》，人民出版社 2004 年版。

42．董小川：《儒家文化与美国基督新教文化》，商务印书馆 2002 年版。

43．刘增惠：《道教文化面面观》，齐鲁书社 2000 年版。

44．杜维明：《现代精神与儒家传统》，生活·读书·新知三联店 1997 年版。

45．列文森著，郑大华、任菁译：《儒教中国及其现代命运》，中国社会科学出版社 2000 年版。

46．李志林、陈卫平等：《中西哲学比较面面观》，华东师范大学出版社 1988 年版。

47．余式厚：《裂变的烦虑——当代西方哲学精华》，上海文化出版社 1993 年版。

48．李平、徐文俊主编：《智慧之境——外国哲学研究》，广东人民出版社 2000 年版年版。

49．姚新中著，赵艳霞译：《儒教与基督教仁与爱的比较研究》，中国社会科学出版社 2002 年版。

50．刘宗贤：《儒家伦理—秩序与活力》，齐鲁书社 2002 年版。

51．石元康：《从中国文化到现代性典范转移?》，生活·读书·新知三联书店 2000 年版。

52．张甲坤：《中国哲学——人类精神的起源于归宿》，中国社会科学出版社 1991 年版。

53．曹兴、马莉、赵艳霞：《直观整体：中国人的哲学智慧》，民族出版社 2005 年版。

54．蒙培元：《心灵超越与境界》，人民出版社 1998 年版。

55. 王晓霞主编：《现实与虚拟社会人际关系的文化探究》，中国社会科学出版社 2010 年版。

56. 葛兆光：《中国思想史》（第 1、2 卷），复旦大学出版社 2001 年版。

57. 谭大友：《生存智慧的当代阐释》，社会科学文献出版社 2007 年版。

58. 高兆明：《社会失范论》，江苏人民出版社 2000 年版。

59. 周安伯等：《传统文化与精神文明》，民族出版社 1999 年版。

60. 韦政通：《中国文化与现代生活》，中国人民大学出版社 2005 年版。

61. 樊勇：《文化建设与全面小康》，社会科学文献出版社 2005 年版。

62. 郭建宁：《当代中国的文化选择》，北京大学出版社 2004 年版。

63. 中央文明办组织编写：《社会主义精神文明建设概论》，人民出版社 2005 年版。

64. 马润清、陈仲华：《人的价值初探》，北京师范大学出版社 1986 年版。

65. 樊浩：《伦理精神的价值生态》，中国社会科学出版社 2001 年版。

66. 邵龙宝、李晓菲：《儒家伦理与公民道德教育体系的构建》，同济大学出版社 2005 年版。

67. 高兆明：《社会变革中的伦理秩序——当代中国伦理剖视》，中国矿业大学出版社 1994 年版。

68. 中国人民大学社会主义研究会编：《论社会主义精神文明》，北京出版社 1983 年版。

69. 刘子健著，赵冬梅译：《中国转向内在——两宋之际的文化内向》，江苏人民出版社 2002 年版年版。

70. 陈立思、彭献成：《人类精神文明的发展史》，中国青年出版社 2003 年版。

71. 李春秋、张君、高雅珍主编：《公民道德建设通论》，青岛出版社 2002 年版。

72. 甘葆露、张耕民：《当代爱国主义浅说》，北京师范大学出版社 1990 年版。

73. 赵汀阳：《坏世界研究（作为第一哲学的政治哲学）》，中国人民大学出版社 2009 年版。

74. 童世骏：《当代中国人精神生活研究》，经济科学出版社 2009 年版。

75. 张岱年、方克立：《中国文化概论》，北京师范大学出版社 1994 年版。

76. 陆扬、王毅：《大众文化与传媒》，上海三联书店 2000 年版。

77. 杰姆逊讲演：《后现代主义与文化理论》，北京大学出版社 1997 年版。

78. 陈定家主编：《全球化与身份危机》，河南大学出版社 2004 年版。

79. 陈立思、彭献成等：《人类精神文明发展史》，中国青年出版社 2003 年版。

80. 邓安庆、邓名瑛：《文化建设论——中国当代的文化理念及其系统构建》，湖南人民出版社 1998 年版。

81. 阿兰斯威伍德著，冯建三译：《大众文化的神话》，生活·读书·新知三联书店出版社 2003 年版。

82. 高力克：《历史与价值的张力——中国现代化思想史论》，贵州人民出版社 1992 年版。

83. 江流主编：《中国社会主义精神文明研究》，中共中央党校出版社 1987 年版。

84. 吴建国、陈先奎等主编：《当代中国意识形态风云录》，警官教育出版社出版 1993 年版。

85. 钟家栋、王世根主编：《马克思主义在中国》，上海人民出版社 1998 年版。

86. 王占阳：《新民主主义与新社会主义》，中国社会科学出版社 2004 年版。

87．孙正聿：《属人的世界》，吉林人民出版社 2007 年版。

88．陈序经：《东西文化观》，中国人民大学出版社 2004 年版。

89．严春友：《精神之谜》，中国社会科学出版社 1991 年版。

90．李德顺：《价值论》（第 2 版），人民大学出版社 1987 年版。

91．李德顺：《生命的价值》，中国社会出版社 2004 年版。

92．李德顺、孙伟平：《道德价值论》，云南人民出版社 2005 年版。

93．北京大学哲学系外国哲学研究室主编：《西方哲学原著选读》（上卷），商务印书馆 1982 年版。

94．景中强：《马克思精神生产研究》，中国社会科学出版社 2004 年版。

95．张震：《网络时代伦理》，四川人民出版社 2002 年版。

96．吴伯凡：《孤独的狂欢——数字时代的交往》，中国人民大学出版社 1998 年版。

97．衣俊卿：《现代化与文化阻滞力》，人民出版社 2005 年版。

98．衣俊卿：《文化哲学——理论理性和实践理性交汇处的文化批判》，云南人民出版社 2005 年版。

99．李佑新：《走出现代性的道德困境》，人民出版社 2006 年版。

100．梁漱溟：《中国文化要义》，学林出版社 1987 年版。

101．詹小美：《民族精神论》，中山大学出版社 2007 年版。

102．潘维、玛雅主编：《聚焦当代中国价值观》，生活·读书·新知三联书店出版社 2008 年版。

103．欧阳康主编：《民族精神 —— 精神家园的核心》，黑龙江教育出版社 2010 年版。

104．骆郁廷：《精神动力论》，武汉大学出版社 2003 年版。

105．郝登峰：《现代精神动力论》，广东人民出版社 2005 年版。

106．黄楠森：《人学原理》，广西人民出版社 2000 年版。

107．王坤庆：《精神与教育》，上海教育出版社 2002 年版。

108．刘建军：《马克思主义信仰论》，中国人民大学出版社 1998 年版。

109．许纪霖：《寻求意义》，上海三联出版社 1997 年版。

110. 刘明君：《多元文化冲突与主流意识形态建构》，中国社会科学出版社 2008 年版。

111. 冯友兰：《中国哲学简史》，北京大学出版社 1996 年版。

112. ［英］特瑞·伊格尔顿著，方杰译：《文化的观念》，南京大学出版社 2006 年版。

113. ［德］雅斯贝尔斯著，黄霍译：《当代的精神处境》，生活·读书·新知三联书店出版社 1992 年版。

114. ［美］丹尼尔·贝尔著，赵一凡、蒲隆、任晓晋译：《资本主义文化矛盾》，生活·读书·新知三联书店。

115. ［美］马斯洛主编，胡万福等译：《人类价值新论》，河北人民出版社 1988 年版。

116. ［德］鲁道夫·奥伊肯：《生活的意义与价值》，上海译文出版社 1997 年版。

117. ［德］J·B·默茨著，朱雁冰译：《历史与社会中的信仰》，生活·读书·新知三联书店 1996 年版。

118. ［德］马克斯·舍勒著，罗悌伦等译：《价值的颠覆》，生活·读书·新知三联书店出版社 1997 年版。

119. ［加拿大］查尔斯·泰勒著，韩震译：《自我的根源：现代认同的形成》，译林出版社 2001 年版。

120. ［美］塞缪尔·亨廷顿，劳伦斯·哈里森主编：《文化的重要作用——价值观如何影响人类进步》，新华出版社 2002 年版。

121. ［美］A. 麦金太尔著，龚群、戴扬毅等译：《德性之后》，中国社会科学出版社 1995 年版。

122. ［英］齐格蒙特·鲍曼著，郇建立译：《被围困的社会》，江苏人民出版社 2005 年版。

123. ［美］埃里希·费洛姆著，王健康译：《人性的追求》，上海文化出版社 1989 年版。

124. ［美］埃里希·费洛姆著，刘林海译：《逃避自由》，国际文化出版公司 2002 年版。

125. ［美］R. 麦克法夸尔，费正清编，俞金尧等译：《剑桥中华人民共和国史》（下卷），中国社会科学出版社 1992 年版。

126．［英］查尔斯·汉迪著，刘海明、张建新译：《饥饿的灵魂》，上海三联书店 1999 年版。

127．［德］彼得·科斯洛夫斯基著，毛怡红译：《后现代文化——技术发展的社会文化后果》，中央编译出版社 1999 年版。

128．［以色列］S．N．艾森斯塔特著，旷新年、王爱松译：《反思现代性》，生活·读书·新知三联书店出版社 2006 年版。

129．［英］戴维·钱尼著，戴从容译：《当代文化史概览文化转向》，江苏人民出版社 2004 年版。

130．罗素：《西方哲学史》，商务印书馆 1976 年版。

131．叔本华：《作为意志与表象的世界》，商务印书馆 1982 年版。

132．斯宾诺莎著，温锡增译：《神学政治学》，商务印书馆 1963 年版。

133．［美］阿历克斯·英克尔斯：《人的现代化素质探索》，天津社会科学院出版社 1995 年版。

134．伯恩斯：《领袖论》，中国社会科学出版社 1996 年版。

135．斐迪南·滕尼斯著，林荣远译：《共同体与社会》，商务印书馆 1999 年版。

136．黑格尔著，范扬、张企泰译：《法哲学原理》，商务印书馆 1996 年版。

137．西美尔著，涯鸿、宇声译：《桥与门——齐美尔随笔集》，三联书店 1991 年版。

138．［美］马斯洛，林方主编：《人的潜能与价值》，华夏出版社 1988 年版。

139．［德］弗洛姆：《健全的社会》，国际文化出版公司 2007 年版。

140．［德］埃里希·弗洛姆：《为自己的人》，三联书店 1988 年版。

141．［美］英格尔斯：《人的现代化》，四川人民出版社 1985 年版。

142．［美］阿列克斯·英格尔斯、戴维·H·史密斯：《从传统人到现代人》，中国人民大学出版社 1992 年版。

143．［美］赫伯特·马尔库塞：《单面人——发达工业社会意识形态研究》，湖南人民出版社 1988 年版。

144. ［美］马克·波斯特：《第二媒介时代》，南京大学出版社 2000 年版。

145. 哈贝马斯著，洪佩郁、蔺青译：《交往行动理论》（第 2 卷），重庆出版社 1994 年版。

146. 吉登斯著，赵旭东译：《现代性与自我认同》，三联书店 1998 年版。

147. 马克思·韦伯：《学术与政治》，三联书店 1998 年版。

148. 马克思·韦伯著，于晓等译：《新教伦理与资本主义精神》，三联书店 1987 年版。

149. 泰勒，韩震泽：《自我的根源》，译林出版社 2001 年版。

150. ［美］彼得·圣吉：《第五项修炼》，上海三联书店 1998 年版。

151. ［美］阿列克斯·英克尔斯、戴维·H. 史密斯著，顾昕译：《从传统人到现代人》，中国人民大学出版社 1992 年版。

152. ［德］孙志文著，陈永禹译：《现代人的焦虑和希望》，三联书店 1994 年版。

153. ［苏］尼·瓦·贡恰莲料著，戴世吉等译：《精神文化——进步的源泉和动力》，求实出版社 1988 年版。

154. ［苏］B. N. 托尔斯特赫著，安起民译：《精神生产》，北京师范大学出版社 1988 年版。

155. ［英］查尔斯·汉普登—特纳、阿尔方斯·特龙佩纳斯著，徐联恩译：《国家竞争力——创造财富的价值体系》，海南出版社 1997 年版。

156. ［法］孔多塞著，何兆武、何冰译：《人类精神进步史表纲要》，三联书店 1998 年版。

157. ［不丹］卡玛尤拉、沈颢主编：《国民幸福——一个国家发展的指标体系》，北京大学出版社 2011 年版。

158. 彼得·科斯洛夫斯基：《伦理经济学原理》，中国社会科学出版社 1997 年版。

159. ［法］昂利·柏格森著，肖聿译：《创造进化论》，华夏出版社

2000 年版年版。

160. 黑格尔：《小逻辑》，商务印书馆 1981 年版。

161. ［美］林毓生著，穆善培译：《中国意识的危机》，贵州人民出版社 1988 年版。

162. ［美］乔治·萨顿著，江晓原、刘兵译：《科学史和新人文主义》，上海交通大学出版社 2007 年版。

163. 沃尔夫冈·查普夫：《现代化与社会转型》，社会科学文献出版社 1989 年版。

164. 约翰夫·奈著，吴晓辉、钱程译：《软力量——世界政坛成功之道》，东方出版社 2005 年版。

165. 曾萍：《全面建设小康社会进程中高校德育主导性研究》，《大学生思想政治教育论丛》，中山大学出版社 2009 年版。

二、主要期刊：年版。

1. 温家宝：《形成中等收入者占多数橄榄型分配格局》，《求是》2010 年第 4 期。

2. 张岱年：《文化传统与民族精神》，《学术月刊》1986 年第 12 期。

3. 郑永廷：《宗教经济与经济宗教简论——基于宗教意识形态与经济的关系的视域》，《学术交流》2009 年第 4 期。

4. 郑永廷：《高校德育主导性与多样性发展的失衡与成因》，《思想政治教育研究》2008 年第 1 期。

5. 李宗桂：《国学与中华民族精神家园》，《中山大学学报（社会科学版）》2009 年第 3 期。

6. 严春友，朱红文：《简论当代中国人精神家园的重建》，《北京师范大学学报（社会科学）》2010 年第 3 期。

7. 黎学军：《论马克思主义的"人伦日用"化——建设民族共有精神家园的一种思考》，《社会科学研究》2010 年第 5 期。

8. 庞立生、王艳华：《精神生活的物化与精神家园的当代建构》，《现代哲学》2009 年第 3 期。

9. 董慧：《国外精神家园研究概述及启示》，《学术论坛》2008 年第 6 期。

10. 高永久、陈纪：《中华民族共有精神家园的内涵与价值核心》，《科学社会主义》2008 年第 2 期。

11. 侯小丰：《精神家园、情感依恋与马克思主义哲学中国化》，《学术研究》2007 年第 9 期。

12. 夏薇：《寻找精神家园——关于理性价值的思考》，《青年思想家》2001 年第 6 期。

13. 《甲申文化宣言》，《文化月刊》2004 年第 10 期。

14. 夏兴有：《论人的精神生活》，《中国特色社会主义研究》2009 年第 5 期。

15. 刘梅：《精神生活：奥伊肯对人生哲学的批判与建构》，《哲学研究》2006 年第 7 期。

16. 龙兴海：《现代化过程中人的精神生活矛盾及其导向》，《求索》2007 年第 11 期。

17. 邹诗鹏：《现时代精神生活的物化处境及其批判》，《中国社会科学》2007 年第 5 期。

18. 庄江山：《社会主义市场经济与人的发展》，《西南师范大学学报》2006 年第 9 期。

19. 张洞：《市场经济条件下精神生活的重建》，《毛泽东邓小平理论研究》2003 年第 4 期。

20. 陈赟：《世俗化与现时代的精神生活》，《天津社会科学》2007 年第 5 期。

21. 齐凯：《马克思的异化劳动理论及其当代启示》，《学习与探索》2009 年第 6 期。

22. 蔡陈聪：《西方马克思主义消费异化理论的启示》，《东南大学学报》2009 年第 11 期。

23. 李文阁：《需要即人的本性——对马克思需要理论的解读》，《社会科学》1998 年第 5 期。

24. 李文阁、赵勇：《需要的平面化及其消除——马克思关于需要异化的理论》,《求是学刊》1998 年第 2 期。

25. 俞吾金:《再论异化理论在马克思哲学中的地位和作用》,《哲学研究》2009 年第 12 期。

26. 范龙、王潇潇:《试论网络时代的文化全球化》,《湖北大学学报》2010 年第 1 期。

27. 张晓红、张海涛:《揭开全球化的面纱——透过西方文化的视角》,《河北师范大学学报》2010 年第 1 期。

28. 姚峰:《全球化时代传统文化的"全球本土化"策略》,《福建师范大学学报》2010 年第 1 期。

29. 邬思源、陈锡喜:《论主流意识形态宣传形象的调整》,《理论探讨》2005 年第 4 期。

30. 于民雄:《经济全球化与文化多元化》,《理论与当代》2006 年第 8 期。

31. 方立:《美国全球战略中的文化扩张与渗透》,《理论动态》1998 年第 6 期。

32. 廖小琴:《全面建设小康社会进程中人的精神生活质量研究》,中山大学博士学位论文,2006 年。

33. 罗姗:《当代中国社会人的精神生活研究》,中山大学博士学位论文,2010 年。

34. 王书道:《精神生活的历史演进与当代走向》,南开大学博士学位论文,2003 年。

35. 安起民:《精神生产与精神文明》,《教学与研究》1986 年第 4 期。

36. 王南湜:《简论人类精神生活》,《求是学刊》1992 年第 4 期。

37. 吴元迈:《经济全球化与民族文化———兼论文化的民族性与世界性》,《中国社会科学院研究生院学报》2001 年第 2 期。

38. 王树人:《价值的失落与追寻—兼评上帝的爱与儒家的爱》,《杭州师范大学学报(社会科学版)》2011 年第 1 期。

39. 谢地坤:《文化保守主义抑或文化批判主义——对当前"国学热"的哲学思考》,《哲学动态》2010 年第 10 期。

40. 刘景录：《中华文化与共有精神家园建设》，《中共中央党校学报》2008 年第 6 期。

41. 严春友、朱红文：《简论当代中国人精神家园的重建》，《北京师范大学学报（社会科学）》2010 年第 3 期。

42. 纪宝成：《弘扬中华优秀传统文化建设民族共有精神家园》，《教学与研究》2008 年第 4 期。

43. 王治伟、张敏：《儒学与人类精神家园的构建——"儒学与精神文明建设暨纪念朱熹诞辰 880 周年"学术讨论会综述》，《福建论坛（人文社会科学版）》2010 年第 7 期。

44. 宫丽：《试论马克思主义与中华民族共有精神家园的互动关系》，《河南师范大学学报（哲学社会科学版）》2010 年第 3 期。

45. 苏永才：《共产主义——当代中国青年精神家园的核心内容》，《马克思主义与现实》1991 年第 2 期。

46. 李翔海：《弘扬中华文化，建设精神家园》，《求是》2010 年第 6 期。

47. 胡海波：《马克思主义哲学中国化的"精神家园"路向》，《现代哲学》2009 年第 3 期。

48. 郭建宁：《马克思主义中国化与建设共有精神家园》，《北京大学学报（哲学社会科学版）》2010 年第 4 期。

49. 黎学军：《论马克思主义的"人伦日用"化——建设民族共有精神家园的一种思考》，《社会科学研究》2010 年第 5 期。

50. 郑永廷、曾萍：《当代大学生的成长需要与高校思想政治教育的价值实现》，《思想理论教育导刊》2010 年第 12 期。

51. 曾萍、郑永廷：《论大学生思想政治教育目标及其发展》，《学校党建与思想政治教育》2010 年第 10 期。

三、外文文献

1. Gurin G. . Veroff L, Field S. American View Their Mental Health. New York: Basic Books, 1960.

2. Cummins, R. A. The Second Approximation to an International Standard for Life Satisfaction. *Social Indicators Research*, 1998.

3. Csikszentmihalyi, M. *Finding flow: The psychology of engagement with everyday life*. New York: Basic Books. 1997.

4. Deci, EL. &Ryan, RM. The ' what' and ' why' of goal pursuits: Human needs and the self-determination of behavior. Psychological Inquiry, 2002.

5. Andrew Calcutt(1990) : White Noise: An A – Z of the Contradiction in Cyberculture, New York, St. martin' s Press, Inc.

6. Brain D. Loder(ed.) : The governance of cyberspace: politics, technology and global restructuring, London and New York, Routledge, 1997.